Georg Schreiber

HABSBURGER AUF REISEN

Ueberreuter

Die Deutsche Bibliothek – CIP-Einheitsaufnahme

Schreiber, Georg:
Habsburger auf Reisen / Georg Schreiber. – Wien : Ueberreuter, 1994
ISBN 3-8000-3522-7

AU 268/1
Printed in Austria
1 3 5 7 6 4 2

INHALT

VORWORT

Sieben Jahrhunderte lang haben die Habsburger die Geschichte Europas mitbestimmt, oft sogar gelenkt. Ihre Leistungen und Schicksale wurden schon vielfach dargestellt, auch Persönliches ist behandelt worden, ihre Musikalität und Jagdlust, kleinere und größere Skandale, sogar die Tischkultur. In diesen Rahmen ließe sich das vorliegende Buch über die Reisen der Habsburger einordnen, aber es sollte doch seine eigene Note erhalten. Der Leser wird – hoffentlich – gern erfahren, in welchem Stil, unter welchen Bedingungen und zu welchem Zweck die hohen und allerhöchsten Herrschaften reisten, welches Zeremoniell sie befolgten, wenn sie nicht das bequemere Inkognito wählten, welche Mühen sie erduldeten und schließlich, was eine Reise kostete.

Um diesen kleinen Beitrag zur Kulturgeschichte zu leisten, genügte es freilich nicht, aus vielen Biographien die Abschnitte über Reisen herauszusuchen, überhaupt vermied ich es nach Möglichkeit, noch einmal zu schildern, was andere Autoren in den letzten Jahrzehnten schon dargestellt haben. Mehr lockten mich wenig bekannte Reisen wie zum Beispiel Pilgerfahrten im Mittelalter, und am meisten freute es mich, wenn ich auf Quellenmaterial stieß, das noch kaum ausgewertet wurde, vor allem handschriftliche Reisejournale und Tagebücher, die im Haus-, Hof- und Staatsarchiv in Wien oder in Privatbesitz bewahrt werden.

Wien, im Vorfrühling 1994   Georg Schreiber

UNTERWEGS ZUM EIGENEN BEGRÄBNIS

König Rudolf I. 1291

Der erste Habsburger, der in der Geschichte eine entscheidende Rolle gespielt hat, war Rudolf, der Graf aus dem Aargau, der im Jahre 1273 in Frankfurt am Main zum König gewählt und in Aachen gekrönt wurde. Sechs Jahre vorher war er im Heere Konradins, des letzten Staufers, bis Verona mitgeritten, als König zog er zweimal nach Wien gegen den Böhmenkönig Ottokar II. Dabei legte er große Strecken zurück, aber es waren Kriegszüge, nicht Reisen im eigentlichen Sinne.

Die Hoffnung, in Rom zum Kaiser gekrönt zu werden, mußte Rudolf schließlich aufgeben; er war müde und hätte die Krone gern seinem ältesten Sohn Albrecht überlassen, wenn das in seiner Macht gestanden wäre. Aber trotz seines Alters von 73 Jahren bewältigte Rudolf im Dezember 1290 die Strecke von Nürnberg nach Ulm, gute 180 Kilometer, in zwei oder drei Tagen. Die Straßen waren schlecht, der Reisewagen nicht gefedert; sooft die Schmerzen der Gicht es erlaubten, ließ Rudolf sich in den Sattel heben. Sein Pferd war zweifellos kein schweres Streitroß wie jenes, das ihn 1278 in der Schlacht gegen Ottokar getragen hatte, sondern ein leichterer Reitklepper, vielleicht sogar ein Zelter mit sanftem Paßgang.

Rudolfs Reiseweg ist durch die Urkunden belegt, die er unterwegs ausstellte. Das Weihnachtsfest feierte er in der Freien Reichsstadt Ulm, am 25. Januar 1291 weilte er in Konstanz am Bodensee, ebenfalls einer freien Reichsstadt, am 12. Februar südwestlich davon im habsburgischen

9

Baden. An der Stelle der Römersiedlung Aquae Helveticae hatte er die Stadt neu begründet. Sie war ummauert und bot zusammen mit der Burg Stein die Möglichkeit, notfalls die Straße von Basel nach Zürich zu sperren. Die Burg war Zentrum der Verwaltung, die Stadt mit ihrer Brücke über die Limmat ein Handelsplatz.

Als Rudolf einige Jahre nach dem Tod seiner ersten Gemahlin noch einmal heiratete, erntete er einigen Spott, denn das Mädchen, das er zum Traualtar führte, hätte seine Enkelin sein können. Ob Agnes von Burgund stolz darauf war, durch die Ehe eine Königin geworden zu sein, ob ihr der alte, aber kluge, rücksichtsvolle Ehemann immerhin noch lieber war als ein junger Säufer und Schürzenjäger, ist nicht verläßlich überliefert; jedenfalls begleitete sie Rudolf auf seinen Reisen und betreute ihn. Er wußte das zu schätzen, doch nun, als er eine verhältnismäßig weite, nicht gerade erfreuliche Fahrt vor sich hatte, ließ er sie lieber in Rheinfelden zurück. Diese kleine, gut ummauerte Reichsstadt am linken Rheinufer, etwas abseits der Heerstraße Zürich–Basel, war ihm dankbar, daß er 1274 ihre alten Rechte neu bestätigt hatte, und treu ergeben, hier war Agnes in Sicherheit. Im März 1291 zog Rudolf über Basel, Colmar und Straßburg im Rheintal nach Norden. Sein Ziel war Speyer, ein religiöser Mittelpunkt, den der englische Mönch Ordericus Vitalis als »metropolis Germaniae« bezeichnet hatte.

Der Dom von Speyer, das größte romanische Gotteshaus, war als Grabeskirche der Salier erbaut worden; im Königschor lagen damals schon Herrscher begraben, Konrad II. (gestorben 1039) und seine Gemahlin Gisela, Heinrich III. (1056), Heinrich IV. (1106) und seine Gemahlin Bertha, Heinrich V. (1125) und Philipp von Schwaben (1208). Neben dessen Sarg war eine Grabstelle für Kaiser Friedrich I. Barbarossa freigehalten worden; da dieser auf einem Kreuzzug in der Ferne gestorben war, hatte Rudolf den Platz für seinen Sarg bestimmt und bereits ein Grabmal anfertigen lassen, das den Sarg überdecken sollte. Es war aus elsässischem Sandstein angefertigt, nicht etwa aus Marmor, denn Rudolf war ein sparsamer Mann.

Der König hatte aber zu früh den Ort aufgesucht, wo er beigesetzt werden wollte. Der Frühling brachte dem alten Körper neue Kräfte, auch neue Aufgaben stellten sich ein. Er gedachte, mit Karl von Anjou zusammenzutreffen, dem König von Sizilien, denn dessen Sohn Karl Martell, mit Rudolfs Tochter Clementia verheiratet, war zum König von Ungarn gewählt worden. Das war für Rudolf Grund genug, sich noch einmal auf eine Reise zu machen. Am 24. April 1291 traf er in Basel mit dem Abt des elsässischen Klosters Murbach zusammen und kaufte ihm die Stadt Luzern ab, einen Umschlagplatz für den Schiffsverkehr über den Vierwaldstätter See und den Landweg über den Sankt-Gotthard-Paß.

Im Dorf Cudrefin, nahe dem nordöstlichen Ende des Neuenburger Sees, begegneten die beiden Könige einander und berieten einen ganzen Tag lang. Mehr Zeit war nicht übrig, denn auf Rudolf wartete schon die nächste Aufgabe.

Für den vierten Sonntag nach Ostern, den 20. Mai 1291, hatte er einen Reichstag nach Frankfurt am Main einberufen. Er mußte also wieder über Basel und Straßburg nach Norden reisen, aber diesmal noch viel weiter, über Speyer rheinabwärts bis Mainz und dann den Main aufwärts nach Frankfurt. Diese Reise dürfte ihn schon angestrengt haben, mehr aber noch die Schwierigkeiten, auf die er während des Reichstages stieß. Er versuchte noch einmal durchzusetzen, daß sein Sohn Albrecht nach ihm zum König gewählt werde, aber die Kurfürsten wünschten keine erbliche Thronfolge und befürchteten, der nächste Habsburger könnte ihre Macht einschränken. Vergeblich bot Rudolf all sein Ansehen und seinen Prunk auf, saß im Königsmantel mit Krone und Szepter auf dem Thron. Nur Pfalzgraf Ludwig war bereit, für Albrecht zu stimmen.

Verbittert kehrte Rudolf in sein liebes Elsaß zurück und verbrachte acht Sommertage in Straßburg. Die Stadt lag ihm besonders am Herzen, das Münster, das damals noch nicht vollendet war, soll er als seine Königskathedrale betrachtet haben. Beim Abschied zeigte er sich traurig und gerührt, denn er wußte, daß er Straßburg nicht wiedersehen werde.

In seiner Burg Germersheim, 100 Kilometer nördlich von Straßburg, wollte er auf den Tod warten. Seine junge Gemahlin Agnes war bei ihm, seine Schwiegertochter Agnes von Böhmen, die erst im Vorjahr Witwe nach Rudolf II. geworden war, Pfalzgraf Ludwig mit seinem Sohn, ferner Albrecht von Hohenberg, Bruder von König Rudolfs erster Gemahlin, und ein Graf von Katzenelnbogen. So viel Liebe und Treue tröstete, aber die Ärzte erkannten, daß die Lebenszeit ihres Königs zu Ende gehe, und

Grabmal König Rudolfs I. im Dom von Speyer (Ausschnitt)

einer von ihnen übernahm die traurige Aufgabe, es ihm zu sagen. Er wählte dazu eine ruhige Stunde, während Rudolf beim Schachspiel saß. Der Reimchronist Ottokar von Horneck – der edle Herr, den Grillparzer in seinem Drama »König Ottokars Glück und Ende« das Lob Österreichs sprechen läßt – hat die Ereignisse genau aufgezeichnet, auch wie gefaßt Rudolf die Nachricht aufnahm und erklärte, nun wolle er doch nicht mehr in Germersheim bleiben, sondern nach Speyer reiten.

»Ze Germersheim von dem gesinde
sich huob ein klage swinde
von wîben und von mannen,
dô der kunic von dannen
alsô scheiden wolde . . .«
Vers 39.010 ff.

Als Rudolf am Samstag, dem 14. Juli 1291, aufbrach, ritten zwei Priester neben ihm, hinter ihm die Gemahlin und Pfalzgraf Ludwig. Sie sollen die Strecke von Germersheim nach Speyer binnen einer Stunde zurückgelegt haben; das klingt kaum glaublich, denn es sind doch über zwei deutsche Meilen, 16 Kilometer, und unterwegs gab es manchen Aufenthalt, da von allen Seiten das Volk herbeilief, um den König noch einmal zu grüßen.

In vielen Städten bestanden Pfalzhöfe, in denen der König auf Reisen übernachten konnte, auch Klöster, Adelige und Patrizier sahen es als hohe Ehre an, den König beherbergen zu dürfen. Diesmal in Speyer ritt Rudolf, wohl mit dem Aufgebot der letzten Kräfte, durch die Menge der Ritter und Bürger, Frauen und Kinder, die ihm entgegengelaufen waren, zum Hof der Komturei Heimbach des Johanniterordens. Dort starb er am folgenden Tag, dem 15. Juli 1291.

ZWEI PILGERFAHRTEN INS HEILIGE LAND

Herzog Albrecht IV. 1398

Mancher junge Herr beteiligte sich an einem Kriegszug nicht aus Mordlust, sondern um etwas von der Welt zu sehen, oder unternahm eine weite Wallfahrt nicht nur aus Frömmigkeit. Als aber Herzog Albrecht IV. von Österreich im August 1398 eine Pilgerreise ins Heilige Land antrat, trieb ihn nicht Abenteuerlust dazu, er stand am Ende seines 21. Lebensjahres, war verheiratet und Vater von zwei Kindern. Das Regieren bereitete ihm jedoch keine Freude, lieber als in der Herzogsburg weilte er in der Kartause von Mauerbach im Wienerwald. Dort in gottnaher Einsamkeit dürfte sein Wunsch erwachsen sein, die Stätten des Lebens und Leidens Christi zu besuchen.

Der junge Herzog brauchte nicht zu befürchten, er werde seinem Lande sehr fehlen. Raubritter und anderes Gesindel trieben ihr Unwesen, ob er anwesend war oder nicht, und in die Regierung mischten sich seine tatkräftigen steirischen Vettern ohnehin mehr ein, als ihm lieb war. Sie streckten ihm gern das Reisegeld vor und nahmen dafür die feste Stadt Hainburg und Einkünfte aus Mautstätten als Pfand. Die Mutter und die Gemahlin sorgten sich allerdings sehr um ihn, denn außer den Gefahren der Meerfahrt an sich waren Seeräuber und Krankheiten zu befürchten, und jene Verpfändungen konnten ihnen auch nicht gleichgültig sein.

Albrecht war sich der Gefahren bewußt und regelte die Versorgung seiner Gemahlin für den Fall, daß ihm etwas zustieße. Die Reise verlief aber besser, als allgemein erwartet worden war. Ulrich von Wallsee und der junge Wiener Bürger aus dem Ritterstand, Hans Zink, begleiteten den Herzog als engste Gefährten; über das andere Gefolge ist wenig bekannt, doch war es nicht gering, denn nach dem üblichen Weg über den Semmering und durch Kärnten nach Venedig mietete Albrecht dort nicht nur eine Galeere, sondern deren zwei. Man hatte ihn am 22. August 1398 sehr ehrenvoll empfangen, erst am 8. September segelten seine Schiffe ab.

Darstellung einer Meerfahrt aus dem 14. Jahrhundert

Mit einiger Mühe, aber ohne ernstlich Schaden zu erleiden, gelangten sie über Zypern nach Akkon. Die einstige Kreuzfahrerfestung, an die sich die Erinnerung an den Babenberger Leopold V. und Richard Löwenherz knüpft, war 1291 vom ägyptischen Sultan Alaschraf erobert und verwüstet worden, die Einwohner niedergemetzelt, aber inzwischen hatten die neuen Herren des Landes erkannt, daß sie an den christlichen Pilgern gut verdienen konnten, und gestatteten den Schiffen die Landung. Von Akkon aus setzte Albrecht die Reise zu Lande fort, besuchte alle Orte, die ihm wichtig erschienen, und trat die Heimfahrt an, bevor die Herbststürme einsetzten. Im Dezember 1398 ritt er wohlbehalten wieder in Wien ein.

Sein Vater Herzog Albrecht III. hatte mehr als 20 Jahre vorher auf einen Kreuzzug gegen die heidnischen Preußen den Minnesänger Hugo von Montfort und den Dichter Peter Suchenwirt mitgenommen, der die Ereignisse schön ausgeschmückt in Versen niederschrieb. Von Albrechts IV. Pilgerfahrt ist kein derartiger Bericht erhalten, es ist aber bekannt, daß er im folgenden Winter und auch später noch gern von seinen Abenteuern erzählte und an den langen Abenden in der Burg zu Wien vor seinen Zuhörern die Wunder des Orients erstehen ließ, große Städte und bunte Märkte, fremdartige Musik und viel Lärm, unbekannte Früchte, üppige Gärten und hohe Palmen, aber auch Stein- und Sandwüsten. Vielleicht rühmte er, wenn nur Herren lauschten, auch die Anmut der Tänzerinnen, in Damengesellschaft eher die Tierwelt vom Kamel bis zur Springmaus, selbstverständlich auch gefährliche Berglöwen, Schlangen und Skorpione, heulende Hyänen und Schakale. Vor Räubern konnte ihn das große Gefolge geschützt haben, falls es wehrhafte Männer und nicht nur Pilger waren, die sich ihm in Venedig angeschlossen hatten, doch im Laufe der Jahre mögen auch etliche Überfälle in die Erzählung eingeflossen sein. Zumindest die Diebe und betrügerischen Wirte und Händler glaubte man ihm gern, auch Hitze, Durst, Sandstürme und mancherlei Krankheiten.

Der Höhepunkt der Reise und vielleicht seines ganzen Lebens war der Tag, an dem Albrecht am Heiligen Grab zum Ritter geschlagen wurde. Dabei mußte er selbstverständlich Namen und Herkunft nennen, sonst aber soll er zumeist unerkannt umhergegangen und -geritten sein – wohl seiner persönlichen Sicherheit wegen und um nicht zu hohen Ausgaben verpflichtet zu sein – und erst bei seiner Abfahrt auf seinem Schiff das

Banner Österreichs aufgezogen haben. Es ist leicht zu verstehen und zu verzeihen, wenn er in der Erinnerung seine Erlebnisse steigerte und Heldentaten einflocht, zu denen er in der Heimat keine Gelegenheit hatte. Er starb schon mit 27 Jahren – wie bunt wären die Erzählungen von der Pilgerfahrt erst geworden, wenn er das Greisenalter erreicht hätte!

Die anderen, die seine Geschichten weitergaben, schmückten sie noch mehr aus, vor allem die Szene, wie er Befehl gab, auf seinem Schiff das österreichische Banner zu hissen: Selbstverständlich geschah das während oder nach einer Auseinandersetzung mit Seeräubern! Albrecht soll sogar nach Ägypten gekommen sein, um beim Sultan in Kairo die Erlaubnis einzuholen, daß er als Christ die Stadt Jerusalem besuchen dürfe, die auch den Moslems heilig war.

Berichte über Reisen nach Ägypten und Palästina in lateinischer Sprache oder deutscher Übersetzung waren bereits als Handschriften verbreitet; sie enthielten praktische Hinweise auf die Orte, die zu besuchen waren, und auf die Ablässe, die man dort erhalten konnte, aber auch viel Fabelhaftes. Noch in einem Werk, das 1486 in Mainz gedruckt wurde, erzählte der Jurist Dr. Bernhard von Breidenbach über ein Einhorn, das größer gewesen sei als ein Kamel, und ein anderer Teilnehmer der Pilgerfahrt lieferte dazu den illustrierenden Holzschnitt. Dergleichen las und hörte man gern, Herzog Albrecht IV. erhielt für seine Geschichten den Beinamen »mirabilis mundi«, zu deutsch »Weltwunder«.

Herzog Friedrich V. 1436

Auch Albrechts IV. steirischer Vetter Herzog Ernst der Eiserne zog ins Heilige Land, doch mehr weiß man über die Reise von Ernsts Sohn Herzog Friedrich V. Dieser war erst 20 Jahre alt, als er begann, seine

Herzog Friedrich V. (der spätere Kaiser Friedrich III.)

Pilgerfahrt vorzubereiten, aber er zeigte schon viel geschäftliches Geschick und trieb mehr Geld auf, als er voraussichtlich brauchen würde, zumal er statt der vorgesehenen 100 nicht viel mehr als 50 Begleiter zusammenbrachte. Von Papst Eugen IV. beschaffte er sich die Erlaubnis zum Besuch der heiligen Stätten, für die Durchreise schloß er Abkommen mit dem Bischof von Bamberg, dem das Kanaltal gehörte, dem Grafen Heinrich von Görz und dem Dogen Francesco Foscari von Venedig.

Ein Teil seines Gefolges hatte ihn schon von Wiener Neustadt aus begleitet, ein anderer schloß sich unterwegs in der Steiermark an, ein Teil hatte sich in Triest gesammelt, dessen Bischof Marinus an der Fahrt teilnahm. Auch aus Tirol waren viele Herren gekommen. Die Liste nennt etliche Namen, die noch später in der Geschichte Österreichs aufscheinen, Starhemberg, Windischgrätz, Neipperg, Ungnad und andere. Ob Herzog Friedrich V. von Triest oder von Venedig aus in See stach, ist nicht eindeutig geklärt.

Einige Jahrzehnte später verfaßte Joseph Grünpeck ein Geschichtswerk über Friedrich und dessen Sohn Maximilian; seine Schilderung dieser Pilgerfahrt kann als erheiterndes Beispiel spätmittelalterlicher Erzählfreude gelten. Daß der edle Jüngling am Heiligen Grab von Albrecht von Neipperg den Ritterschlag empfing, kann als gesichert gelten, das gehörte ja zu den wichtigen Anliegen der Reise. Man kann sich auch gut vorstellen, wie Friedrich nicht im Prunkgewand durch die Gassen und Bazare von Jerusalem wanderte, sondern ganz einfach gekleidet – so wurde er weniger von Bettlern belästigt, von Kaufleuten vielleicht nicht so arg übervorteilt; er kaufte nämlich viel ein, vor allem Edelsteine, für die er zeitlebens eine arge Schwäche hatte. Er soll bis nach Ägypten gekommen sein, doch das ist nicht sehr wahrscheinlich; Grünpeck schmückte eben gern aus und scheute sich nicht, in sein Werk Abenteuer hineinzumengen, die Albrecht IV. von seiner Pilgerfahrt erzählt hatte.

Auf der Rückreise landete das Schiff Friedrichs in Venedig. Im Gegensatz zu den meisten anderen Jerusalem-Pilgern hatte der junge Herzog noch Geld übrig und legte es zweckmäßig an. Er schaute sich bei den Händlern um und fand Waren, die hier viel billiger waren als daheim in der Steiermark, vor allem kostbare Stoffe. Also kaufte er Samt, Atlas, Brokat und viel Baumwolle ein. Das hat ihm nicht der gute Grünpeck angedichtet – er selbst hat Aufzeichnungen über seine Einkäufe hinterlassen.

Zu Krönung und Hochzeit nach Rom

Kaiser Friedrich III. 1451/52

Nach der erfolgreichen Pilgerfahrt unternahm Herzog Friedrich V. neben vielen anderen zwei historisch denkwürdige Reisen: 1442 nach Aachen zur Krönung als römisch-deutscher König und 1451/52 nach Rom, um sich die Kaiserkrone aufs Haupt setzen zu lassen. Er war der erste Habsburger, der das große Unternehmen wagte – und ein Wagnis war es, nur lauerten die Gefahren nicht wie in früheren Jahrhunderten für die Staufer in Mailand oder Rom, sondern in Wien.

Friedrich war im Alter von 34 Jahren Senior des Herzogshauses geworden, doch in Österreich gab es mächtige Männer, die ihn nicht als ihren Landesherrn anerkannten, sondern nur als Vormund des jungen Ladislaus Postumus, des Sohnes des letzten Herzogs von Österreich, Albrecht V. (König Albrecht II.). Ihnen war ein Österreicher lieber als ein Steirer, vor allem aber meinten sie, den jungen Ladislaus nach ihren Interessen lenken zu können. Das wußte Friedrich und nahm daher zur Sicherheit den Knaben auf die Romfahrt mit, außerdem auch seinen unverläßlichen Bruder Herzog Albrecht VI. Wenn trotzdem noch Gefahren aus Österreich drohten, würden ihm seine treuen Erbländer Steiermark, Kärnten und Krain den Rücken decken.

Friedrich hatte als Sekretär einen vortrefflichen Diplomaten, den toskanischen Adeligen Enea Silvio de' Piccolomini, einen der führenden Humanisten jener Zeit, der 1445 im Alter von 40 Jahren vom lebensfrohen Dichter zum frommen Mann geworden war und die Priesterweihen empfangen hatte. Als Bischof von Siena blieb er an Friedrichs Seite und nützte ihm als Diplomat und Redner sehr. Unter vielen anderen Werken verfaßte er eine Geschichte Friedrichs III., eine wertvolle Quelle für die folgende Schilderung der Reise.

Vor der Pilgerfahrt ins Heilige Land hatte der junge Herzog Friedrich V., wie erwähnt, vom Papst und der Republik Venedig die Erlaubnis erbeten, nun war er König, brauchte nicht zu bitten, aber als höflicher Mann hatte er schon längst mit dem Papst verhandelt. Nach Venedig schickte er Botschaft, er werde in freundlicher Absicht vertrauensvoll das Gebiet der Republik betreten, bitte um Unterhalt für sein Heer und wünsche, daß für alle benötigten Waren die Kaufpreise vorher festgesetzt würden. Zum Überschreiten der Flüsse mögen Kähne beschafft, außerdem Herbergen hergerichtet und Vorkehrungen getroffen werden, daß es zu keinen Gewalttätigkeiten komme; er seinerseits werde in seinem Heer keine Ausschreitungen dulden.

Das Heer zog von Friedrichs Residenzstadt Wiener Neustadt über den Semmering, durch die Steiermark und Kärnten. Zu Weihnachten 1451 empfing Friedrich den Geleitbrief des Papstes, dann ging es weiter durch das Kanaltal. Den Steirern und Kärntnern in Friedrichs Heer war die Bergwelt vertraut, die Böhmen und noch mehr die Ungarn staunten über die Höhe der Gipfel, über die Schluchten und steilen Abgründe. Herzog Albrecht VI. hatte zunächst gezögert, an der Romfahrt teilzunehmen, nun wurde er belohnt: Er durfte die Vorhut anführen, sein Bruder Friedrich folgte mit der Hauptmacht und dem jungen Ladislaus, Herzog von Österreich und König von Ungarn und Böhmen. Am 1. Januar 1452 betrat er italienischen Boden.

Vor Venzone, der ersten befestigten Stadt, erwarteten ihn vier Patrizier aus Venedig und begrüßten ihn im Namen der Republik, trugen ihm – freilich nur der Form halber – die Dogenwürde und die Herrschaft an, erklärten alle Burgen und Städte für offen. Dann strömte das Volk jubelnd aus dem Stadttor, voran der venezianische Statthalter, der Adel und die Geistlichkeit mit den kostbarsten Reliquien. Sie führten Friedrich in die Stadt und bewirteten ihn samt seinem Heer reichlich, ohne dafür Bezahlung anzunehmen. So erfreulich ging es weiter; überall standen Leute an den Straßen und grüßten ehrerbietig, die Kinder winkten. Alle bestaunten die Waffen, die ihnen kein Leid zufügen würden, bewunderten die schönen Pferde, die goldbeschlagenen Helme, die Edelsteinknöpfe an den Gewändern und besonders die fremdartige Kleidung der Ungarn. Der größte Jubel herrschte in Treviso, man gedachte der guten Zeit unter habsburgischer Herrschaft, die bis 1390 gedauert hatte, aber auch in anderen Städten mußte Friedrich sich feierliche Ansprachen und Lobreden anhören.

An der Etsch knapp südlich von Rovigo verließ das Heer das Gebiet der Republik Venedig. Gleich am Flußufer begrüßte Markgraf Borso von Este mit vielen Vornehmen des Landes, Trägern großer Namen wie Malatesta und Pallavicini, den König und geleiteten ihn in die Hauptstadt Ferrara. Hier wartete eine stattliche Anzahl von Rittern, die aus Schwaben, Franken und dem Rheinland durch Tirol über Verona hingekommen waren, um zum Heer des Königs zu stoßen. Borso hatte sie als Gäste großzügig aufgenommen. Als Friedrich am 17. Januar 1452 in die Stadt einritt, waren die Kirchen und Häuser geschmückt, von den Balkonen hingen Teppiche herab, hölzerne Tribünen waren errichtet, von denen aus sich die Gäste an Ritterspielen und Tänzen erfreuen sollten. Jeder Tag des Aufenthaltes endete mit einem Festmahl.

Die Romfahrten der Salier und Staufer waren nicht so freudvoll verlaufen, König Friedrich konnte sehr zufrieden sein. Er wußte, weshalb die Republik Venedig und nun Ferrara sich so gastfreundlich zeigten: Wer den künftigen Kaiser für sich gewann, konnte hoffen, in den dauernden Streitigkeiten, Eifersüchteleien und sogar offenen Kämpfen der Stadtstaaten Italiens die Oberhand zu gewinnen. Die nächsten Tage bestätigten es. Aus Mantua kam Lodovico Gonzaga, um als Markgraf des Heiligen Römischen Reiches seinem königlichen Herrn zu huldigen, aus Mailand schickte Francesco Sforza, ebenfalls Untertan des Reiches, seinen ältesten Sohn, den neunjährigen Galeazzo, seinen Bruder Alessandro und einige adelige Herren. Sie brachten Waffen und edle Pferde als Geschenk, luden Friedrich ein, auf der Rückreise Mailand zu besuchen, und baten, ihn nach Rom begleiten zu dürfen.

Bologna dagegen unterstand nicht mehr dem Reich, sondern dem Namen nach dem Papst, wurde aber immer wieder von Bürgerkriegen heimgesucht. Auch aus dieser Stadt trafen Gesandte in Ferrara ein und baten

Friedrich, den Weg nach Rom über Bologna zu nehmen. Dieselbe Bitte äußerten Gesandte aus Florenz.

Friedrich überlegte und hörte sich die Meinungen seiner engsten Berater an. Keine der beiden Städte war politisch verläßlich, in beiden drohten heimliche Gefahr und Tücke. Gegen einen Überfall konnten die Ritter und Fußknechte schützen, schwieriger war es, einem Anschlag durch Gift vorzubeugen. Trotzdem entschied sich Friedrich, keiner der Städte den Vorzug vor der anderen zu geben, sondern beide zu besuchen, wie sie am Wege lagen. Er hatte nicht die Absicht, sich in die inneren Streitigkeiten von Bologna einzumischen oder gar zwischen der gerade herrschenden Partei und ihren Gegnern, die aus der Stadt verbannt waren, sich als Richter aufzuspielen, ihm bot Bologna etwas viel Interessanteres, nämlich Gespräche mit einem sehr gebildeten, weltkundigen Herrn, dem Kardinal Johannes Bessarion.

Als sie an der Grenze des Kirchenstaates einander begegneten, war Friedrich zunächst verblüfft: Der Kardinal trug einen mächtigen grauen Bart, was doch den Priestern der römischen Kirche sonst verboten war! Bessarion war in Trapezunt am Schwarzen Meer geboren, war orthodoxer Erzbischof von Nikaia gewesen und hatte den byzantinischen Kaiser Johannes VII. Palaiologos nach Italien begleitet. Sie hofften, durch eine Union der griechischen und der römischen Kirche den Beistand des christlichen Abendlandes gegen die Türken zu gewinnen; Bessarion trat 1440 zum katholischen Glauben über, wurde Kardinal und erhielt das dornenvolle Amt eines päpstlichen Legaten in Bologna. König Friedrich widmete viele Stunden der Unterhaltung mit dem gelehrten Herrn, der griechische Bildung nach Italien gebracht und selbst Werke Platons, Aristoteles' und Plutarchs ins Lateinische übersetzt hatte. Friedrich kam noch aus dem Mittelalter, hier begegnete er der Renaissance. Außerdem wußte Bessarion viel über die Sitten und Zustände der orientalischen Kirche zu erzählen.

Von Bologna zog Friedrich mit dem Heer auf mühsamem Weg über die verschneiten Pässe des Apennins, von einer Höhe aus zeigte man ihm das Ligurische Meer. Noch schöner war dann der erste Blick auf Florenz. Der 30. Januar 1452, an dem er in die Stadt einritt, war noch ein Wintertag, aber ein anderer als nördlich der Alpen, schon mit warmem Sonnenschein, und was an Grün fehlte, ersetzten die Adeligen und reichen Bürger durch Teppiche, die mit Bildern aus der Heiligen Schrift, der antiken Heldensage und prächtigen Jagdszenen geschmückt waren. Sie hingen von den Balkonen der Paläste und Häuser, die Geistlichen hatten die schönsten Stücke ihrer Sakristeien ausgestellt, überall sangen Kinderchöre zu Ehren des Königs, der bald Kaiser sein würde. Männer und Frauen knieten nieder, wo Friedrich vorbeiritt, kniend hatten ihm auch die Ratsherren die Schlüssel der Stadt überreicht.

Wenige Tage später trafen die Kardinäle Calandrini und Carvajal ein, um als Gesandte des Heiligen Stuhles Friedrich zu begrüßen. Dem Ziel der Reise schien nichts mehr im Wege zu stehen, und Papst Nikolaus V. war auch bereit, einen zweiten Wunsch Friedrichs zu erfüllen: Der steirische Herzog und erwählte König wollte mit der Krönung zum Kaiser noch einen anderen Höhepunkt seines Lebens verbinden, die Trauung im Dom des heiligen Petrus. Nach zwei früheren Projekten einer Ehe aus politischen Gründen hatte Friedrich eine Tochter des verstorbenen Königs von Portugal erwählt, schon 1450 zwei Vertrauensleute zu Verhandlungen darüber nach Lissabon geschickt, mit ihnen einen Maler, der ein Porträt der Braut anfertigen sollte.

Prinzessin Eleonore brach am 12. November 1451 mit einer Flotte, die 2 000 Krieger zum Schutz gegen Seeräuber an Bord hatte, von Lissabon auf, als Landeplatz in Italien war das Städtchen Talamone südlich von Grosseto vorgesehen, der gut befestigte Hafen der Stadt Siena. Dort wartete Piccolomini mit anderen Bischöfen, Frauen und Jungfrauen aus Siena, um die Prinzessin bei ihrer Ankunft würdig zu empfangen. Er wartete viele Wochen lang vergeblich, schon gingen düstere Gerüchte um, Eleonore sei während eines Seesturmes ertrunken oder von Piraten aus Nordafrika gefangen worden.

Tatsächlich hatte die Flotte aus Portugal viele Gefahren und Abenteuer bestanden, bis das Schiff der Prinzessin am 2. Februar 1452 vor Livorno auftauchte und einen Boten an Land setzte. Dieser reiste eilig nach Florenz und fragte im Namen der Prinzessin an, ob sie, die von der langen Seefahrt erschöpft sei, hier in Livorno an Land gehen dürfe oder noch nach Talamone weiterfahren solle. Friedrich war froh über die Nachricht und entschied selbstverständlich, seine Braut solle sogleich das Schiff verlassen und sich auf den Weg nach Siena machen. Zu ihrem Empfang schickte er vornehme Herren seiner Begleitung, den Bischof Johann von Regensburg, Herzog Fulco von Teschen, Graf Michael von Maidburg, Georg von Starhemberg, Johann Ungnad, und brach nach Siena auf. Mancher Ritter wäre gern länger in Florenz geblieben.

Gesandte von Siena hatten den König schon vorher gebeten, nicht sein ganzes Heer in die Stadt zu führen, sondern es so zu teilen, daß nie mehr als 800 Ritter sich innerhalb der Mauern befänden. Als Grund dafür nannten sie Mangel an Quartieren, aber Friedrich wußte, daß sie fürchteten, er könne sonst Druck auf die Stadt ausüben, die vielen Verbannten zurückkehren zu lassen; sie waren besonders deshalb besorgt, weil sein einflußreichster Ratgeber der Familie Piccolomini angehörte, die viel Schaden erlitten hatte. Als aber nun der König sich der Stadt näherte, eilten ihm die Bürger auf eine gute Strecke Weges entgegen und begrüßten ihn freudig. Den Ratsherren blieb nichts anderes übrig, als ihm trotz aller Sorgen die Banner und die Schlüssel der Stadt darzubringen, das ganze Heer zog in Siena ein. Wie groß es war, läßt sich nicht ermitteln. Thomas Ebendorfer sprach in seiner Chronica Austriae von 3000 Rittern edler Abstammung, andere nannten die Zahl von 2000 oder 4000, doch solche Angaben sind jederzeit zweifelhaft, und es kam nicht nur auf die Ritter an, sondern auch auf die Fußknechte mit Spieß oder Armbrust.

Hier in Siena verlangten die Gesandten des Heiligen Stuhles, der König möge dem Papst einen Treueid leisten. Friedrich erklärte das für befremdlich und sonderbar, ging aber darauf ein und schwor den Eid. Spätere Historiker, zum Beispiel Ferdinand Gregorovius, sahen darin eine Demütigung, doch Friedrich war das, was man heutzutage einen Pragmatiker nennt. Er wollte nicht so knapp vor dem Ziel einen Konflikt heraufbeschwören und hatte ja auch wirklich nichts gegen den Papst; dieser freilich befürchtete, das Volk von Rom könnte sich im Vertrauen auf die Unterstützung durch deutsche Ritter gegen seine Herrschaft erheben.

Der König hatte indessen ganz andere Sorgen. Während seines Aufenthaltes in Siena erhielt er Nachricht, ein Domherr aus Wien sei in die Stadt gekommen, offenbar weil es im Winter keine andere Reiseroute gab. Aber was wollte der Mann hier? Der Gelehrte Thomas Angelpeck, Canonicus von Sankt Stephan, ließ sich bei Friedrich anmelden, machte seinen ehrerbietigen Besuch und erklärte, er müsse in Rom Benefizienangelegenheiten regeln, und bitte um ein königliches Empfehlungsschreiben an den Papst. Friedrich glaubte ihm nicht oder, wie es Enea Silvio de' Piccolomini in seinem Geschichtswerk ausdrückte, *»sed invenit cautus cautiorem versutoque versutior obiectus est«* (der Schlaue fand einen Schlaueren, dem Listigen begegnete ein noch Listigerer).

Für alle Fälle schickte Friedrich dem Canonicus ein paar junge Ritter nach. Sie holten ihn bei San Quirico d'Orcia ein, vermummten sich, damit er sie nicht erkennen könne, überfielen ihn, durchsuchten sein Gepäck und fanden Briefe österreichischer Adeliger an den Papst, an den Kardinal Johann von S. Angelo und andere hohe Kleriker. Großzügig schenkten sie Thomas Angelpeck das Leben; hätten sie den Inhalt der Briefe gleich durchstudiert, hätten sie ihn wahrscheinlich auf der Stelle erschlagen, aber sie brachten die Schriftstücke ungeöffnet ihrem König. Als dieser sie las, war er nahe daran, seine stets bewahrte, vielgerühmte stoische Ruhe zu verlieren: Die Briefe enthielten neben vielen anderen Anfeindungen den Vorwurf, Friedrich habe sein Mündel Ladislaus, Herzog von Österreich, König von Böhmen und Ungarn, auf die Reise nur deshalb mitgenommen, weil er hoffe, der zarte Knabe werde die Strapazen und das ungewohnte Klima nicht ertragen und unterwegs sterben, und Friedrich werde sich des gesamten Erbes bemächtigen.

Ein erfreulicher Anlaß lenkte Friedrich von diesen Sorgen ab: Seine Braut näherte sich der Stadt. Um sie zu ehren, schickte er ihr seinen Bruder Albrecht und König Ladislaus entgegen, jeden mit festlich gekleidetem Gefolge, dazu die Geistlichkeit, die Behörden und die vornehmsten Bürger von Siena. Er selbst erwartete sie an der Porta Camollia, dem dreifach befestigten Tor im Norden der Stadt. Sobald er Eleonore erblickte, stieg er vom Pferde und ging ihr entgegen. Augenzeugen berichteten, er sei dabei ganz blaß gewesen, wohl weil er fürchtete, das zarte kleine Wesen sei nicht als Mutter für den Stammhalter und viele weitere Kinder tauglich. Als er aber die reizende Gestalt genauer sah, die schwarzen leuchtenden Augen, den kleinen Mund, die roten Wangen, Hals und Nacken blendend weiß, dazu die königliche Anmut der Bewegungen (so schilderte Piccolomini sie begeistert), da gewann Friedrich wieder Farbe und umarmte sie, freilich nur für einen Augenblick. Dann standen die Verlob-

Der spätere Kaiser Friedrich III. trifft in Siena seine Braut Eleonore von Portugal. Fresko im Dom zu Siena von Pinturicchio

ten, die bereits per procuram verheiratet waren, einander so gegenüber, wie es die strenge Sitte verlangte. Der Maler Bernardo Betti, genannt Pinturicchio, malte die Szene an die Wand eines Seitenbaus im Dom von Siena.

Die Stadt gefiel allen Gästen sehr. Der Dom machte seinen überwältigenden Eindruck, danach auch die anderen Kirchen, die Paläste, der Marktplatz mit dem Rathaus, die Befestigungsanlagen und noch etwas Besonderes: ein Hospital für Fremde und Pilger, Bettler, Kranke und Findelkinder. Dieses machte den König nachdenklich, die jungen Ritter bewunderten etwas anderes. *»Civitas Senensis speciosissimas mulieres habet«*, schrieb Enea Silvio Piccolomini. *»Die Stadt Siena hat wunderschöne Frauen, und man wird stets einzelne unter ihnen antreffen, die an Liebreiz der Formen alle Frauen des italienischen Volkes übertreffen. Zudem sind die Frauen und Mädchen von Siena heiteren Sinnes und, soweit es die Sittsamkeit zuläßt, freundlich und liebenswürdig zu den Liebhabern. In ihnen steckt viel Humor und viel Anmut.«* So urteilte mit merkbarem Lokalstolz und offenbar fachkundig der Bischof von Siena und schilderte zur Bestätigung seiner Worte folgende Szene:

Auf dem Marktplatz (dem »campo«), der für seine Schönheit und einmalige Anlage berühmt ist, war eine Tribüne errichtet. Friedrich und Eleonore stiegen mit den Vornehmsten ihrer Begleitung hinauf und schauten zunächst verwundert auf die vielen Frauen, die sich vor ihnen versammelten. Eine junge Patrizierin stellte sich auf eine Bank und hielt eine wohlgesetzte Rede über das Glück der Ehe. Danach begann ein langer, kunstvoller Reigentanz. Als aber die Portugiesen aus Eleonores Gefolge mittanzen wollten, sich in den Kreis drängten und die Frauen unsanft anfaßten, geriet die ganze Schar in Entrüstung, verneigte sich noch einmal vor dem König und seiner Braut und huschte plötzlich in das Rathaus.

Auch Friedrich mußte die gute Sitte wahren und getrennt von seiner Braut weiterreisen, über den berüchtigten Paß von Radicofani und am Ostufer des Bolsena-Sees entlang nach Viterbo. Es war Anfang März, viele Sträucher zeigten schon Blätter, die Wiesen und Felder leuchteten in frischem Grün, die Stimmung war gut und steigerte sich noch angesichts des großartigen Empfanges. Sechs Männer trugen einen Baldachin, unter dem Friedrich durch das Stadttor ritt, die Glocken läuteten.

Plötzlich aber brachen aus dem Spalier der Bürger Jünglinge vor und versuchten, den Baldachin herabzuzerren. Päpstliche Soldaten, die zum Schutze des hohen Gastes mitgingen, griffen nach dessen Pferd, einer gar nach dem Hut mit der Königskrone. Friedrich war aus seiner sonst unerschütterlichen Ruhe aufgeschreckt, entriß jemandem einen Stock und schlug auf die Angreifer ein. Da nützten ihm seine Größe und seine Körperkraft, er verteidigte sich erfolgreich. Seine Ritter zogen die Schwerter, wollten aber kein Blut vergießen und drohten mehr, als sie dreinhieben. Fast eine Stunde lang dauerte das Handgemenge, dann flohen die Gegner, viele wurden gefangen. Schließlich erfuhr Friedrich, daß es kein feindlicher Akt gewesen sei, sondern ein alter Brauch: Wenn ein Fürst einzog – nicht nur in Viterbo, sondern in vielen Städten –, waren Baldachin, Pferd und Hut der Plünderung freigegeben. Friedrich war beruhigt, lachte nachträglich, und als die päpstliche Behörde die Gefangenen bestrafen wollte, begnadigte er sie.

Nach diesem Zwischenfall bemühten sich Ratsherren und Bürger der Stadt, die Gäste ehrerbietig zu behandeln und großzügig zu verpflegen.

Während des folgenden Abschnittes der Reise soll Friedrich dem Bischof von Siena die Papstwürde prophezeit haben. Wenn das wahr ist, verrät es großen politischen Weitblick, der Friedrich zuzutrauen ist, vielleicht aber machte er nur eine Andeutung über die Fähigkeiten seines treuen Ratgebers und Freundes, die später so gedeutet wurden, als Enea Silvio de' Piccolomini wirklich den Thron des heiligen Petrus bestiegen hatte.

Der Heereszug bewegte sich auf einer alten Römerstraße, der Via Cassia, ohne Schwierigkeiten vorwärts, gelangte nach Sutri, einem gut befestigten Städtchen, und von dort in einem Tagesmarsch bis vor Rom.

Auf der Höhe des Monte Mario, des letzten Hügels auf diesem Wege, hielt Friedrich an und schaute auf die Ewige Stadt hinab, mit ihm starrte und staunte die deutsche Ritterschaft. Enea Silvio nannte seinem Herrn und Freund die berühmten Gebäude, die Engelsburg diesseits des Tibers, jenseits das Capitol, die Kuppel des Pantheon, die Thermen des Diocletian und die des Caracalla – aber dazwischen lagen Trümmerfelder. Die Stadtmauern aus dem Altertum waren viel zu weit für die Bewohner des 15. Jahrhunderts, die römische Campagna schien eingedrungen. An vielen Hügelhängen dehnten sich Weingärten aus, weiter unten weideten

Rinder, Schafe und Ziegen das frische Gras ab, Obstbäume blühten. Auf dem antiken Marsfeld aber drängten sich Häuser regellos zusammen, die rotbraunen Dachziegel wirkten düster, die vielen Türme, in denen Adelsfamilien wie in Festungen lebten, bezeugten Fehde und Feindschaft innerhalb der Stadt. Ansehnliche Ruinen und armselige Häuser, freundliche Natur, die Türme des Lateran und vieler Kirchen, der Palast der Orsini auf dem Monte Mario, das ergab zusammen ein Bild von eigenartigem Reiz. Viele Ritter sagten, allein für diesen Anblick habe sich die Mühe der Heerfahrt gelohnt.

Kaum hatte Friedrich den Abstieg vom Monte Mario bewältigt, mußte er wieder anhalten, um eine Begrüßung entgegenzunehmen. Es war der apostolische Senat, lauter Kardinäle, die Ansprache klang noch schöner als die der Adeligen. Friedrich liebte es nicht, große Gegenreden zu halten, das ließ er lieber von Bischof Piccolomini besorgen; der erledigte es vorzüglich und sehr gern.

Von alters her bestand der Brauch, daß ein zu krönender Kaiser nicht gleich am Tage seiner Ankunft in die Ewige Stadt einzog, denn beide Seiten, er und der Papst, brauchten noch Zeit zu den letzten Vorbereitungen und früher auch zu Maßnahmen der Sicherheit. Sogar diesmal hatte Papst Nikolaus V. einige tausend Söldner zusammengezogen und ließ sie die Stadtmauern, die Engelsburg und das befestigte Kapitol bewachen. Nachdem die Kardinäle in die Stadt zurückgekehrt waren, nahm Friedrich Quartier in dem Landhaus, das sich der Kaufmann Tommaso Spinelli für den Sommeraufenthalt außerhalb der Mauern erbaut hatte, Eleonore bezog mit ihrem Gefolge das Nachbarhaus. Das Heer lagerte in Zelten auf den Neronischen Wiesen, aber viele Herren baten um die Erlaubnis, in die Stadt reiten zu dürfen. Piccolomini besuchte den Papst, ließ sich über Friedrichs Absichten ausfragen und bemühte sich, alle Bedenken zu zerstreuen.

Am nächsten Morgen sammelte sich das ganze Heer auf der Wiese vor der Porta di Castello, dem Stadttor nahe der Engelsburg, und stellte sich unter der Führung Herzog Albrechts VI. wie zu einer Schlacht in mehreren Treffen auf, nicht weit davon die Reiterei des Papstes. Die glänzenden Waffen, die Fahnen, die geschmückten Helme und bunten Pferdedecken boten einen prächtigen Anblick erst in der Aufstellung, bald darauf in

turnierähnlichen Übungen bewegt. Friedrich im Herrschermantel über-
ragte als Zuschauer mit seiner hohen Gestalt die meisten anderen Männer,
Eleonore in ihrem Prachtgewand zog alle Blicke auf sich. Der junge
König Ladislaus, in Purpur gekleidet, befand sich zwischen den Prälaten.

Vor dem Einzug in die Stadt befahl Friedrich, alle anderen Fahnen und
Fähnlein einzurollen, sogar das hochgeachtete Banner der schwäbischen
Sankt-Georgs-Ritterschaft, und als einzige Fahne die des Reiches mit
dem kaiserlichen Doppeladler zu tragen. Der Senator Niccolò de Porcina-
rio und der Präfekt von Rom, Francesco Orsini, führten Friedrichs Pferd
am Zügel. Ihm folgten die Bischöfe, Ratsherren und Adelige. Mit zehn
Schritt Abstand ritt das Gefolge Eleonores, sie selbst ganz allein (nach
anderer Version geführt vom Herzog von Teschen und dem Marquès de
Valença), von Fußknechten begleitet. Hinter ihr gingen *»Frauen und*

Petersdom in Rom zur Zeit Friedrichs III. (vor dem großen Umbau)

Jungfrauen in großer Zahl, aber sosehr durch ihre Schönheit wie durch die Pracht ihrer Gewänder bemerkenswert«, wie Piccolomini feststellte. Den Abschluß des Zuges bildete die päpstliche Reiterei.

An der Porta di Castello kamen der Bischof von Spoleto als Vikar des Papstes, andere Bischöfe und Äbte mit den Reliquien von Heiligen in feierlichem Zuge Friedrich entgegen und führten ihn unter einem Baldachin aus goldgewirktem Tuch (noch im Stadtteil am rechten Tiberufer) zu den Stufen der Basilika des heiligen Petrus. Darinnen saß Papst Nikolaus V., ein würdiger Mann von 55 Jahren, in seinen Pontifikalgewändern auf einem elfenbeinernen Sessel, um ihn herum standen das Kollegium der Kardinäle, viele Prälaten und Magnaten Italiens.

Der Papst empfing Friedrich mit freundlichen Worten, ließ sich Fuß, Hand und Wange küssen und erhielt als Geschenk einen Goldklumpen. Nach Friedrich küßten auch König Ladislaus, Herzog Albrecht VI. und Eleonore die geweihten Füße des Papstes, darauf viele andere vornehme Herren und Damen. Während sich der Papst dann in seinen Palast begab, beteten Friedrich und seine Begleiter am Altar des heiligen Petrus, bewunderten den großen, hohen Dom; Kaiser Konstantin hatte ihn vor 1 100 Jahren erbauen lassen.

Der Humanismus, die eingehende Beschäftigung mit dem geistigen Erbe des klassischen Altertums, hatte auch Erinnerungen an die einstige Bedeutung der römischen Republik mit sich gebracht, viele Gebildete fühlten sich als Republikaner und damit als Gegner des Papstes. Um sie am Kontakt mit dem künftigen Kaiser zu hindern, hatte Nikolaus V. diesem seinen eigenen Palast als Wohnstätte angeboten. Für die Krönung bestimmte er den 19. März, den Tag, an dem er selbst drei Jahre zuvor gekrönt worden war. Die Wartezeit bis dahin war Friedrich nicht gerade willkommen, aber er nützte sie gut und besichtigte mit kleinem Gefolge die antiken Ruinen, die Kirchen von Rom und die Neubauten der letzten Päpste. Er wollte nicht nur in seiner Wohnung stillsitzen und die Zeit mit Gesprächen verbringen, obwohl ein Aberglaube besagte, es bringe Unglück, wenn ein Kaiser vor seiner Krönung in den Stadtteil am linken Tiberufer komme – gerade dort standen die Gebäude, deren Besuch sich am meisten lohnte! Immerhin machte Friedrich das Zugeständnis, die Engelsbrücke zu meiden, die als besonders verhängnisvoll galt.

Während einer Besprechung über die Verhältnisse in Österreich bat Friedrich den Papst, er möge sein Ansehen für ihn in die Waagschale legen. Nikolaus V. war sehr fromm und ein Mann des Friedens, in diesem Falle aber mahnte er, Friedrich möge sich vorsehen, daß er nicht, während er die geistlichen Waffen aufrufe, die weltlichen vernachlässige. Friedrich hatte noch ein zweites Anliegen; der Papst erfüllte es nach einigem Zö-

Bildtafel von den Ereignissen in Rom.
Links: Papst Nikolaus V. krönt Kaiser Friedrich III.
Mitte: Der Papst und der Kaiser nehmen Abschied
Rechts: Der Kaiser erteilt seinem Bruder Albrecht VI. den Ritterschlag

gern und krönte ihn am 16. März vor dem Hochaltar des heiligen Petrus zum König der Lombardei. Das war ein wichtiger politischer Akt, denn in Mailand hatte der Söldnerführer Francesco Sforza sich gegen das Reich empört und selbst zum Herrscher der Lombardei gemacht.

Derselbe Tag sah noch ein privates, aber wichtiges Ereignis. Friedrich und Eleonore waren schon per procuram verheiratet, sonst hätte sie ja nicht die weite Seereise antreten dürfen, sie wollten aber nochmals getraut werden, selbstverständlich durch den Papst. Nikolaus V. vollzog dies unter Meßfeierlichkeiten und segnete die Ehe, forderte aber, sie sollten aus Ehrfurcht vor dem Sakrament drei Tage lang keine fleischliche Vereinigung eingehen.

Der Sonntag Laetare, der vierte der Fastenzeit, brachte endlich die große Feier, derentwegen Friedrich nach Rom gezogen war. Der Papst saß in der Petersbasilika vor dem Hochaltar auf dem Thronsessel, zu seiner Rechten waren die Kardinäle, zur Linken die Bischöfe und anderen Prälaten aufgestellt. Außerhalb des Altargitters waren erhöhte Sitze für Friedrich und Eleonore errichtet. Sie saß ganz still, während viele Blicke auf sie gerichtet waren, er ließ geduldig alle Zeremonien mit Aus- und Ankleiden über sich ergehen, empfing den Kaisermantel und wurde gesalbt, das heißt, zwischen den Schulterblättern und auf dem rechten Arm mit heiligem Öl betupft, ebenso Eleonore. Nachdem Nikolaus V. das Hochamt begonnen hatte, erhielt Friedrich das Szepter, dann Reichsapfel und Schwert dargereicht, schließlich die Krone aufgesetzt. Er war der erste Habsburger, dem diese Ehre zuteil wurde, und zugleich der letzte in Rom gekrönte Kaiser. Die alten Reichskleinodien dafür hatte er aus Nürnberg herbringen lassen.

Auch Eleonore wurde gekrönt und begab sich danach in den Palast zurück, der Papst und der Kaiser gingen zusammen die Stufen vor der Basilika hinab; Nikolaus V. ließ sich in den Sattel seines Zelters, eines schönen sanften Schimmels, heben, Friedrich führte ihn einige Schritte weit am Zügel, dann stieg auch er zu Pferde, zusammen ritten sie zur Kirche Santa Maria in Cosmedin.

Der Papst durfte sich nachmittags in seinen Palast zurückziehen, Friedrich – als Kaiser nunmehr Friedrich III. – hatte in seiner neuen Würde eine lange, anstrengende Zeremonie zu vollziehen, nämlich auf der Engelsbrücke den Ritterschlag zu erteilen. Zuerst kam sein Bruder Albrecht VI. an die Reihe, dann viele Herzoge und Grafen aus Deutschland und Italien, insgesamt waren es mindestens 200, man sprach sogar von 300. Zweifellos hatten die meisten von ihnen schon früher einmal in der Heimat den Ritterschlag empfangen, aber hier auf der Engelsbrücke war es eine besondere Ehre, mehr noch als in Aachen oder am Heiligen Grab in Jerusalem.

Den Abschluß des Tages bildeten ein Besuch der Basilica San Giovanni in Laterano und ein Festmahl. Der Kaiser war sehr erschöpft, denn er hatte vor dem Hochamt und der Krönung nichts essen dürfen, nachher keine Gelegenheit mehr gehabt und mit leerem Magen und trockener Kehle eine große körperliche Leistung vollbringen müssen, die Krone und die schweren Gewänder getragen, hundertemal das Schwert zum Ritterschlag erhoben. Nach dem Mahl begab er sich gern zur Ruhe.

Von Tag zu Tag festigte sich das Vertrauen zwischen dem Papst und dem Kaiser, sie besuchten einander oft und führten lange Gespräche allein oder mit nur wenigen auserwählten Begleitern. Ihr gemeinsames Ziel war der Friede in Italien, ein Ende der Streitigkeiten zwischen Mailand und Venedig, Florenz und Neapel – und darum mußte Friedrich noch weiter nach Süden reisen.

In Neapel herrschte König Alfonso von Aragon, ein Bruder von Eleonores Mutter. Er hatte Friedrich schon mehrmals gebeten, ihn zu besuchen, und dieser war entschlossen, den Wunsch zu erfüllen. Manche Herren seiner Umgebung meinten zwar, es zieme sich nicht, daß der Höhere den Niederen aufsuche, er solle ihn eher kommen lassen, aber Friedrich legte auf Fragen des Ranges wenig Wert. Am 24. März 1452 trat er die Reise auf der alten Via Appia nach Südosten an, Eleonore folgte in geringem Abstand. Ferdinando, der Sohn König Alfonsos, kam ihnen bis Terracina entgegen, unterwegs warteten viele Adelige des Königreiches, in Capua dann Alfonso selbst mit Prälaten, Herzogen und anderen hohen Herren. Friedrichs Größe, sein kräftiger Körperbau, sein volles Haar und das würdevoll ernste Gesicht machten auf Alfonso starken Eindruck. Als ihm dazu noch seine Nichte Eleonore gegenübertrat, die er bis dahin nie gesehen hatte, vergoß er gerührt einige Tränen.

Alle Straßen von Neapel, die das Kaiserpaar zu Gesicht bekam, waren mit Blumen und wohlriechenden Kräutern bestreut, die Häuser mit Teppichen geschmückt und Girlanden behangen, in den Fenstern stand kostbares Hausgerät, Knaben und Mädchen tanzten, Männerchöre und Hörnerklang waren zu hören, zu den Gastmählern des Königs kamen köstliche Leckerbissen und noch besserer Wein auf den Tisch. Friedrich blieb die Osterwoche (Ostersonntag war der 9. April) und die folgende Woche in Neapel, erlebte die Osterbräuche mit, szenische Aufführungen der Leiden und der Auferstehung Christi. Alfonso erwies sich als eifriger und großzügiger Gastgeber, zeigte seine Schätze, erkundigte sich immer wieder nach Wünschen, war stets munter und liebenswürdig, ließ auch heitere Schauspiele aufführen, veranstaltete Jagden und lud viele Adelige aus Sizilien, Kalabrien und Apulien, Aragonen und Katalonier dazu ein.

Nach den Feiertagen trat für die Herren wieder die Politik in den Vordergrund, täglich kamen sie zu Beratungen zusammen. Womit sich die Damen beschäftigen, ist nicht einwandfrei geklärt, das hängt davon ab, ob ein Wort im Bericht des Enea Silvio de' Piccolomini als *»salutationes«* oder *»saltationes«* zu lesen ist: Im ersten Falle wären es Begrüßungen, gegenseitige Besuche, im zweiten Falle Tänze oder Tanzspiele. Jedenfalls standen dabei drei junge Damen im Vordergrund, die Kaiserin, dann Isabella de Chiaramonte, Gemahlin des Kronprinzen, und Lucretia d'Alagna, die Geliebte des Königs.

Der Kaiser sorgte sich, was während seiner Abwesenheit in Österreich geschehen sein könne, und drängte zur Abreise. Die Kaiserin aber vertraute ihrem lieben Onkel an, daß sie noch immer Jungfrau sei, ihr Gemahl habe die Ehe bisher nicht vollzogen. Offenbar war er von der Reise und den allabendlichen Gelagen überanstrengt, litt vielleicht auch an einer Verdauungsstörung, die schon manchen deutschen Italienreisenden befallen hat, Eleonore fürchtete jedoch, sie gefalle ihm nicht, und war sehr traurig. Als verständnisvoller Onkel redete Alfonso dem Kaiser zu, sich seiner reizenden jungen Frau gegenüber so zu verhalten, wie es der einfachste Bauer nach der Hochzeit täte.

Friedrich gab dem Drängen nach und ließ ein Ehelager *»more Teutonico«* (nach deutscher Sitte) vorbereiten, legte sich mit Eleonore darauf, ließ in Gegenwart Alfonsos und aller Vornehmen eine Decke darüber breiten und küßte die Gemahlin. Sonst geschah nichts, sie blieben beide bekleidet und erhoben sich bald danach wieder. Dieser nur symbolische Vorgang war den Damen von der Iberischen Halbinsel zu wenig, sie schrieen, das sei unwürdig, und machten Alfonso Vorwürfe, daß er dergleichen dulde. Den König allerdings amüsierte der fremdartige Brauch; lächelnd sagte er, in der kommenden Nacht werde schon alles richtig vor sich gehen.

Während die Hochzeitsgäste in einem großen Saal tanzten, beschäftigten sich die portugiesischen Kammerfrauen Eleonores mit dem Brautgemach, murmelten Zaubersprüche, schwangen Räucherfässer über dem Bett, besprengten es mit Weihwasser und ließen es von einem Priester segnen, damit die Ehe glücklich werde und die gegenseitige Liebe beständig bleibe. Dem Kaiser aber erschien dies alles unheimlich, er befürchtete Zauberkünste und mißtraute besonders Eleonores Amme, die den Ruf einer Hexe hatte. Sogleich ließ er in einem anderen Zimmer ein Bett herrichten und Eleonore dorthin einladen. Sie erklärte jedoch, sie werde in ihrem Bett bleiben, denn es sei Sitte, daß die Männer zu den Frauen kämen, nicht umgekehrt. Friedrich ging wirklich zu ihr, bat sie aber, sie möge zu ihm in das andere Schlafgemach kommen. Als sie sich weigerte, ergriff er ihre Hand, zog sie mit sich *»vincitque facile nolentem vincere«* (und er besiegte leicht sie, die nicht siegen wollte).

Nach einigen festlichen Tagen rief die Politik den Kaiser nach Rom. Am 20. April reiste er zu Schiff ab, Eleonore blieb noch bis zum 25. bei ihrem Onkel, dann fuhr sie quer durch das Land zur Hafenstadt Manfredonia am Adriatischen Meer und von dort in einem Schiff nach Venedig.

Der Kaiser hatte den jungen Ladislaus nicht nach Neapel mitgenommen, einerseits weil er ihm nicht die anstrengende Reise bei unsicherem Wetter zumuten wollte, andererseits weil Ladislaus König von Ungarn war und gleichzeitig Alfonso auf Grund gewisser Erbansprüche sich König von Ungarn nannte; ein Besuch bei ihm hätte also zu Mißhelligkeiten geführt. Deshalb war Ladislaus in der gastlichen Obhut des Papstes zurückgeblieben, und seine Anhänger versuchten, das für eine Entführung auszunützen. Der Papst erfuhr von dem Plan, vereitelte ihn, verstärkte noch seine Maßnahmen zur Sicherung und ließ Ladislaus nicht einmal mit einigen Kardinälen zur Jagd reiten, weil er ihnen nicht genug vertraute.

Am 22. April 1452 landete der Kaiser im Hafen von Ostia und ritt den Tiber entlang nach Rom. Während der nächsten Tage war das wichtigste Thema der Besprechungen die Türkengefahr, die der Papst für den Mittelmeerraum befürchtete, Friedrich hingegen für Ungarn; beide sahen voraus, daß der Sultan Konstantinopel erobern werde. Am 25. April ließ der Kaiser den beredten Enea Silvio eine Kreuzzugspredigt halten, die wenig reales Gewicht hatte, aber als rhetorisches Meisterwerk gerühmt wurde. Über dieses Thema sprach Friedrich mit dem Papst bis tief in die Nacht hinein, am folgenden Tag besuchte er ihn noch einmal, erhielt den Segen und trat die Rückreise an.

Sämtliche Kardinäle begleiteten den Kaiser bis zum ersten Meilenstein außerhalb der Stadt, zwei von ihnen reisten sogar bis an die Grenze gegen die Toskana mit. Es schien bedenklich, den Weg über Florenz zu nehmen, weil diese Stadt mit Neapel verfeindet war. Deshalb schickte Friedrich zwei seiner vertrauten Ratgeber voraus, um die Sicherheit zu erkunden. Ihre Unterhaltung mit Cosimo »dem Alten« von Medici, dem ersten Mann der Stadt, verlief nicht gerade freundschaftlich, doch soweit positiv, daß Friedrich in Florenz als Kaiser und Herr empfangen wurde. Wie auf der Hinreise bezog er sein Quartier im Dominikanerkloster Santa Maria Novella, einem gotischen Bau am Nordwestrande der Stadt.

Schon hier in Florenz kündigten sich die Probleme an, die den Kaiser bei der Rückkehr nach Österreich erwarteten. Gesandte aus Österreich und Ungarn waren gekommen und hatten vor dem Senat den Kaiser beschuldigt, daß er Ladislaus gegen Recht und Billigkeit bei sich behalte. Sie schmiedeten sogar einen Plan, den Knaben mit Hilfe der Florentiner zu entführen, aber denen schien das verhältnismäßig gute Einvernehmen mit dem Kaiser wichtiger; sie erklärten den Gesandten, Ladislaus stehe unter der Vormundschaft des Kaisers, ob es ihm nun angenehm sei oder nicht.

Friedrich hielt es für ratsam, schneller zu reisen. Er legte den schwierigen Weg über die Apenninenpässe in großer Eile zurück und ritt schon am 10. Mai unter dem Geläut der Vesperglocken durch das Stadttor von Ferrara. Hier mußte er jedoch länger verweilen, im Augenblick hatten seine Pflichten als Kaiser des Heiligen Römischen Reiches doch Vorrang vor den Verwicklungen in Österreich. Francesco Sforza aus Mailand verlangte durch Gesandte neuerlich die Belehnung mit der Lombardei, Markgraf Borso von Este bat dringend, der Kaiser möge Modena und Reggio zu einem Herzogtum erheben und ihm übertragen. Das Ansinnen des Sforza lehnte Friedrich ab, der Wunsch des Este kostete etliche Überlegungen, denn manches sprach dagegen, vieles dafür, vor allem die treue Ergebenheit Borsos und seine günstigen finanziellen Verhältnisse, die auch dem Reich höhere Einnahmen versprachen. Also durften die Einwohner von Ferrara die Erhebung ihres Markgrafen zum Herzog feiern, Piccolomini hielt im Namen des Kaisers eine Lobrede auf das Haus Este, aus Rücksicht auf das Publikum nicht in lateinischer, sondern in italienischer Sprache.

Als die Festesfreude verklungen war, bestieg Friedrich ein Schiff und fuhr den Po abwärts bis zu dessen Mündung ins Adriatische Meer, dann die Küste entlang nordwärts nach Venedig. Zahllose Schiffe und Barken, Segelboote und Gondeln kamen ihm entgegen, sie bedeckten nahezu die ganze Fläche der Lagune. Francesco Foscari, ein weiser alter Mann, der seit 30 Jahren das Amt des Dogen bekleidete, fuhr mit 300 Senatoren, alle in prachtvoller Amtsrobe, aus der Stadt zu einer der Inseln, wartete dort neben einem Kloster auf den Kaiser und begrüßte ihn mit gebührender Hochachtung. Friedrich nahm auf dem Bucentoro, dem berühmten prunkvollen Staatsschiff, auf erhöhtem Sitze Platz, rechts von ihm saß König Ladislaus, links der Doge. Als die Schiffe in den Canal grande einfuhren, tönte ihnen lauter Jubel entgegen, die Gehwege an beiden Ufern, auch Fenster, Türen und Dächer waren mit Menschen dicht besetzt, sie streuten Rosen ins Wasser und warfen Blumensträußchen zu den Schiffen. Friedrich genoß den bunten, frohen Anblick und wußte auch den Grund der überschäumenden Freude: Seit Menschengedenken war kein Kaiser mehr in Venedig gewesen.

Ebenso festlich empfing die Stadt acht Tage später die Kaiserin. Die Gattin des Dogen fuhr ihr mit 300 würdigen Damen entgegen; von deren Gewändern soll keines unter 1000 Gulden wert gewesen sein. Eleonore wurde ihrer natürlichen Anmut und ihrer zierlichen Gestalt wegen sehr bewundert. Friedrich ging oft in der Kleidung eines Mannes aus dem Mittelstand durch die Kaufläden, wie er es seinerzeit auf der Rückkehr aus Jerusalem getan hatte, und erwarb viele Gegenstände, um sie nach Hause zu schicken. Weniger erfolgreich waren seine Bemühungen um den Frieden. Eben erst war Krieg gegen Mailand ausgebrochen, die Venezianer hatten die ersten Erfolge errungen und dachten nicht an eine Waffenruhe.

Zehn Tage lang, bis zum 1. Juni, blieb der Kaiser in der festlichen Stadt, zum Abschied kamen wieder der Doge und der Senat, man trennte sich in herzlicher Freundschaft. Die Schwaben, Franken und Rheinländer hatten schon von Ferrara aus den Heimweg angetreten, mit dem Rest des Heeres zog Friedrich über die Alpen, doch der Übergang wurde schwierig. Der heitere Himmel überzog sich plötzlich mit dunklem Gewölk, ein schauriges Gewitter mit Blitzen, Donner und heftigem Regen setzte ein, die Wildbäche und die Flüsse schwollen an, Muren gingen nieder. Viele hielten das für Vorboten bevorstehenden Unglücks. Dieses ließ nicht lange auf sich warten.

Während der Kaiser in Villach zwei Tage lang rastete, kam zu ihm Johann Neipperg, der älteste seiner Räte, den er als Landverweser in Österreich zurückgelassen hatte, und berichtete von den Schwierigkeiten, die sich während Friedrichs Abwesenheit aufgestaut hatten. Friedrich zog weiter die alte Landstraße entlang. In Bruck an der Mur beriet er sich mit seinen Getreuen, ob er erst nach Graz reiten solle, um dort Truppen zu sammeln, oder gleich nach der Wiener Neustadt, der »allzeit Getreuen«, dem wichtigsten und am besten befestigten Ort zwischen Bruck und Wien. Friedrich entschied sich dafür und traf am 20. Juni 1452 in der Neustadt ein. Die Romreise war zu Ende, die Auseinandersetzung in Österreich begann. Eleonore bekam zu spüren, daß sie nicht mehr die gefeierte Kaiserin war wie in Italien, sondern die Gemahlin eines Mannes, der viele Feinde hatte.

Als Gast im Feindesland

Kaiser Karl V. 1539

Mit dem Tod des jungen Königs Ladislaus erlosch die österreichische, mit dem Tod Herzog Sigmunds des Münzreichen die Tiroler Linie der Habsburger, übrig blieb die steirische. Kaiser Friedrich III. und Eleonore von Portugal wurden die Stammeltern aller späteren Habsburger oder, wie man schon damals sagte, des Hauses Österreich. Man nannte es auch die »Casa d'Austria«, denn Friedrichs Urenkel Kaiser Karl V. gebot nicht nur von der Ostsee bis ans Adriatische Meer, sondern auch über Spanien und dessen Besitzungen in Amerika, über das Reich, in dem die Sonne nicht unterging. Es war zu groß, um von einem einzigen Mann regiert zu werden. Karl überließ die deutschen Länder und die Abwehr der Türken in Ungarn seinem jüngeren Bruder Ferdinand. Ihm blieb noch genug an Ländern, an Macht und an Sorgen.

Auch die Niederlande samt dem heutigen Belgien und Luxemburg gehörten Karl, nicht so sehr als Teil des Heiligen Römischen Reiches, denn die kaiserliche Obergewalt galt wenig, sondern als unmittelbarer habsburgischer Besitz. In Brüssel regierte als Statthalterin Karls Schwester Maria mit der undankbaren Aufgabe, aus den reichen Provinzen viel Geld zu schöpfen, das Karl für seine Politik brauchte. Als der Adel, die hohe Geistlichkeit und die Städte nicht mehr zahlen wollten und offener Aufstand drohte, bat Maria den Bruder, selbst ins Land zu kommen. Er war in Gent geboren, galt als Einheimischer und genoß Ansehen, mancherorts war er sogar beliebt; er würde die schwierige Lage meistern können.

Karl V. hatte in diesem Jahr 1539 schon großen Kummer erlebt: Sein fünftes Kind war gleich nach der Geburt gestorben, und nur zwei Wochen danach, am 1. Mai, seine Gemahlin Isabella von Portugal. Er zog sich in ein Kloster zurück, durfte sich aber nicht allzulange dem Schmerz und dem Gebet hingeben und von der Welt fernhalten. Im Herbst desselben Jahres mußte er dem Hilferuf der Schwester folgen und die Reise in die Niederlande antreten. Vorher nahm er noch eine schwere Pflicht der Pietät auf sich, den Besuch bei seiner Mutter Johanna von Kastilien. Sie führt in der Geschichte den traurigen Beinamen »die Wahnsinnige«, lebte als Witwe zurückgezogen ohne Hofstaat, ja fast wie eine Gefangene, geistig zerrüttet und körperlich vernachlässigt in Tordesillas, einer alten kastilischen Stadt hoch über dem Duero. Dieser fließt nach Westen und bildet dann auf seinem südwestlichen Weg eine gute Strecke lang die Grenze gegen Portugal. Für Karl V. war der Besuch in Tordesillas also nicht nur psychisch eine starke Belastung, sondern auch ein großer Umweg.

Die Herbststürme im Golf von Biskaya ließen eine Seereise die Westküste von Europa entlang nicht ratsam erscheinen. Karl erwog, eher von Barcelona nach Italien und von dort über die Alpen durch Deutschland zu reisen, aber König Franz I. von Frankreich hatte von den Plänen erfahren und drängte, der Kaiser möge den kürzeren, viel bequemeren Weg durch Frankreich nehmen. Die spanischen, burgundischen und deutschen Herren an Karls Hof hielten das Anerbieten nicht für ehrlich und rieten ab. König Franz I. war 1525 nach seiner Niederlage bei Pavia in spanischer Gefangenschaft gewesen und hatte dann seine Söhne als Geisel gestellt – da war dringend zu befürchten, er könnte sich revanchieren und den Kaiser festnehmen lassen.

Karl V. wußte wohl, wie oft König Franz I. ein politisches Abkommen gebrochen hatte, war aber überzeugt, er dürfe einem ritterlichen Ehrenwort vertrauen. Zudem hätte er mit einer Ablehnung den König schwer beleidigt. Für alle Fälle ordnete er seinen letzten Willen und fügte seinem Testament von 1535 ein notarielles Kodizill an, in dem er unter anderem ein Legat für 30000 Seelenmessen aussetzte und seine letzte Ruhestätte in Granada an der Seite seiner Gemahlin bestimmte.

Von Tordesillas ritt Karl mit seinem Gefolge über Valladolid und Burgos nach Nordosten, durch Flußtäler und über Wasserscheiden, bei Herbstregen und Sonnenschein bis an die Grenze, wo der Bidassoa in den Golf von Biskaya mündet. An seinem spanischen Ufer steht das Städtchen Fuenterabia mit einem alten Schloß; am französischen Ufer wartete, ebenfalls mit Gefolge, der Herzog Karl von Orléans, ein Jüngling von 17 Jahren, Sohn von König Franz I. Er empfing den Kaiser mit ritterlichem Anstand und geleitete ihn einen Tagesritt weit bis zur Stadt Bayonne, dem gut befestigten Sitz eines Bischofs. Zusammen mit diesem und anderen hohen Würdenträgern, voran dem Marschall und Connétable Anne de Montmorency, trat hier der ältere Sohn des Königs, der Dauphin Heinrich II., dem hohen Gast entgegen. Er und sein Bruder hatten nicht die bitteren Jahre vergessen, die sie in ihrer Kindheit auf der Burg Pedraza in Kastilien als Gefangene verbringen hatten müssen, aber nun als junge Männer durften sie nicht Vergeltung üben und ihrerseits den Kaiser gefangennehmen, denn das Wort des Vaters band auch sie.

Wenn die Gebote ritterlicher Lebensart von beiden Seiten eingehalten wurden, erleichterte das vieles. Es ist nicht bekannt, ob das Gefolge des Kaisers sich von dem des Dauphins fernhielt, aber eher ist anzunehmen, daß die Herren untereinander in Kontakt standen. Der lange Ritt über Dax nach Bordeaux wäre recht einförmig geworden, hätte man ihn nicht durch Gespräche verkürzt; Herren des gleichen Standes hatten gemeinsame Bekannte, mitunter auch Verwandte, ähnliche Erinnerungen und Interessen. Selbst wenn man einander noch nicht früher nähergekommen war, geschah es doch während der zwei Rasttage in Bordeaux, der schönen, reichen Hafenstadt, die erst seit weniger als 90 Jahren zu Frankreich gehörte. Die Freude an der herbstlichen Jagd und am Wein stellten leicht Verbindungen her.

Während der Kaiser und der Dauphin mit ihren Begleitern von Bordeaux über Angoulême und Poitiers weiter nach Norden reisten, kam ihnen König Franz I. entgegen, vermutlich nicht von Paris her, sondern von einem seiner Schlösser an der Loire, wo er sich wohler fühlte als in der Hauptstadt. Er war erst 45 Jahre alt, aber von seinen Abenteuern in den Kriegen und noch mehr in der Liebe so hergenommen, daß er nicht mehr größere Strecken reiten konnte. Pferde trugen eine Sänfte, in der er gut eingehüllt saß. Er reiste mit großem Gefolge; zehn Kardinäle sollen es gewesen sein, ungezählte Fürsten, Grafen und Edelleute.

In der Stadt Loches an der Indre trafen die beiden Herrscher zusammen. Die Kardinäle und anderen hohen Herren ritten dem Kaiser entgegen, König Franz erwartete ihn unter dem Tor der alten Burg oberhalb der Stadt. Karl hatte in seinem Leben schon viele Burgen gesehen, aber wahrscheinlich keine, die wie die von Loches ein eigenes kleines befestigtes Städtchen bildete. Es war nur durch ein einziges Tor mit der Stadt verbunden, und auch dieses Tor bewachte ein jahrhundertealter Turm. Es ist nicht genauer überliefert, was Karl hier alles besichtigte, doch gewiß das Grabmal der Agnes Sorel, der schönen, durch Schillers »Jungfrau von Orléans« allgemein bekannten Geliebten König Karls VII. Die Burgverliese mit ihren Käfigen für besonders wichtige Gefangene konnten unangenehme Gedanken erwecken – nicht etwa, weil dem Kaiser solche grausamen Gefängnisse unvorstellbar waren, denn auch in Spanien ging man mit Häftlingen und Ketzern nicht gerade schonsam um, doch er wußte, daß frühere Könige von Frankreich sich dieser Verliese bedient hatten und leider auch König Franz I., sein Gastgeber, es gelegentlich tat. Und wenn die Freunde, die vor dieser Reise gewarnt hatten, recht behalten sollten? Aus dem Kerker von Loches könnte kaum jemand den Kaiser befreien . . .

Karl war erleichtert, als er an der Seite des Königs aus der schaurigen Burg fortritt und sich dem Tal der Loire näherte. Die Landschaft zeigte sich auch im Dezember freundlich, ebenso die Schlösser, nicht trutzige Burgen, sondern angenehme Wohnsitze, architektonisch bewundernswert und mit raffiniertem Geschmack ausgestattet. Nur einen Tagesritt nördlich von Loches liegt am Cher, einem Zufluß der Loire, das Städtchen Chenonceaux mit einem kleinen Schloß, das korrekterweise Chenonceau (ohne x) geschrieben werden sollte. Es war noch nicht lange im Besitz des Königs, Umbauten und Ergänzungen waren zu erwarten, aber der Hauptgedanke seiner prächtigen Architektur war damals schon erkennbar: Vom Schloß weg führte eine Brücke über den Cher, die den Schloßpark mit dem Jagdrevier verband.

Die Gespräche der beiden Monarchen wurden nicht aufgezeichnet, sind aber aus Briefen bekannt, die Karl an seinen Bruder Ferdinand schrieb. Er erzählte darin, er habe von vornherein erklärt, daß er nichts Politisches zu erörtern wünsche, auch keine Familienverbindungen. Obwohl die ganze französische Königsfamilie drängte, lehnte Karl es ab, noch einmal zu heiraten. Franz I. hatte gehofft, den Kaiser zum Schwiegersohn zu bekommen, und pries Margarethe, seine Tochter aus erster Ehe, als *»Rose ohne Dornen«,* als *»Engel unter Teufeln«.* Solche schöne Metaphern erheiterten Karl eher, als daß sie ihn verlockt hätten, so bald nach dem Tode seiner geliebten Gemahlin, der schönen und klugen Isabella, im 40. Lebensjahr eine 16jährige zu heiraten.

Außerdem schrieb Karl dem Bruder, der König rechne es ihm hoch an, daß er so vertrauensvoll durch Frankreich reise. Allerdings gab es einen Zwischenfall, der einige Augenblicke lang bedenklich schien, und zwar in Amboise. Das Städtchen liegt nordwestlich von Chenonceaux am linken Ufer der Loire, auf einem guten Pferd innerhalb einer Stunde erreichbar. Die schwerfällige Kolonne mit Sänfte und Wagen brauchte selbstverständlich viel länger, die Strecke zurückzulegen, und inzwischen blieb genug Zeit für einen kleinen Jagdritt. Dergleichen war zur Abwechslung immer willkommen und bot dem König Gelegenheit, seine kostbare Meute von Jagdhunden einzusetzen und bewundern zu lassen. Karl V. kehrte von diesem kurzen Ausflug nicht zu den Wagen zurück, sondern ritt mit einem der Kardinäle und einigen anderen Herren geradewegs hinauf zum Schloß Amboise, das als Ort der Übernachtung bestimmt war. Es steht auf einem Felsen hoch über dem Fluß, bietet Bauelemente aus vielen Jahrhunderten, jene der Renaissance sind Franz I. zu verdanken.

Für diesen Abend hatte König Franz I. angeordnet, den Torturm in seiner ganzen Höhe mit Fackeln zu beleuchten, sobald der Kaiser einträfe. Als dieser nun in der Abenddämmerung ohne jegliches Gepränge daherkam, hielt man die Reitergruppe nur für den Vortrab der Wagenkolonne, bis ein Offizier den Kaiser erkannte und in aller Eile befahl, die Fackeln zu entzünden. Aus der Eile entstand Verwirrung, aus der Verwirrung ein kleiner Brand mit viel Rauch. Die Pferde scheuten, die Reiter konnten sie jedoch beruhigen und im Schloßhof absteigen, ohne irgendeinen Schaden erlitten zu haben. *»Wir hatten keinen Grund zum Mißtrauen«,* schrieb Karl V. seinem Bruder, aber daß er das betonte, will doch etwas sagen. Auch der König empfand es so, denn er ärgerte sich sehr. Als er endlich eintraf, qualmten die Fackeln noch und boten ein eher schauriges als festliches Bild. Er wollte den Wachoffizier köpfen lassen, weil dieser in seinem Übereifer den Verdacht eines Überfalls heraufbeschworen hatte. Karl hatte Mühe, den König zu besänftigen und den unglücklichen Offizier zu retten.

Im weiten Bereich des Schlosses von Amboise hatte Karl viel zu besichtigen, auch die Kapelle des heiligen Hubert, in der Leonardo da Vinci begraben liegt, und genoß von einem Turm den Blick über das breite Flußbett der Loire und nach Westen auf die Türme von Tours, die Bischofsstadt des heiligen Martin. Das wichtigste aber war ihm, hier seiner Schwester Eleonore zu begegnen.

Er hatte sie, wie das so üblich war, als Mittel der Politik verwendet, erst mit dem buckligen König Manuel von Portugal verheiratet, der mehr als doppelt so alt war wie sie, dann im Sommer 1530 mit Franz I. Die blonde Dame wurde ihrer Schönheit und Bildung wegen von Dichtern gepriesen, besaß zwar politisch nicht den Einfluß, den Karl erhofft hatte, wußte aber über vieles Bescheid. Sie bestätigte, daß die Geliebte ihres Gemahls, Anna von Pisseleu, die zum Rang einer Herzogin von Estampes aufgestiegen war, und fast alle maßgebenden Herren des französischen Hofes dringend dazu geraten hatten, die günstige Gelegenheit zu nützen und den Kaiser nicht so unbehelligt durch Frankreich reisen zu lassen.»Nicht unbehelligt« war vorsichtig ausgedrückt; Karl konnte sich vorstellen, was man ihm zugedacht hatte. Vielleicht – oder wahrscheinlich – nannte Eleonore ihrem Bruder auch die Methoden, wie die Herzogin und der mächtige Connétable Montmorency zu gewinnen oder zu überlisten wären.

Zu Pferd und mit geringer Begleitung hätte der Kaiser die nächste wichtigere Station der Reise, das Schloß von Blois, in einem Tagesritt erreichen können, aber die schwerfälligen Wagen und die Sänfte brauchten länger. Zudem entsprach es nicht dem raffinierten Reiseplan des Königs, seinen Gast von einer Sehenswürdigkeit zur anderen zu hetzen, er wollte die einzelnen Eindrücke richtig verteilen und durch die Eintönigkeit einer langsamen Reise flußaufwärts die Wirkung der nächsten Schlösser noch steigern. Der Kaiser sollte nur sehen, mit welchem Aufwand und wie gutem Geschmack der König von Frankreich seine Schlösser verschönert hatte!

Das Schloß von Blois steht gleich den meisten anderen oberhalb der kleinen Stadt auf einem Hügel, der einige Steilhänge aufweist. Ein Trakt zeigte dem Kaiser den damals modernen Stil der Renaissance, eben eine der Neuerungen des Königs. Hier verweilte die Reisegesellschaft einige Tage, ritt zur Hirschjagd und erfreute sich an ländlichen Festen. Die Tänze der Bauernburschen und Mädchen in Blois paßten nicht recht in die Adventszeit, sondern waren nur auf Befehl des Königs inszeniert worden; sie stimmten ungefähr mit den Reigen überein, die Karl V. aus Deutschland und den Niederlanden, Burgund und Spanien kannte. Die Tänze in Chambord aber, einige Tage später, waren zu jener Zeit etwas sehr Seltenes, wenn nicht gar Einmaliges. In einem Saal des Schlosses erschienen schöne Mädchen, von durchsichtigen Schleiern nur wenig verhüllt; sie stellten die Geister des Flusses und der Wälder dar, tanzten und sangen als zarte Nymphen und erweckten Verlangen. Als der Kaiser, überwältigt von dem Anblick und vom köstlichen Wein, sein Schlafgemach aufsuchte, fand er dort ein Mädchen, das nicht weniger lieblich anzusehen war als die Tänzerinnen und das Bett angenehm vorgewärmt hatte. Es ist verzeihlich, wenn der verwitwete Kaiser hier und in anderen Schlössern des Königs der Verlockung nachgab, aber er blieb ein Ehrenmann. Einmal soll er kein verführerisch lächelndes, sondern ein schluchzendes Mädchen im Bett angetroffen und von ihr erfahren haben, daß sie gegen ihren Willen hierher gebracht worden sei. Daraufhin habe er sie unter der Obhut eines verläßlichen Dieners ihren Eltern zurückgeschickt.

Diese Geschichte ist nicht einwandfrei verbürgt, zwar glaubhaft, muß sich aber nicht gerade im Schloß von Chambord abgespielt haben. Jedenfalls gab es hier noch anderes zu bewundern als Mädchenkörper. Dafür hatten Architekten gesorgt und außer dem Schloß auch den Garten kunstvoll gestaltet. Wenn die Sträucher auch winterlich kahl, die Beete leer waren, waren doch überall Brunnen und Statuen zu bewundern. Und erst das Innere des Schlosses! Reich möblierte Räume in allen Stockwerken, Teppiche, Wandbehänge und Gemälde, im Bergfried eine Treppe, auf der man emporsteigen konnte, ohne von den Herunterkommenden gesehen zu werden, eine architektonische Spielerei, die mitunter wohl nützlich war, dazu eine Unzahl von Türmen und Türmchen, Giebeln und Kaminen: das alles bewunderte der Kaiser, rühmte es im Gespräch mit dem König, und dieser hörte es gerne.

Die Reise führte von Chambord weiter zu Städten und Schlössern, über Orléans, aber nicht auf dem kürzesten Wege nach Paris, sondern über Fontainebleau, wo König Franz seinem Gast wieder etwas Großartiges zu zeigen hatte. Eine sehr alte, mehr zweckmäßig als einladend angelegte

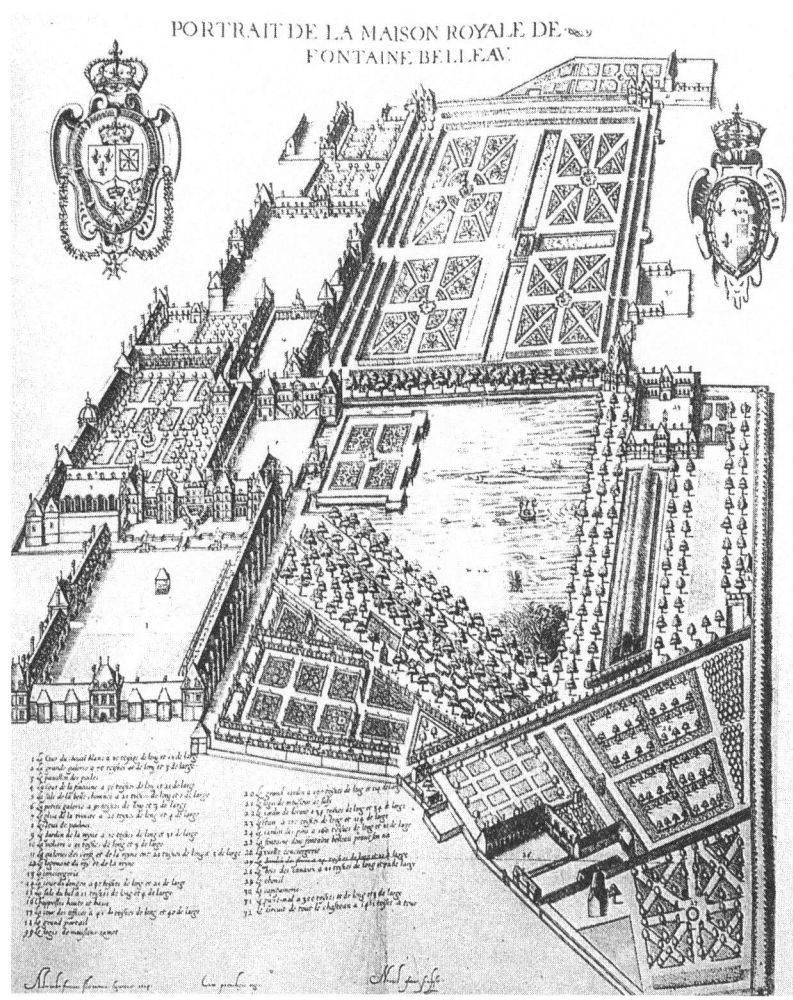

1527 wurde unter Franz I. im Wald von Fontainebleau mit dem Ausbau eines königlichen Jagdschlosses aus dem 12. Jahrhundert begonnen

Festung, die in Friedenszeiten als Stützpunkt für Jagdgesellschaften diente, hatte er zu einem prächtigen, doch auch ländlich heiteren Renaissanceschloß umgestaltet. Karl V. lobte selbstverständlich die gesamte Anlage und die schöne neue Galerie, welche die Gebäude um den großen Hof mit denen eines zweiten ovalen Hofes verband. Diese beiden Höfe und auch der Platz vor dem Schloß boten Raum für Turniere.

Die Reisegesellschaft war am Heiligen Abend hier angekommen, aber dessen Fest spielte im französischen Kirchenjahr jener Zeit keine große Rolle. Der König ließ ungescheut zum Tanze aufspielen, eröffnete den Ball selbst mit einer feierlichen Pavane und überließ erst bei der munteren Gaillarde das Vergnügen den jüngeren Tänzern. Aus den nahen Herrensitzen waren die adeligen Familien zum Ball erschienen, viele reisten auch aus Paris an, um dem Kaiser Gesellschaft zu leisten, um zu schauen und sich zu zeigen. Die Wagenfahrt von mindestens einem Tag war mühsam gewesen, aber die Einladung des Königs galt so viel wie ein Befehl.

Karl V. litt schon seit einer Weile an einer Erkältung, dazu hatten ihn die vielen Feste und Gelage angestrengt und ermüdet. Als er am 1. Januar 1540, einem feuchtfrostigen, nebeligen Tag, in Paris einzog, zitterte er trotz seines Pelzes vor Kälte. Seine schwarze Kleidung mit dem Goldenen Vlies als einzigem Schmuck hob sich von der Farbenpracht der anderen Herrschaften ab. Die Volksmenge beiderseits der Straße jubelte, wie sich das auch bei einem politischen Gegner geziemt und immer geschieht, wenn es nur genug zu schauen gibt, und das war diesmal der Fall. Voran schritten die Ratsherren der Stadt und die Würdenträger des Staates, der Connétable Montmorency hielt ein blankes Schwert in der Hand, neben dem Kaiser ritten die beiden Söhne des Königs, aus Ehrerbietung ohne Hut.

So gern Karl sich zur Ruhe begeben hätte, mußte er an diesem Nachmittag und Abend noch viel leisten. Beim Empfang im Rathaus wurden ihm symbolisch die goldenen Schlüssel der Stadt überreicht, er mußte Ansprachen über sich ergehen lassen und antworten, einen Gottesdienst in der Kathedrale von Notre-Dame besuchen und wieder einmal an einem Bankett teilnehmen. Für kurze Zeit zwang ihn die Gicht auf das Krankenlager, aber richtige Bettruhe genoß er nicht, sondern mußte dauernd Besuche empfangen, vorwiegend solche formaler Höflichkeit, auf die er gern verzichtet hätte.

Als der Kaiser dann doch wieder an einer Festtafel saß, goß ihm nach dem Mahl die Herzogin von Estampes parfümiertes Wasser über die Hände und hielt, wie es sich gehörte, mit der anderen Hand eine goldene Schale darunter. Scheinbar zufällig glitt vom Finger des Kaisers ein kostbarer Brillantring in die Schale. Die Herzogin zog ihn heraus und wollte ihn zurückgeben, aber Karl V. bat sie, den Ring zur Erinnerung zu behalten. So vornehm ging es damals zu, wenn jemand bestochen werden sollte.

Andere Berichte sprechen von einer sehr wertvollen Armspange, die der Kaiser der Herzogin schenkte, wofür sie politische und militärische Pläne des Königs verraten habe. Damals in Paris sorgte sich Karl allerdings weniger um künftige Pläne, er hatte genug zu tun, die Ränke des Connétable Montmorency abzuwehren. Dieser drängte immer wieder auf eine Zusage bezüglich Mailands und der Lombardei. Was der König nicht im Krieg erobern konnte, wollten er und der Connétable durch Liebenswürdigkeit und beispiellosen Aufwand gewinnen, aber kein schmeichelndes Wort, keine musikalische Aufführung, kein reizendes Mädchen im Bett, kein gespickter Fasan oder Hirschschlögel auf der Tafel, nicht der köstlichste Wein brachten Karl zu einer verbindlichen Äußerung.

Nach dem Geschmack des Königs wurden bei den Banketten Tänze der bekannten Art vorgeführt, in einem weiten Hof auch Turniere veranstaltet und zur Freude der Pariser ringsum Tribünen errichtet, so daß außer den hohen Herrschaften auch Studenten und einfache Leute zuschauen konnten, selbstverständlich streng abgesondert von den Hoflogen. Die Sitzreihen waren in Eile und nicht sehr solide gebaut worden, das Gedränge war groß, eine Tribüne nahe der Loge, in welcher der Kaiser, seine Schwester und der König saßen, brach zusammen. Das erste Angstgeschrei wandelte sich zum Gelächter, die kleinen Leute freuten sich an dem Anblick der feinen Damen und Kavaliere, die mit beschädigtem Gewand zwischen geborstenen Brettern hervorgeholt wurden. Ob auch der Kaiser lachte, ist nicht bekannt, Franz I. jedenfalls geriet in Zorn und befahl den Wachen, das Volk zu verjagen.

Der Kaiser wohnte im Louvre, der alten Festung, die Franz I. zu einer königlichen Residenz ausbauen wollte. Das ging aber recht langsam vor sich, das feuchte, düstere Gemäuer wirkte sich auf die Gicht und die

Stimmung des Gastes schlecht aus. Nach sechs Tagen brach er ganz gern von Paris auf. Der König und die Königin begleiteten ihn einige Tagesreisen weit nach Norden über Chantilly bis in die feste Stadt Saint-Quentin, der Dauphin und der Connétable noch bis Cambrai. Auch diese Stadt besaß eine Zitadelle, starke Mauern und Türme, wie es die Lage nahe der Grenze gegen das habsburgische Flandern erforderte; erst zehn Jahre vorher war hier der Krieg zwischen Frankreich und Spanien beendet worden. Man verabschiedete sich sehr höflich und tauschte noch einmal Geschenke aus. Montmorency mußte sich eingestehen, daß seine Versuche, ein Abkommen über Mailand zu erreichen, völlig gescheitert waren, so wie der König den Kaiser nicht zum Schwiegersohn gewinnen konnte, obwohl ihn die noble Gastfreundschaft 400 000 Ecus gekostet hatte.

Die nächste Station, die Karl V. mit seinem Gefolge, aber ohne französische Begleitung erreichte, war die Grenzstadt Valenciennes, doch hier erwartete ihn jemand, der mit ihm bis in die Nacht hinein sprechen wollte. Seine Schwester Maria berichtete von der bedrohlichen neuen Entwicklung in den Niederlanden, von den Morden an regierungstreuen Ratsherren und der Gefahr eines allgemeinen Aufstandes. Außerdem hatte sie persönliche Anliegen, und zwar finanzieller Art bezüglich ihrer Mitgift und ihrer Einkünfte als Witwe des letzten Königs von Ungarn, Ludwigs II., der 1526 in der Schlacht von Mohács gegen die Türken umgekommen war. Das waren keine erfreulichen Themen. Kaum war die Gefahr überstanden, die in Frankreich trotz aller Freundlichkeit doch immer zu lauern schien, traten nun solche Probleme auf! Fast hatte Karl das Gefühl, die zu üppigen Gelage und die heiklen Gespräche an den Abenden der Reise mit dem König, dessen Söhnen und dem Connétable seien das kleinere Übel gewesen.

WAS KOSTET
EINE BRAUTFAHRT?

Erzherzog (später Kaiser) Maximilian II. 1548

Die spanische Hälfte des Habsburgerreiches war von der deutschen getrennt, die Verbindung aber noch eng. Kaiser Karl V. nahm Maximilian, den Sohn seines Bruders Ferdinand I., schon auf Feldzüge mit, als dieser erst 17 Jahre alt war, und fand Gefallen an dem klugen, freundlichen, lebensfrohen Maximilian. Einen Fehler jedoch hatte der sympathische Kaiserneffe und Königssohn: Er war nicht brav katholisch, sondern neigte in bedenklichem Maße zur neuen Lehre Martin Luthers. Sein Vater war deshalb sehr einverstanden, daß der Kaiser den Jüngling nach Madrid berief, um ihn für Staatsgeschäfte einzusetzen, in die Verwaltung einführen zu lassen und zu seinem Schwiegersohn zu machen. Maria, die 20jährige Tochter Karls V., war in spanischer Frömmigkeit erzogen und würde Maximilian schon auf den rechten Weg zurückführen.

Maximilian war von dieser Aussicht gar nicht entzückt, mußte aber gehorchen. Die Reise im Sommer 1548 versprach nicht gerade vergnüglich zu werden, denn der Bräutigam der Kaisertochter mußte einen ganzen Hofstaat mitnehmen, seinen Obersthofmeister Don Pedro Lasso de Castilla, den Oberstkämmerer Peter von Mollart, den Obersten Silberkämmerer und Verwalter des Oberstallmeisteramtes Caspar von Hoburg; Pfennigmeister war ein sehr tüchtiger Mann bürgerlicher Herkunft namens Peter Haller. Dazu kamen selbstverständlich noch Kämmerer, Truchsesse und viel Dienerschaft.

Für den Unterhalt dieser großen Reisegesellschaft streckte die Hofkammer 22 500 Rheinische Gulden vor, eine sehr hohe Summe, auch wenn sich der Gulden, eine Silbermünze zu 60 Kreuzer, nicht annähernd richtig für heutige Verhältnisse umrechnen läßt. So viel Geld war nötig, denn Maximilian mußte mit gebührendem Aufwand auftreten, Sparsamkeit wäre in diesem Falle ein Fehler gewesen. Darüber, wofür das Geld ausgegeben wurde, berichtet ein Schriftstück im gräflich Harrachschen Archiv mit dem Titel »Auszug über die ausserordentlichen Ausgaben«. Da es auch die Orte nennt, wo das Geld ausgegeben wurde, läßt sich die Reise mit vielen Einzelheiten rekonstruieren.

Schon der Anfang der Reise zeigte ihren aufwendigen Stil. In Augsburg ließ Erzherzog Maximilian Kunstgegenstände anfertigen, die er unterwegs zu verschenken gedachte. Von hier zog er mit seiner großen Wagenkolonne zur ersten Nachtstation im Dorf Bruck bei dem Zisterzienserkloster Fürstenfeld und dann weiter nach München. Daß er dort einen Wegführer brauchte, wäre heute begreiflich, war aber überraschenderweise schon damals nötig. Der Mann erhielt freilich nur ein kleines Trinkgeld, 16 Kreuzer, der Torwart schon viel mehr, nämlich 2 Gulden 16 Kreuzer, doppelt soviel die Trompeter, die Maximilian mit festlichem Klang begrüßten.

Die zwei nächsten Tagesstrecken waren ebenfalls kurz, die Übernachtungen billig, 3 Gulden 40 Kreuzer in Wolfratshausen, 6,44 im Benediktinerkloster Benediktbeuren. Da der Erzherzog keinen eigenen Küchenwagen mitführte, hatte man ihm in München einen mitgegeben, aber dessen Personal verrechnete für die beiden Tage ganze 22 Gulden 40 Kreuzer. Darüber hinaus forderten die drei bayerischen Reiter für ihre Begleitung bis Benediktbeuren pro Person zwei Taler (= 2 Gulden 16 Kreuzer), obwohl sie nur als »Einspännige«, das heißt ohne Trabanten oder Roßknecht, mitgeritten waren.

Zwei andere Eintragungen im Ausgabenbuch sind kleinere Summen, die aber mit einem gewissen Vergnügen verbunden waren: Am 18. Juni 1548 heißt es, bei Mittenwald »*haben irer F. D.* (fürstliche Durchlaucht) *ettlich Weiber gefangen, denselben verehrt ain Taler*«, das zweite Mal zwischen Seefeld und Innsbruck erhielten die »Weiber« 1 Gulden 30 Kreuzer als Entgelt. Es ist anzunehmen, daß sie hoch erfreut waren, denn damals mußte eine Bauernmagd jahrelang arbeiten, bis sie so viel an barem Geld zusammengespart hatte.

In Innsbruck erhielten die Offiziere, die von München bis dorthin mitgeritten waren, einen üppigen Abschiedsschmaus um 40 Taler, ebenso nobel zeigte sich der Erzherzog in Sterzing. Dort war er im Haus eines Edelmannes abgestiegen, der für diese Ehre kein Geld angenommen hätte, also erhielt seine Frau als Geschenk eine silberne, vergoldete Trinkschale im Wert von 35 Gulden, das Hausgesinde zur Belohnung bare 4 Gulden 32. In Brixen stellte Kardinal Christoph III. von Madruzz die fürstbischöfliche Burg als Nachtquartier zur Verfügung. Er selbst war nicht anwesend, der Hauspfleger sorgte für die Gäste und wurde dafür mit 11 Gulden 20 belohnt. Die Kosten für ein Frühstück beliefen sich auf diesem Abschnitt der Reise für alle Herren zusammen auf 1 Gulden 42 bis 2 Gulden 50.

Der Erzherzog hatte, wie es seinem Alter entsprach, Herz und Geldbörse

Der spätere Kaiser Maximilian II. als Jüngling.
Gemälde von Guillaume Serots

offen für die Reize des weiblichen Geschlechts, für gute Mahlzeiten mit passendem Wein, außerdem für die Musik. In Brixen hörte und belohnte er die Kantorei und *»fünf wallische Gaiger«*, in Bozen ließ er *»dem Schulmaister und der Musica«* 4 Taler geben, in Trient spielten wieder *»zwayn Partheyen walschen Gaiger«.*

Das Etschtal abwärts ging es von Trient über Rovereto bis Bussolengo nahe dem südöstlichen Ende des Gardasees, bereits auf venezianischem Gebiet. Hierher schickte der Rat der Republik Venedig 30 Wagenladungen an Proviant als Geschenk, aber ein Erzherzog und künftiger Schwiegersohn des Kaisers durfte sich nichts schenken lassen, da war eine ansehnliche Gegengabe nötig. Der Kassier notierte dafür 85 spanische Dukaten (= 148 Gulden), ferner für den venezianischen Hauptmann Aurelio de Riba ein silbernes, vergoldetes Trinkgeschirr im Wert von 85 Gulden, 46 Kreuzer und 3 Pfennigen, 8 Gulden für die Trabanten des Kardinals, 22,40 für 13 Leute aus Verona, die sich nützlich gemacht hatten.

Jedesmal, wenn der Erzherzog Geschenke erhielt, kamen sie ihn teuer zu stehen. In Mantua brachte ihm der Oberststallmeister des Herzogs ein edles Pferd und mußte dafür eine Goldkette im Werte von 441 Gulden erhalten, eine kleinere Goldkette (150 Gulden) bekam der Bereiter, der das Pferd ablieferte, die Stallknechte 18 Gulden. Maximilian war mit Glanz und Musik empfangen worden und ließ dafür den Trompetern 28 Gulden aushändigen, den Posaunisten 21, den Trommlern 14. Der Hofnarr des Herzogs dürfte den Gast gut unterhalten haben, denn er wurde auffallend reich beschenkt: 45 Gulden. Vielleicht war die hohe Summe eine Maßregel der Vorsicht, denn ein Hofnarr konnte im Schutze seines Herrn im Augenblick und auch nach Jahren bitter spotten. Was war aber mit dem unvermeidlichen Geschenk an den Herzog von Mantua, oder schon vorher in Brixen an den Kardinal, in München an den Herzog? Das hatte König Ferdinand schon vorher geregelt, es gehörte nicht in den »Auszug über die ausserordentlichen Ausgaben«.

So aufschlußreich dieser Auszug in vieler Hinsicht ist, sagt er für Cremona nur, daß sich der Aufenthalt ähnlich teuer wie in Mantua gestaltete, aber nichts von den Eindrücken, die der Erzherzog empfing, ob er den Dom, den Glockenturm, das Rathaus bewunderte und sich vom Geigenbau und der Malschule berichten ließ. Auch von Lodi erwähnt der Pfennigmeister nicht die schönen Kirchen (das war ja nicht seine Aufgabe), sondern nur die Geschenke an den Hofmeister des Don Fernando de Gonzaga im Werte von 202 Gulden, 229 für die Offiziere und verwunderliche 55 an den »*Fürschneider*« an der Festtafel.

In der gut befestigten Stadt Alessandria übernachtete Erzherzog Maximilian im Hause eines Edelmannes und revanchierte sich dafür mit einem Trinkbecher, für den er in Augsburg dem Goldschmied 83 Gulden 53 Kreuzer gezahlt hatte. Hier verabschiedete sich Graf Gallas; er hatte mit einigen Reitern Maximilian begleitet und erhielt als Geschenk eine goldene Halskette im Wert von 300 Gulden, eine ähnliche Kette bekam kurz darauf der Conte Afadele.

Wochenlang war man in der Ebene gereist, nun ging es nach Süden bergan über den Ligurischen Apennin und wieder bergab nach Genua. Diese Republik sah im Habsburgerreich einen Rückhalt gegen Frankreich, entsprechend ehrenvoll empfing sie den Erzherzog. Salutschüsse krachten, kriegerische Musik ertönte, und beides erforderte Trinkgelder, 30 Gulden für die Büchsenmeister, 6 für die Trommler und Pfeifer.

Als Maximilian eine Kirche besuchte und deren Kunstschätze bewunderte, befahl er dem Pfennigmeister, 30 Gulden zu spenden, eine geringe Summe gegenüber den 165 Gulden und 52 Kreuzer, mit denen die Stadtkommissäre dafür belohnt wurden, daß sie ein Geschenk ablieferten. Worin dieses bestand, ist ebensowenig bekannt wie das, was der Erzherzog im Auftrage seines Vaters dem Oberhaupt der Republik darbrachte, aber zweifellos war beides von bedeutendem Wert, denn man schätzte und brauchte einander. Dieses Oberhaupt war der berühmte Andrea Doria, ein Herr aus altem genuesischen Adel. Er hatte sich mit Franzosen und Spaniern, Korsen und nordafrikanischen Seeräubern herumgeschlagen, 1532 die Flotte des Sultans besiegt, mit Kaiser Karl V. Tunis erobert, erst vor eineinhalb Jahren die Verschwörung des Giovanni de Fiesco niedergeschlagen; die Begegnung mit dem greisen Helden und Staatsmann muß auf Maximilian starken Eindruck gemacht haben.

Andrea Doria stellte für die Fahrt von Genua nach Barcelona drei Galeeren zur Verfügung. Die größte bestieg der Erzherzog mit seinem persönlichen Gefolge, auf der zweiten fuhren der Obersthofmeister, die anderen hohen Würdenträger und viele adelige Herren, auf der dritten die Rechnungsbeamten und die Edelknaben. Dem entsprach die Belohnung nach der Landung in Barcelona: Der Kapitän des ersten Schiffes erhielt 300 Gulden, die beiden anderen Kapitäne 52 und 40 Gulden. Ein junger Rudersklave wurde mit 7 Gulden 30 dafür belohnt, daß er durch Kletterkunststücke auf dem Mast und allerlei Späße den Erzherzog erheitert hatte.

Bei der Landung am 6. August wetteiferten die Trompeter des Andrea Doria und jene der Stadt mit ihrem Lärm, bei dem Einzug in die Stadt ritten 30 Pauker voran. In Barcelona sprach man viel darüber, wie mildtätig der künftige Schwiegersohn des Kaisers (und Königs von Spanien) war: Einer Frau, die sein Mitleid zu erregen wußte, schenkte er 30 Gulden. Solches Gerede hob sein Ansehen, wirkte sich aber nicht nur günstig aus. Für die 24 Maultiere, die zur Weiterreise zu Lande gekauft wurden, forderte der Händler 2000 Gulden, einen gewaltig überhöhten Preis. Auch der Almosenier des Klosters von Montserrat wußte den großzügigen Gast zu schröpfen, »217 fl« notierte der Pfennigmeister. Den Schalmei- und Dudelsackbläsern, die für die Abendunterhaltung sorgten, ließ Maximilian 6 Taler geben.

Der Gouverneur von Barcelona begleitete ihn aus der Hafenstadt ins Lan-

Genua, Palast Doria Pamphili, Mitte des 16. Jahrhunderts

desinnere. Die Straße verlief den geographischen Bedingungen entsprechend ziemlich genau so wie die heutige Verbindung von Barcelona nach Zaragoza, war aber schlecht. Bei Fraga mußte eine Behelfsbrücke über den Rio Cinca gebaut werden, die erbrachte den Landleuten eine Belohnung von 8 Gulden. Die Quartiere waren bescheiden, dafür fand Maximilian ein urtümliches Volksleben, ließ sich mehrmals Bauerntänze vorführen und beschenkte die Leute jedesmal, allerdings in recht verschiedener Höhe, von eineinhalb bis 12 Gulden. Am 28. August ritt er im Tal des Ebro auf Zaragoza zu, die alte Residenz der Könige von Aragon. Hier rastete er mit seinen Begleitern einige Tage lang in einem Kloster und ließ beim Abschied dem Abt ein silbernes, vergoldetes Trinkgeschirr überreichen, das schöner und kostbarer (92 Gulden) war als die üblichen Geschenke dieser Art.

Ziemlich geradlinig nach Westen ging die Reise weiter, die letzten Tage längs des Rio Duero, bis zu ihrem Ziel Valladolid, die reiche Königsstadt in der fruchtbaren kastilischen Hochebene. Hier heiratete Erzherzog Maximilian seine Cousine Maria. In den Aufzeichnungen des Pfennigmeisters jedoch ist nichts vom Prunk der Hochzeit, vom Brautgeschenk und dem Aufwand für die Gäste zu lesen, die einzige Notiz besagt, daß er *»den 18. Septembris in Valladolit der Prinzessin von Hispania gantze Musica«* 45 Dukaten auszahlte.

Insgesamt beliefen sich die außerordentlichen Ausgaben für Musik auf 475 Gulden 38 Kreuzer, das Jahresgehalt eines Beamten mittleren Ranges, doch wenig gegenüber den Ehrengeschenken im Wert von 3 189 Gulden und jenen 2 286 Gulden 51 Kreuzer, die an verschiedenen Orten als *»Letzgeld«*, das heißt für Abschiedsgelage oder als Ablöse, dafür aufgewendet wurden.

Die Ehe des Erzherzogs mit der Kaisertochter wurde am 23. September 1548 geschlossen. Sie gestaltete sich glücklicher, als man erwartet hatte, obwohl die politischen Hoffnungen, die Maximilian daran geknüpft hatte, sich nicht erfüllten. Im Frühjahr 1552 kehrte er nach Deutschland zurück. Auch diese Reise wurde kostspielig, der feierliche Einzug in Wien war ein richtiges Fest der Hofgesellschaft und der Bürgerschaft. Maria fuhr, wie es ihr als Kaisertochter zustand, in einem schweren Prunkwagen, den acht Pferde zogen. Noch größeres Aufsehen erregten der Elefant, den das Erzherzogpaar mitbrachte, und der Mohr, der ihn führte.

BAROCKE KAISERREISEN: HULDIGUNGEN UND JAGDVERGNÜGEN

Kaiser Karl VI. 1723/28

Der Tod Kaiser Josephs I. am 17. April 1711 nach kaum sechs Jahren der Regierung war ein großes Unglück für das Heilige Römische Reich und die habsburgischen Länder. Er hinterließ zwei Töchter, als Nachfolger kam nur sein jüngerer Bruder Karl in Frage, der gerade in Spanien um die Krone kämpfte. Ungern kehrte Karl von dort zurück. Bevor er noch in Frankfurt am Main zum Kaiser gekrönt wurde, hatten ihm schon am 24. November 1711 die treuen Tiroler als ihrem Landesfürsten gehuldigt, 1712 folgten die Krönung zum König von Ungarn in Preßburg und die Erbhuldigung der Stände des Landes unter der Enns (Niederösterreich). Für weitere Zeremonien dieser Art ließ der Krieg gegen Frankreich keine Zeit.

Erst im Sommer 1723 trat Karl VI. die Reise nach Prag an, um mit der Königskrone des heiligen Wenzel die Würde eines Herrschers über Böhmen und Mähren, Schlesien, Eger und Glatz zu empfangen. Nüchtern betrachtet, war es nur eine Zeremonie, denn tatsächlich hatte Karl VI. die Regierungsgewalt seit zwölf Jahren inne, seit dem Tode seines Bruders, aber die Barockzeit legte großen Wert auf Zeremonien. Auf der Reise nach Prag begleitete ihn seine Familie, ferner die kaiserliche Hofkanzlei, die königlich böhmische, die königlich ungarische und die Geheime österreichische Hofkanzlei, der Staatskanzler, der Hofzeremonienmeister und viel Personal, vom Hofkaplan bis zur Mund-, Tafel-, Leib-, Hemd- und Leilach-Wäscherin mit ihren Gehilfinnen, nicht zu reden von den

Garden und dem Heer der Lakaien, Musikanten, Jäger und Büchsenspanner. Dazu waren 125 schwere, 321 leichtere Wagen und 1788 Pferde nötig. Diese lange Kolonne brauchte zwölf Tage, um von Wien nach Prag zu gelangen.

Der böhmische Hofkanzler Leopold Josef Graf Schlick kannte die Überheblichkeit der kaiserlichen Lakaien und befürchtete, sie könnten sich Ausschreitungen gegen die Prager Juden zuschulden kommen lassen, andererseits rechnete er mit Reibereien zwischen den Prager Studenten und den Hoflakaien. Er äußerte dies dem Kaiser gegenüber und gab zu bedenken, daß es in Prag noch keine Straßenbeleuchtung gebe, es bei Nacht also leicht zu unliebsamen Auftritten kommen könne; zur Sicherheit sei es ratsam, die Prager Garnison mit weiteren Truppen zu verstärken.

Die Krönung verlief ohne Zwischenfälle. Bei den folgenden Banketten lockerte Karl VI. ein wenig seine würdevolle, steife Haltung und trank zuerst auf das Wohl seiner Gemahlin und des Kindes, das sie erwartete. Später hob er den Pokal auf das Wohl des Erzbischofs von Prag, des Kärntners Franz Ferdinand von Khuenburg *»auf daß es ihm wohl anschlage und sein heutiger Segen etwas ausgebe!«* Wie der Segen wirken würde, war noch nicht zu ahnen, man hoffte natürlich allgemein auf einen Kronprinzen. Vorgreifend sei gesagt, daß Kaiserin Elisabeth Christine am 5. April 1724 wieder ein Mädchen zur Welt brachte.

Gleich fast allen Habsburgern vor und nach ihm liebte Karl VI. die Jagd und die Musik. Von beiden gönnte er sich viel auf seiner Krönungsreise. Für diesen Anlaß hatte der kaiserliche Oberkapellmeister Johann Joseph Fux die Oper »Costanza e fortezza« komponiert und führte sie nun in Prag unter freiem Himmel auf; die Zahl der Sänger betrug über 100, die der Orchestermusiker über 200 Personen. Zur Jagd begab Karl VI. sich schon vor der Krönung nach Brandeis an der Elbe, nach den Feierlichkeiten übersiedelte er mit seiner Familie wieder dorthin und blieb bis in den November hinein, denn die Reviere am Fluß boten viel Jagdwild.

Zu seinen Jagdgefährten zählte der fünfzehnjährige Prinz Franz Stephan von Lothringen; diesen hatte er nach Böhmen eingeladen, um ihn fern vom Getriebe des Wiener Hofes genauer kennenzulernen, denn Franz Stephan war einer der Prinzen, die dereinst als Gemahl für Maria Theresia, die älteste Tochter des Kaisers, in Frage kamen. Da Karl VI. an dem jungen Herrn Gefallen fand, stellte er ihn der Kaiserin und den beiden Töchtern vor. Maria Theresia sah später diese erste Begegnung als einen der wichtigsten Tage ihres Lebens an.

Die Reihe von Karls Titeln begann mit *»Römischer Kaiser zu Germanien, Hispanien, Hungarn und Böheim König, Erzherzog zu Österreich«*. Die weiteren Titel wurden nicht immer und bei jeder Gelegenheit einzeln aufgezählt, waren aber für sich ebenfalls wichtig, denn jedes der habsburgischen Erbländer leistete seinen Beitrag zum Glanz der Krone. Fünf Jahre nach der Krönung zu Prag machte Karl VI. sich auf den Weg, in einigen anderen seiner Länder die Huldigung entgegenzunehmen.

Man kennt viele prachtvolle Bauten, die Kaiser Karl VI. errichten ließ, weiß von seiner kostspieligen Hofhaltung und von der Pragmatischen Sanktion, dem Vertragswerk, durch das er seinen Kindern – damals hoffte er noch auf einen Sohn – die Erbfolge vor den beiden Töchtern seines Bruders Joseph I. sicherte. Darüber wird oft vergessen, wieviel mehr er noch leistete. In diesem Zusammenhang sind besonders die Straßenbauten wichtig.

Zu der Zeit, als die Römer viele gute Straßen anlegten, war der Weg über den Semmering nur ein Saumpfad und blieb es auch das Mittelalter hindurch, eher für Ochsenkarren als für Wagen geeignet, am besten noch für Tragtiere. Je stärker der Warenverkehr wurde, desto mehr gewann er an Bedeutung; deshalb ließ Karl VI. den Plan für eine neue Trasse ausarbeiten. Die Finanzierung des Vorhabens war jedoch schwierig, der Bau verzögerte sich, bis der Kaiser im Frühjahr 1728 seine Absicht einer Huldigungsreise in die Steiermark bekanntgab. Da plötzlich begannen die Bauarbeiten mit unglaublichem Eifer. Die Grundherrschaften um den Semmering stellten leibeigene Bauern, die ihre unbezahlte Robotpflicht ableisteten, und holten weitere Arbeitskräfte aus den Gemeindekottern, in denen Bettler und Landstreicher gefangen saßen. Dazu kamen verurteilte Räuber und Diebe, Wilderer und Deserteure, denen die Zwangsarbeit noch eine gelindere Strafe war als das, was sie in früheren Zeiten für ihre Untaten zu gewärtigen hatten, nämlich den Galgen oder eine abgehackte Hand. 200 Arbeiter sollen binnen 48 Tagen die Erdarbeiten bewältigt, Brücken gebaut, Abflußrinnen für Wildwasser gegraben, die Trasse gegen

Erdrutsch gesichert und mit Schotter bestreut haben. Das ist nur glaubhaft, wenn man annimmt, daß doch schon etliche Vorarbeiten geleistet waren.

Die Angabe von 48 Tagen Arbeitszeit für den Straßenbau stammen aus der offiziellen Wiener Stadtzeitung »Wienerisches Diarium«, einer sehr nützlichen Quelle für die Ereignisse der Huldigungsreise, wenn sie die Berichte auch verzögert brachte, denn die Zeitung erschien nur zweimal in der Woche, Mittwoch und Samstag, den Tagen, an denen die Postwagen von Wien abgingen. Am Samstag, den 19. Juni 1728 sprach das Diarium davon, am 16. Juni seien die kaiserlichen Garden der Hartschiere und Trabanten von Laxenburg nach Graz abmarschiert. Am Donnerstag, den 17. Juni »*nach eingenommenem Mittagmahl begabe sich Ihre kaiserlich-catholische Majestät unser allergnädigster Herr auf den Weg nacher Neustadt, belustigte Sich unter Wegs mit Streiffen und langete sodann des Abends zu gedachter Neustadt an, allwohin auch um 4 Uhr des nach-Mittags Ihre Majestät die Regierende Römische Kaiserin und dero Durchlaucht Ertz-Herzogin und Infantin Maria Theresia, in Begleitung Dero Hofstatt sich begaben, um sodann zukünftigen Montag sammentlich Dero Reise nacher Grätz die Haupt-Stadt in Steyermark ferner fortzusetzen«.* Dazu ist kurz zu erläutern: »streiffen« war der Ausdruck für einen Jagdritt ohne Aufwand oder Vorbereitung; Elisabeth Christine wurde als »regierende« Kaiserin angesprochen zum Unterschied von der anderen Majestät, der Witwe Kaiser Josephs I. Maria Theresia war »Infantin« als Tochter eines Königs von Spanien, denn Karl VI. hatte diesen Titel trotz des verlorenen Erbfolgekrieges beibehalten.

Der Zeitungsartikel sagt leider nicht, wie groß die Wagenkolonne des Kaisers war und wer aller ihn begleitete, erwähnt aber, daß am 18. Juni der Prinz von Lothringen sich der Reisegesellschaft anschloß. Der Kaiser logierte in der Neustädter Burg; dort empfing er am Sonntag, den 20. Juni nach dem Gottesdienst Minister und Standespersonen zur Audienz, darunter den Kardinal Graf Sinzendorf. Es war ein bloßer Höflichkeitsbesuch, die Herren waren nur gekommen, um eine glückliche Reise zu wünschen. Am Montag brach der Kaiser zeitig am Morgen auf, denn da war der Semmeringpaß zu überwinden, und nahm das Mittagmahl ungewöhnlich früh in Gloggnitz ein, bevor die Steigung begann. Dragoner des Regiments Graf Philippi waren aus ihren Garnisonen in Stockerau, Krems und Ybbs, die Grenadiere dieses Regiments aus Bruck an der Leitha gekommen, um den Kaiser zu begleiten, nicht um ihn zu schützen – Räuberbanden waren nicht zu befürchten, aber auf den schwierigeren Abschnitten der Straße war vielleicht Hilfe nötig.

Eine lokale Überlieferung besagt, das Kaiserpaar sei beim Wirt des Posthofes in Schottwien eingekehrt. Im Diarium ist zu lesen, die Straße sei vor dem Ausbau nur mit Ochsenvorspann und bei schlechtem Wetter gar nicht befahrbar gewesen, nun aber so gut, »daß sogar Leute in mit zwey Pferden bespannten Wägen unaufgehalten darüber fahren können«. Das ist nicht sehr wahrscheinlich, denn die Strecke verlief damals ohne Serpentinen ziemlich geradewegs von 560 auf 1 000 Meter Höhe bergauf, aber Karl VI. mußte nicht erproben, ob zwei Zugpferde genügt hätten, er fuhr selbstverständlich sechs-, wenn nicht achtspännig. Jedenfalls war er zufrieden, als er die Paßhöhe erreichte, lobte die Anlage und beschenkte die Arbeiter, die zu seiner Begrüßung angetreten waren. Am Abend kam er plangemäß in Mürzzuschlag an. Von dort gelangte er zu Mittag des 22. Juni nach Kindberg und speiste im Schloß Oberkindberg, dessen drei Flügel einen Hof umschließen, eine geschmackvolle Anlage, damals im Besitz der Grafen Inzaghi, vorher Herberstein. Nach einer Fahrt von rund sechs deutschen Meilen (43 Kilometer) das Mürztal abwärts übernachteten die Majestäten in der schönen alten Stadt Bruck an der Mur.

Von Bruck folgt die Straße seit urgeschichtlichen Zeiten dem Tal der Mur. Das Mittagmahl war in Frohnleiten vorbereitet; dort empfingen die Landschaftsdeputierten den Kaiser und die Kaiserin. Für den Abend des 23. Juni 1728 war der feierliche Einzug in Graz vorgesehen. Die Landstände hatten sich schon am frühen Nachmittag versammelt, in kostbarer Kleidung auf geschmückten Pferden ritten sie mit Trompeter und Pauker dem Kaiser eine halbe Stunde weit entgegen bis zum Schloß Gösting. Ignaz Maria Graf Attems hatte es gerade erst erbauen lassen, sehr schön im Stil des späten Barock, den Hauptflügel mit Portal gegen die Straße zu, nach der Hofseite eine Doppelstiege.

Üblicherweise kamen vornehme Gäste durch das »Eisentor« der Westseite der Stadt, vor dem eine Schiffsbrücke zu überschreiten war, doch diesmal befürchtete man, die Brücke würde der Belastung nicht standhalten, und legte den Einzug durch das äußere und innere Murtor fest. Leider hatten die Herren sich zu früh auf den Weg gemacht, sie mußten vier Stunden warten, bis die Majestäten eintrafen, und dann begann es auch noch zu regnen! Trotzdem hätte niemand gewagt, das Zeremoniell abzuändern, auch der Kaiser dachte nicht daran, der Bequemlichkeit nachzugeben, sondern stieg im strömenden Regen zu Pferd, um würdig in die Stadt Graz einzureiten. In dunkelrotem, goldgesticktem Gewand saß er auf einem Schimmel, dessen Satteldecke mit Stickerei verziert und mit Edelsteinen besetzt war. Voran ritten Dragoner mit Pauken und Standarte, dann kamen Minister, Geheime Räte und Kavaliere sowohl vom Kaiserhof wie vom Land Steiermark mit Pagen und Aufwärtern. Hinter dem Obersthofmeister schritt der österreichische Herold, dann der königlich spanische zwischen dem ungarischen und dem böhmischen, als nächste die beiden Reichsherolde, jeder im Zeremoniengewand mit einem Stab, den er aufrecht trug. Der Obersthofmarschall, der vor dem Kaiser ritt, hielt ein blankes Schwert in der Hand.

Beim Murtor empfing der gesamte Stadtmagistrat den Kaiser untertänig und ordnete sich in den Zug. Acht der Herren trugen einen Baldachin über dem Kaiser, bei der ersten Stange ritt der Oberststallmeister, bei der letzten der Oberstkämmerer, beiderseits gingen Trabanten, Läufer und Leiblakaien. Der Bürgermeister hielt eine kurze Rede und überreichte auf einem Polster aus grünem Samt, worauf mit goldenen und silbernen Fäden der steirische Panther gestickt war, in einem Beutel aus goldfarbenem Stoff die Schlüssel der Stadt. Karl VI. berührte sie nur und vertraute sie sogleich wieder dem Stadtrat an. Während dieser Zeremonie mußte der Zug anhalten, erst danach konnte der Wagen der Kaiserin durch das Tor fahren, gefolgt von ihrem Obersthofmeister, dem Trabantenhauptmann und den kaiserlichen Edelknaben zu Pferd, den Garde-Hartschieren mit Trompeten und Pauken und den Wagen mit den Hofdamen. Den Abschluß bildeten Dragoner mit Feldspiel und Standarte. So bewegte sich der lange Zug zur Landesfürstlichen Burg, wo für die Majestäten Quartier bereitet war.

Das barocke Österreich beachtete die religiösen Feste sehr genau. Am Tag nach der Ankunft gingen die Majestäten zum Fest Johannes' des Täufers

in die Hofkirche der Jesuiten, alle in Graz anwesenden Ritter des Goldenen Vlieses, Minister, Geheimen Räte und die anderen Herren des kaiserlichen Gefolges begleiteten sie in wohlgeordnetem Zuge. Der Bischof
von Seckau, Graf Jakob Ernst von Liechtenstein, hielt das Hochamt, die
kaiserliche Hofmusikkapelle spielte dazu.

Auch auf der Reise durfte der Kaiser seine Regierungspflichten nicht
vernachlässigen, am Freitag, dem 25. Juni, trat der Geheime Rat zusammen. Prinz Eugen von Savoyen, Präsident des Hofkriegsrates, soll die
Strecke von Wien nach Graz an einem einzigen Tag zurückgelegt haben,
um an den Besprechungen teilzunehmen. Ein weiterer hoher Herr kam
am nächsten Tag aus Wien, der päpstliche Nuntius Monsignore Girolamo
Grimaldi, und wurde in Audienz empfangen.

Ferner steht für diesen Tag im Diarium: *»Jüngst abgewichenen Samstag
vor Mittag als den 26. Juni begaben sich Se. Röm. Kaiserl. und Königl.
Cathol. Majestät aus angebornen Habspurgischen Andachts-Eifer unweit
von hier nach dem Miraculosen Andachts-Ort Maria Trost.«* Außer der
Frömmigkeit mag den Kaiser auch architektonisches Interesse dorthin
geführt haben, denn die Wallfahrtskirche war erst vor wenigen Jahren im
Rohbau vollendet worden, die Innenausstattung noch nicht fertiggestellt,
von fern aber wirkten die Kirche auf einer Bergzunge und das anschließende Kloster der Pauliner-Mönche ganz großartig. Maria Trost hat dem
heutigen elften Grazer Stadtbezirk den Namen gegeben, damals lagen
Kirche und Kloster eine gute Fahrstunde nordöstlich außerhalb der Stadtmauern.

Für den Nachmittag war eine Jagd bei Schloß Eggenberg angesetzt, beide
Majestäten nahmen daran teil und erlegten drei Hirsche. Dazu konnte
Karl VI. zum zweiten Mal an diesem Tag ein interessantes Gebäude be-
trachten: Schloß Eggenberg stand schon seit rund 100 Jahren, aber die
Ausstattung wurde immer noch ergänzt und verschönert, bis es mit
Prunksaal und Arkadenhöfen als der eindrucksvollste Repräsentationsbau
der Steiermark gelten konnte. Dazu kamen noch der fürstliche Stall, in
dem die Pferde das Futter in Marmortrögen erhielten, ein Garten, eine
Parkanlage und das weite Jagdrevier.

Jagd und religiöse Pflichten wechselten einander ab. Am Sonntag, den
27. Juni gingen die Majestäten in die Hofkirche, am Montag fuhren sie

zur Pirsch auf Hirsche im Revier von Kalsdorf südlich von Graz, am Dienstag begingen sie das Fest der Apostelfürsten Petrus und Paulus mit einem Hochamt. Am Mittwoch, so berichtet das Diarium, *»beliebten Seine Kaiserl. Majestät zum erstenmal Sich der Sauer-Brunnen-Cur zu bedienen«;* damit ist wahrscheinlich die Mineralquelle von Kalsdorf gemeint. Das kirchliche Fest Mariä Heimsuchung begann am Donnerstag mit einer Vesperandacht, am Freitag, den 2. Juli wurde es in der Hofkirche gefeiert, am Nachmittag fuhren die Majestäten mit ihrer Tochter Maria Theresia und dem ganzen Gefolge zur Vesperandacht in der Marienkapelle des Konvents der Karmeliterinnen. *»Ansonsten befinden Sich S. Kaiserl. Majestät bey Brauchung des Sauer Brunnens in erwünschtem Wohlstand und ertheileten dieser Tagen verschiedenen hohen Standes Personen allergnädigste Audienz.«*

Gleich nach dem Einzug des Kaisers in Graz hatten zwei seiner Commissarii und Deputierte der Landstände mit ihren Vorbesprechungen über die Huldigungsfeierlichkeit begonnen; als Tag dafür war Dienstag, der 6. Juli 1728, festgesetzt worden. Schon am Morgen kamen die Landstände im Landhaus zusammen und gingen zu Fuß zur Burg, um den Kaiser von dort zur Hofkirche zu geleiten. Es wäre ein ganz kurzer Weg gewesen, aber das hätte weder dem großen Anlaß noch überhaupt der barocken Freude an Festzügen entsprochen.

Wie üblich, machten geringere Personen den Anfang, Läufer und Lakaien, aber schon sie zeigten sich in prächtigen Livreen. Ihnen folgten in genau berechneter Steigerung die kaiserlichen Sesselträger, Leiblakaien und Edelknaben, dann die Richter und Bürger, die aus den Städten und Märkten als Abordnung erschienen waren, und der gesamte Magistrat der Stadt Graz. Hinter den Geheimen Räten, Prälaten und Kammerherren gingen die übrigen Stände ohne Rangordnung, teils im Mantel, teils im Galagewand, dann die steirischen Erbämter mit ihren Insignien, der Oberst-Erbland-Mundschenk, -Falkenmeister, -Silberkämmerer, -Fürschneider, -Truchseß, immer zu zweit, nur der Landeshauptmann allein, alle mit langen Perücken, aber barhaupt. Einen Hut trugen nur der österreichische Herold (zu Fuß) und der Kaiser auf seinem Schimmel. Zwischen ihnen ritt der Erb-Landmarschall in Steyr, den Abschluß bildeten die Grenadiere des Infanterieregiments Guido Graf Starhemberg.

In dieser Ordnung bewegte sich der Zug von der Burg die (damals so genannte) Gerade Gasse hinunter, durch das Klosterfrauen-Gassl, dann durch die Hofgasse wieder hinauf zur Hofkirche des heiligen Aegydius. In der Hofgasse hatten sich die vier Kompanien der bürgerlichen Miliz, vor der Kirche vier Kompanien des Regiments Starhemberg aufgestellt, alle mit fliegenden Fahnen und klingendem Spiel. Der Fürstbischof von Seckau empfing den Kaiser am Kirchenportal, zum Hochamt spielte die kaiserliche Hofmusik. Für Karl VI. stand auf der Evangelienseite des Altars ein Betstuhl unter einem Baldachin.

In der gleichen Ordnung und auf dem gleichen Weg ging es zurück zur Burg. In der Ritterstube war unter einem goldgestickten Baldachin ein Thron aufgestellt. Die Zeremonie der Huldigung ging in vorgeschriebener Weise mit Rede, Antwort, Eid und Handkuß vor sich, dazu donnerten auf der Festung die Kanonen, das bürgerliche und das kaiserliche Militär gab Salven ab.

Die Erbhuldigung für Kaiser Karl VI. 1728 in Graz

Als der Kaiser sich danach wieder in die Kirche begab, nahm er nicht den langen Weg wie zuvor, sondern schritt einfach durch einen Gang über die Gasse hinweg, die Gebäude stehen ja unmittelbar gegenüber. Der Fürstbischof stimmte des Tedeum an. Während der Kaiser nachher wieder über den Verbindungsgang (der nicht mehr besteht) in die Burg zurückkehrte, krachte die zweite Salve aus Kanonen und Gewehren. Die kaiserliche Tafel war bereits gedeckt, die Mahlzeit wurde aufgetragen. Ein kleiner auserwählter Kreis speiste öffentlich, das heißt vor vielen Zuschauern, die Träger der Erbämter – der Fürschneider, der Mundschenk usw. – betätigten sich ihrer Funktion entsprechend. Sobald der Kaiser seinen Pokal zum ersten Schluck erhob, ertönte die dritte Salve und störte damit die schöne Tafelmusik. Erst nachdem der Kaiser sein Mahl beendet hatte und in seine Räume begleitet worden war, speiste der Hofstaat mit Gästen aus dem Lande, *»welche sammentlich aus der Kaiserl. Hof-Kuchel und Keller herrlichst tractiret wurden; und mit diesem hat sich der Huldigungs-Tag zu ungemeinen Trost deren treu-gehorsamsten Ständen und Vasallen geendiget«.*

Zwei Tage später dankte der Kaiser für die Ergebenheit der Stände, indem er viele schöne Titel verlieh und das persönlich bekanntgab: Drei Herren wurden zu Wirklichen Geheimen Räten, vier zu Innerösterreichischen Geheimen Räten, 19 zu kaiserlichen Kammerherren ernannt. Die meisten von ihnen trugen bekannte Namen wie Saurau, Hardegg, Schrattenbach, Stürgkh, Wildenstein, Langheim.

Die Grazer Burg hatte schon Kaisern und Erzherzogen als Residenz gedient, sie bot genug Raum und Bequemlichkeit, Karl VI. und seine Gemahlin konnten zufrieden sein. Sie fühlten sich in Graz recht wohl und dehnten ihren Aufenthalt lang aus. Das Vergnügen der Hirschjagd wurde jedesmal ergänzt durch ein Mittagessen im Zelt oder auf dem Schloß eines Adeligen, der sich durch den hohen Besuch sehr geehrt fühlte und nicht an Aufwand sparte. Die halben oder ganzen Jagdtage hielten Karl VI. jedoch weiterhin nicht ab, seine Pflichten zu erfüllen – als Herrscher, indem er an den Sitzungen der Geheimen Konferenz teilnahm, und als frommer Katholik.

Das Zeitalter des Barock kannte eine unglaublich große Zahl an Kirchenfesten. Am Sonntag, den 18. Juli gingen beide Majestäten mit dem Nuntius und dem venezianischen Botschafter Cavaliere Daniel Bragadin, der seit einigen Tagen in Graz weilte, sowie dem gesamten Hofstaat zum Gottesdienst in die Hofkirche, am Nachmittag waren sie bei den Karmeliten wegen des Festes, das zum Gedenken an die Einführung des Skapuliers, eines Teiles der Mönchstracht, mit langer Litanei gefeiert wurde.

Am nächsten Sonntag war der Festtag des Apostels Jakobus, des Schutzpatrons des Königreichs Spanien, Anlaß für ein Hochamt in der Hofkirche, bei dem die Ritter des Goldenen Vlieses ihre großen Orden-Collanen trugen. Am folgenden Tag, dem Festtag der heiligen Mutter Anna, begaben sich die Majestäten mit der üblichen Begleitung in den Münzgraben zur Kirche der Augustiner Barfüßer und besichtigten nachher das Zeughaus mit seinem reichen Vorrat an Waffen aller Art, dann die Befestigungen der Stadt und die Batterien. Dabei waren der Kaiser, Prinz Eugen und alle anderen Herren zu Pferd unterwegs, nur die Kaiserin und ihre Tochter Maria Theresia fuhren im Wagen.

Die Corpus-Christi-Andacht und der Festtag des heiligen Ignatius von Loyola wurden in der Hofkapelle der Burg gefeiert, das Fest der heiligen Portiuncula mit einem Hochamt bei den Kapuzinern. Dazwischen gönnte sich der Kaiser am 28. Juli, vor der Sitzung des Geheimen Rates, ein zu jener Zeit seltenes Vergnügen: Er badete in der Mur. Vielleicht bereitete ihm das mehr Freude als die Theateraufführung der Grazer Studenten »Die Huldigung der römischen Welt und Stadt dem Kaiser Octaviano Augusto« am Nachmittag des 1. August 1728.

Der Landeshauptmann Graf Karl von Breuner kannte selbstverständlich die Jagdleidenschaft des Kaisers und lud ihn deshalb zu einem besonderen Unternehmen ein, das der hohe Herr bisher nicht erlebt hatte: eine Gamsjagd. Karl VI. war so begeistert von dem Vorschlag, daß er auf die Prunkkarosse verzichtete und am Nachmittag des 3. August in leichteren Wagen und mit Postpferden die Reise zum Revier des Grafen antrat. Die Kaiserin, der Prinz von Lothringen und ein kleines auserwähltes Gefolge nahmen ebenfalls an der Jagd teil. Am Abend trafen sie in Leoben ein, wurden vom Magistrat und der Bürgerwehr empfangen und übernachteten dort.

Am nächsten Morgen besuchten sie zeitig die Andacht bei den Kapuzinern und fuhren dann nach Nordwesten ins Gebirge, wahrscheinlich den

Vordernbergerbach und dann den Gößgraben aufwärts zum »Gebirg Reiding«. Dessen höchster Gipfel, das Gößeck, erreicht 2214 Meter Höhe, aber so weit kam man natürlich nicht. Sobald der Weg nicht mehr befahrbar war, bestiegen der Kaiser und die anderen Herren ihre Reitpferde, die Kaiserin wurde in einer Sänfte getragen bis zu vorbereiteten Schießständen und Schutzdächern.

Graf Breuner hatte nicht nur alles zur Bequemlichkeit seiner Jagdgäste vorbereiten lassen, sondern auch für genügend Wild gesorgt. Unter der Leitung des herrschaftlichen Jägermeisters Christoph von Bebal hatten 18 Jäger und angeblich 3000 Bauern, die in rote Röcke gekleidet waren, mit *»verschiedenen Instrumenten, als Albenhorn, Dudlsack und sonst gewöhnlichen Bauren-Music«* schon tagelang vorher das Gamswild aufgescheucht, immer enger zusammengetrieben und nachts mit Feuerstellen gehindert, wieder auszubrechen, bis den verängstigten Tieren nichts übrigblieb, als an den Schießständen vorbeizulaufen. Die Jagdgäste schossen so eifrig, daß *»mit größtem Vergnügen von beeden Regierend-Kaiserl. Majestäten so wol als anderen Hoch-Adelichen Zuschauern gleichsam eine immerwährende Salve zu hören ware und haben Ihre Majestät der Kaiser allein 36 Gäms gfället; Ihre Majestät die Kaiserin haben ebenfalls 24 erleget, welche Allerhöchst-Dieselbe eigenhändig meistens von ungemein hohen Felsen herunter geschossen; Ihre Durchl. der Erb-Prinz von Lothringen hatten ebenmäßig 15 Stuk, die übrigen aber die anwesenden Ministers, mithin in allem 103 Stuk gfället«.*

Das muß nicht heißen, daß der Kaiser wirklich der beste Schütze war, vielleicht hatte er nur am meisten Leute zur Verfügung, die ihm geladene Gewehre zurichten, wahrscheinlich aber darf man an den Usus bei Herrscher- und Diplomatenjagden denken, den noch unser Jahrhundert kennt: Die Zahl der erlegten Tiere richtet sich nach dem Rang des Schützen. Ein richtiger Waidmann unserer Tage würde diese Art von Jagd verabscheuen, in der Barockzeit war sie ein geschätztes Vergnügen. Jener Jagdtag brachte aber sogar einen Gewinn für den Wildbestand, denn der Kaiser war von seiner ersten Gamsjagd so beeindruckt, daß er die Gams zum Hochwild erklärte und damit die Zahl derer, welche Gamswild jagen durften, sehr beschränkte. Am Nachmittag um drei Uhr waren alle wieder unten im Tal. Die Majestäten mit dem Prinzen von Lothringen nahmen ihr

Mittagmahl unter einem Zelt ein, die Bauern erlangten »*die Gnade, mit ihren Musicalischen Alben-Instrumenten ihre allerunterthänigste Aufwartung zu machen, ob welch seltsamer Zusammenstimmung alle Anwesende ein grosses Wohlgefallen getragen*«.

Die Kaiserin überreichte der Frau des Landeshauptmanns eine kostbare Haarnadel, der Kaiser beschenkte alle Offiziere, Beamte, Jäger und Treiber. Sehr befriedigt kehrte er nach Leoben zurück. Unterwegs traten Bergknappen mit fliegender Fahne und Musik an; ihr »*seltsamer Aufzug*« könnte der altüberlieferte, heute noch bekannte Knappentanz gewesen sein. Nach einer zweiten Nacht in Leoben hörte das Kaiserpaar frühmorgens eine Messe bei den Jesuiten, dann trat es die Rückreise an. Die Postpferde konnten an jeder Station gewechselt werden, trabten flink und legten die 70 Kilometer nach Graz bis zur Mittagszeit zurück.

Nach diesem Jagderlebnis war die Pirsch auf Hirsche am 7. August nichts sehr Großartiges. Der Kaiser begann sie schon am Morgen und setzte sie nach dem Mittagessen im Neuschloß beim Grafen Carl Dietrichstein noch bis zum Nachmittag fort. Der Sonntag, der 8. August, brachte aber wieder ein außerordentliches Vergnügen, nämlich am Nachmittag eine Generalprobe in dem Freilichttheater, das im Hofgarten neu errichtet worden war. Es war eine Oper, deren erster Teil die weniger berühmten Herren Claudio Pasquini und Georg Reuter d. J. komponiert hatten, den zweiten und dritten Teil der bekannte Antonio Caldara, Hofkapellmeister und Lehrer Karls VI. Bekannt war auch der Inhalt der Oper, die Freundschaft der edlen Jünglinge Orestes und Pylades und ihre Rettung auf Tauris durch Orestes' Schwester Iphigenie.

Die Oper war für den Geburtstag der Kaiserin Elisabeth Christine am 28. August einstudiert worden, aber an diesem Tag würde der Kaiser nicht mehr in Graz weilen, deshalb verlegte man die Feiern und damit die Aufführung der Oper auf Dienstag, den 10., den Festtag des heiligen Laurentius. Nach einem Galaempfang bei Hofe gingen alle geladenen Gäste zum Hochamt, das der Fürstbischof von Seckau zelebrierte, am Abend um acht Uhr erklangen unter freiem Himmel im Hofgarten die ersten Takte der Ouvertüre; viele tausend Wachslichter und Ampeln beleuchteten die Bühne. Verschiedene muntere Zwischenspiele, die nicht zur Handlung gehörten, unterbrachen die Serie der langen Arien, lockerten die ernsten Vorgänge erfreulich auf, aber brauchten auch ihre Zeit. Viele Zuschauer waren schon recht müde, als die Vorstellung um ein Uhr morgens endete, lobten jedoch die prachtvolle Aufführung, die Stimmen der Sänger, den viermaligen Szenenwechsel nach Entwurf des kaiserlichen Theateringenieurs Josephus Gallus Bibiena, die kostbare Kleidung der Schauspieler, die schöne Musik und die graziösen Tänze.

Zwei Tage später sollte das Stück wiederholt werden, aber heftiger Wind hatte im Hofgarten viele Dekorationen umgeworfen, weshalb die Oper am 12. August im Theater der Universität aufgeführt wurde. Am 11. und 13. August trat der Geheime Rat zusammen. Da Karl seine weitere Reise unter den Schutz der Gottesmutter stellen wollte, unternahm er am Samstag, dem 14., am frühen Vormittag eine kurze Wallfahrt nach Maria Trost. Der Prinz von Lothringen, die Minister und Kämmerer begleiteten ihn.

Schon um zehn Uhr kamen einige dieser Herren zur letzten Sitzung des Geheimen Rates zusammen, am Nachmittag versammelten sich die Ritter des Goldenen Vlieses in der Hofkirche zur Vesperandacht.

An diesem Tag wurden die meisten der kaiserlichen Reitpferde nach Klagenfurt vorausgeschickt, Hoffuhren und Bagagewagen waren schon am Vortag abgegangen. Am Sonntag folgten 50 Mann der Hartschierer- und 40 der Trabantengarde samt weiteren Gepäckwagen. Diesen 15. August, den Tag Mariä Himmelfahrt, beging Karl VI. sehr feierlich. Er besuchte zusammen mit Gemahlin und Tochter, dem Nuntius, dem venezianischen Botschafter und allen anderen Würdenträgern die Hofkirche, wo neben dem Altar ein Thron für ihn errichtet war, fuhr am Nachmittag zu den Karmelitern zur Vesper und nahm an der Lauretanischen Litanei bei der Mariensäule teil. Der Prälat von Admont hielt die Andacht, die kaiserliche Hofmusik spielte dazu.

Für die Abreise war Montag, der 16. August, bestimmt, aber so rasch ließen die Grazer ihren Kaiser und Landesfürsten nicht fort. Der Stadtmagistrat und die Bürgerschaft hatten den Fürstbischof von Seckau gebeten, ein Hochamt zu halten und Gott um Schutz für den Kaiser auf der Reise anzuflehen. Dann kam noch der Abschied von Kaiserin Elisabeth Christine, von der Tochter und dem Hofstaat, die in Graz zurückblieben, so daß sich der Aufbruch weiter verzögerte. An diesem Tag legte Karl VI. in seiner Kutsche mit verhältnismäßig kleinem Gefolge nur wenig über drei deutsche Meilen (23 Kilometer) zurück und übernachtete in Wildon, einer langgestreckten Marktsiedlung zwischen dem Burgberg und der Mur, höchstwahrscheinlich im Schloß Neuwildon der Fürsten von Eggenberg. Auch am nächsten Tag ging es weiter nach Süden, aber Karl VI. gönnte sich einen Abstecher von der großen Landstraße weg nach Osten zum Schloß Brunnsee. Der Landeshauptmann Graf Breuner hatte im Vorjahr Schloß und Herrschaft erworben und freute sich nun, den Kaiser noch einmal zur Jagd einladen zu dürfen. Karl VI. nützte die Gelegenheit sehr ausgiebig und erlegte 27 Hirsche, darunter einen Zwanzigender. Es mag dem Gastgeber ein großes Opfer gewesen sein, diesen Kapitalhirsch dem Kaiser vor die Büchse treiben zu lassen. Allerdings forderten zur Zeit des höfischen Absolutismus andere Herrscher noch mehr von ihren Würdenträgern, nämlich Frau oder Tochter – in dieser Hinsicht war Karl VI. nicht der geringste Vorwurf zu machen. Nach der Jagd speiste er mit dem Gastgeber im Schloß zu Mittag, setzte dann die Reise nach Marburg fort und übernachtete in dieser hübschen alten Stadt, der zweitgrößten der Steiermark.

Der Weg über Marburg war die beste Möglichkeit, die Koralpe (2 144 Meter) zu umgehen, die wie ein Riegel zwischen Graz und Klagenfurt liegt, von dort dann nach Westen das Drautal aufwärts. Etwa auf halbem Weg fand sich in Hohenmauthen (Muta) ein annehmbares Nachtquartier. Am Vormittag des 19. August 1728 kam Karl VI. über Unterdrauburg (Dravograd) nach Kärnten, zu Mittag rastete er in Lavamünd, gegen sieben Uhr abends sah er schon die Türme und Stadtmauern von Völkermarkt. Als er Salutschüsse hörte, entschloß er sich plötzlich, nicht im Wagen, sondern zu Pferd in die Stadt einzuziehen. Die Bürgerschaft erwartete ihn mit klingendem Spiel und fliegender Fahne, beim Stadttor standen der Magistrat und der Stadtrichter. Der Kaiser machte die Zeremonie der Schlüsselübergabe geduldig mit, antwortete auf eine lange Rede recht kurz und begab sich in sein Quartier. Aber auch dort fand er noch nicht Ruhe, sondern mußte die Adeligen empfangen, die aus der Umgebung gekommen waren, auf dem Hauptplatz vor seinen Fenstern exerzierte das Bürgermilitär und gab ihm zu Ehren mehrere Salven ab. Abordnungen aus Klagenfurt und allen anderen Städten und Märkten begleiteten den Kaiser nach Klagenfurt. Zu Mittag des 20. August kam er dort in guter Stimmung an; eine Viertelstunde vor der Stadt hatten ihm

Bergknappen mit Fahne und Musik empfangen und ihm einen sehr guten Eindruck gemacht. Alle Kanonen donnerten von den Basteien der Stadtbefestigung, alle Glocken läuteten, als Karl VI. das Stadttor erreichte. Der Stadthauptmann Christoph Graf von Cronegg überreichte die Schlüssel und hielt eine schöne Rede.

Diesmal hatte Karl VI. nicht seinen Schimmel bestiegen, sondern fuhr im Paradewagen ein, ließ sich vom Stadtmagistrat begrüßen und zur Dom- und Stadtpfarrkirche geleiten; diese war von den Landständen als evangelisches Gotteshaus erbaut und erst im Zuge der Gegenreformation den Jesuiten übergeben worden. Der Fürstbischof von Lavant, ein Graf Attems, stimmte das Tedeum an. Als Wohnstätte für den Kaiser war das Palais der Grafen Ursin-(Orsini-)Rosenberg bestimmt, das heutige neue Rathaus am Neuen Platz. Auch hier standen 400 Mann der Bürgergarde, schossen Salven in die Luft und bezogen Posten, als ob das Palais beschützt werden müsse.

Die Bergknappen hatten dem Kaiser so gefallen, daß er sie am ersten Tag seines Aufenthaltes in Klagenfurt in die Stadt kommen ließ, um sie noch einmal in ihrer schönen Ordnung aufmarschieren zu sehen. Der zweite Tag, der 22. August, brachte die Erbhuldigung, die für Kärnten besondere Bedeutung besaß. Hier bestand seit vielen Jahrhunderten, vielleicht sogar seit einem Jahrtausend, der Brauch, daß ein neuer Landesherr im Bauerngewand auf den Fürstenstein bei Karnburg stieg, sein Schwert nach allen vier Himmelsrichtungen schwang und gelobte, allen seinen Untertanen ein Richter zu sein nach Pflicht und Recht. Erst danach wurde er seinem Rang gemäß angekleidet. Nach Festmesse in Maria Saal und Festmahl nahm der Landesherr dann unter freiem Himmel auf dem steinernen Herzogstuhl Platz, entschied Streitfälle und vergab Lehen.

Als letzter Landesherr hatte Ferdinand II. sich dem schönen alten Brauch im Jahre 1596 unterworfen, als er noch Erzherzog gewesen war, 25 Jahre vor seiner Kaiserkrönung. Sein Urenkel Karl VI. konnte es mit seiner Kaiserwürde nicht vereinen, in bäuerlicher Kleidung eine Zeremonie zu vollziehen, er trug Brokatmantel, Perücke und Hut, als ihn die Standesherren und Abgeordneten von Städten und Märkten vom Palais abholten und zur Kirche begleiteten. Er saß zu Pferd, vor ihm ritt der Landmarschall von Kärnten, Rudolf Sigmund Graf von Wagensperg, mit dem

Schwert in der Hand. Der Fürstbischof von Lavant empfing den Kaiser vor dem Kirchenportal und reichte ihm den Weihwasserkessel. Acht Pröpste trugen den goldgestickten Baldachin, unter dem Karl VI. zum Altar schritt, zum Hochamt spielte die kaiserliche Hofmusik. Die Huldigung fand nicht auf dem Zollfeld, sondern im Landhaus statt, aber der Herzog-Bauer, der beim Akt auf dem Fürstenstein eine traditionelle Rolle spielte, war auch im Landhaus zugegen. Wieder saß der Kaiser unter einem Baldachin; ein Deckengemälde von J. F. Fromiller im Rittersaal des Stiftes Ossiach gibt die Szene wieder. Der Hofvizekanzler Graf Seilern hielt im Namen des Kaisers eine Rede an die Landstände, für diese antwortete der Burggraf von Klagenfurt, Graf von Thurn und Valsassina. Der Kaiser bestätigte dem Burggrafen und dem Herzog-Bauern die überlieferten Freiheiten und Privilegien und reichte allen hohen Anwesenden die Hand zum Kuß.

Als Karl VI. sich danach zum Festmahl setzte, stand rechts neben ihm die ganze Zeit über der Landmarschall mit bloßem Schwert, links der Erb-Obersthofmeister Graf Leopold von Ursin und Rosenberg, die Träger der Erbämter übten ihre Pflichten aus, schenkten Wein ein, reichten das Waschwasser und die Serviette – es war ein Schauspiel, keine gemütliche Mahlzeit. Erst nachher gingen die Erbämter zu ihren zubestimmten Tafeln im Landhaus, sämtliche Vertreter des hohen Adels speisten als Gäste des Kaisers auf dessen Kosten. An einer eigenen Tafel saß der Herzog-Bauer, in dessen Familie sich die Würde vererbt hatte, mit seinen Angehörigen, an die 30 Personen. Während des Mahles gaben die Geschütze auf den Basteien Salven ab, ebenso dreimal die bürgerliche Wache auf dem Neuen Platz vor der Wohnstätte des Kaisers.

Karl VI. wußte, was man von ihm – gewissermaßen als Dank – erwartete, und verlieh am folgenden Tag acht Herren die Würde von kaiserlichen Kämmerern, darunter einem Grafen Porcia und Johann Joseph Graf Khevenhüller. Zum Fest des heiligen Bartholomäus blieb Karl noch in Klagenfurt und fuhr in die Stadtpfarrkirche. Danach begannen die Vorbereitungen zur Abreise. Der Kaiser fuhr in seinem Prunkwagen aus der Stadt, begleitet von den adeligen Herren, alle Glocken läuteten, Kanonen und Gewehre schossen Salut.

An diesem Tag wurde in Kärnten noch mehr Pulver verbraucht. Das

Kloster Viktring südlich von Klagenfurt war seit der Türkenzeit befestigt; auch hier donnerten unter Glockengeläut ein paar Kanonen, ebenso begrüßte beim Schloß Hollenburg der Graf Carl Dietrichstein seinen Landesherrn mit Artillerie. Die Ferlacher Schützen und Büchsenmacher gaben drei Salven ab, ließen ihre Fahne flattern und die Feldmusik erklingen. Unterhalb des Schlosses überschritt der Kaiser die Drau und erreichte jenseits der Brücke in der landschaftlich kärntnerischen Mautstation bei Kirschentheuer, zwei deutsche Meilen südlich von Klagenfurt, sein Quartier für diese Nacht.

Der nächste Reisetag, Mittwoch, der 25. August 1728, wurde beschwerlich, denn da waren die Karawanken zu überschreiten, die Kärnten nach Süden abschließen. Von den drei Übergängen ist der Loiblpaß – der mittlere zwischen dem Wurzenpaß im Westen und dem Seebergsattel im Osten – der kürzeste Weg, um von der Hauptstadt des Herzogtums Kärnten in jene des Herzogtums Krain zu gelangen. Er war schon seit vorgeschichtlicher Zeit begangen, aber eher für Saumtiere als für Wagen geeignet. Im 16. Jahrhundert war unter der Paßhöhe an der Grenze zwischen den beiden Herzogtümern ein Tunnel von 150 Schritt Länge gebaut worden. Er genügte aber nicht mehr, als der Handelsverkehr vom Adriatischen Meer herauf zunahm, denn er war zwar in der Mitte der Fahrbahn neun Fuß hoch, aber nur zwölf Fuß breit und nicht völlig sicher, einmal stürzte er sogar ein. Kaiser Karl VI. hatte im Zuge seiner Straßenbauten angeordnet, statt des Tunnels einen tiefen Einschnitt von fast 200 Meter Länge anzulegen. Schon vorher, etwa auf halbem Wege zwischen der Drau und dem Paß, war ein Wildbach, der von Westen her aus dem Bodental kommt, auf einer neuen Brücke zu überqueren; sie schien so gefährlich, daß sie heute noch, obwohl längst solider gebaut, den Namen »Teufelsbrücke« führt.

Die Gegend trägt den windischen Namen Sapotnitza, windisch sprachen auch die Bauern, Bergknappen und Hirten, die sich versammelt hatten, um den Kaiser an der Brücke zu begrüßen. Er hätte sich gern mit ihnen unterhalten und ließ nach jemandem suchen, der die deutsche Sprache beherrschte. Man fand den Wirt Peter Tschauggo; Karl VI. wechselte huldvoll einige Worte mit dem Mann und verlieh ihm das Recht, sich und seine Nachkommen »Deutscher Peter« zu nennen. Davon ist weder im

Wiener Diarium noch in einem anderen Reisebericht zu lesen, wohl aber auf der Speisekarte des großen, schönen Gasthofes, den die Familie Tschauggo an der Loiblstraße an der Stelle des früheren verhältnismäßig bescheidenen Wirtshauses erbaut hat.

Der Weg bergauf war schwierig, die Wagen hatten Mühe, vorwärts zu kommen; der Kaiser hatte schon vor der Brücke die Karosse verlassen und ein Pferd bestiegen. Auf der Paßhöhe empfingen ihn der Landeshauptmann von Krain, Graf Gallenberg, und einige Abgeordnete der Stände, die Kärntner Begleiter durften sich verabschieden. Das Mittagmahl nahm Karl VI. im Dorf Neumarktl (der heutigen Stadt Tržić) ein, über Nacht blieb er in dem hübschen Städtchen Krainburg (Kranj).

Die Landeshauptstadt Laibach (Ljubljana) hatte schon seit langer Zeit keinen Kaiser mehr in ihren Mauern gesehen und sich dementsprechend auf das große Ereignis vorbereitet. Alle Häuser waren geputzt, die Straßen gereinigt, an etlichen Stellen das Pflaster ausgebessert, vor allem aber beim Rathaus ein Ehrengerüst aufgestellt, das in einer Ecke das Bild der Friedensgöttin und Karl den Großen zeigte, in der anderen den Kriegsgott Mars und Kaiser Karl V., in der Mitte Karl VI., oben den Doppeladler. Schon vor dem Stadttor war eine Triumphpforte aus Stein von 22 Fuß Höhe errichtet worden. Durch dieses Tor zog Karl VI. am 26. August ein, dann lief alles nach dem Muster von Graz und Klagenfurt ab: Rede des Bürgermeisters, Übergabe der Stadtschlüssel, acht Herren mit einem Baldachin, Tedeum in der Domkirche, abends Kerzen in den Fenstern und Fackeln längs der Straßen, teils sogar moderne Laternen, die nach Wiener Vorbild angefertigt worden waren, und schließlich als Höhepunkt der Feierlichkeiten die Erbhuldigung am Sonntag, dem 29. August 1728.

Am Montag fuhr der Kaiser durch die fruchtbare Ebene nach Südosten bis Oberlaibach (Vrhnika), am Dienstag auf teilweise schwierigen Bergstraßen bis Adelsberg (Postojna). Für die nächsten 65 Kilometer nach Görz (Gorizia) waren zwei Tage nötig, denn es war eine schlechte Strecke mit Steigungen und Gefällen, aber landschaftlich schön, aus den Wäldern ragten Felsklippen auf, dann wieder breiteten sich Weingärten aus. In der Hauptstadt der gefürsteten Grafschaft von Görz und Gradisca rastete Karl VI. einige Tage lang und nahm die Erbhuldigung entgegen, am 8. September brach er wieder auf. Es war zum guten Teil dieselbe Strekke, die er nach Görz gereist war, und die schmalen Bergstraßen legte er lieber im Sattel als im Wagen zurück. Über Wippach (Vipava) gelangte er nach Lipizza, besichtigte das Gestüt, das edle Pferde an die Hofstallungen zu Wien lieferte, und übernachtete dort.

Die Stadt Triest genoß seit Jahrhunderten den Schutz der Habsburger, hatte großen Nutzen davon, besonders seit Karl VI. die Stadt zum Freihafen erklärt hatte, und wollte sich dankbar zeigen. Der Kaiser hatte zwar alles Gepränge ausdrücklich abgelehnt und fand auch wirklich am Stadttor keinen Baldachin vor, aber die Porta di Rio borgo war doch mit einer Triumphpforte verziert, im Hafen und oben auf dem Schloß feuerte die schwere Artillerie Salutschüsse ab, und der Stadtmagistrat wartete schon, die Schlüssel zu überreichen. Karl VI. nahm sie an, gab sie gleich wieder dem Stadtrichter zurück und stieg zu Pferde, der Magistrat und der Adel der Stadt begleiteten ihn zu Fuß hinauf zur Domkirche San Giusto und nach dem Tedeum zum bischöflichen Palast, in dem eine Wohnung für ihn vorbereitet war. Aus Rücksicht auf die Schaulust der einheimischen Damen und Herren speiste Karl VI. zu Mittag und Abend öffentlich und

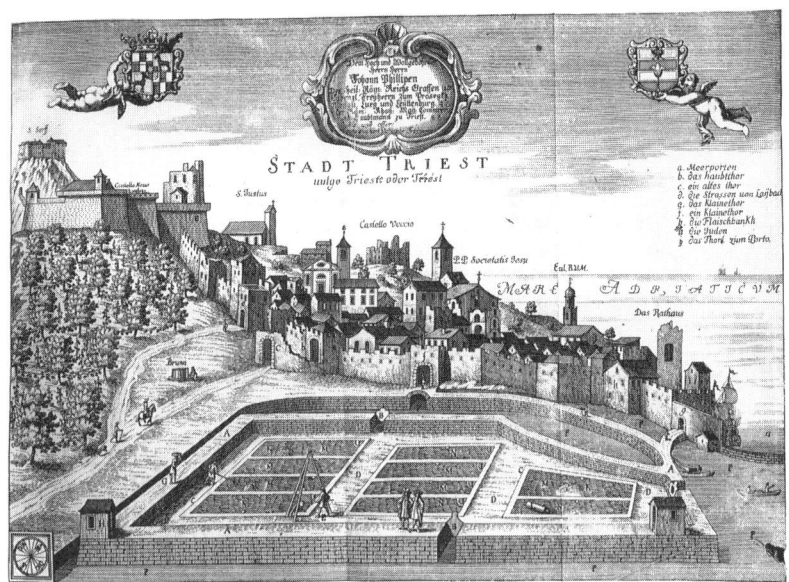

Triest im 18. Jahrhundert

gewährte den Handkuß. Er war dergleichen gewöhnt und ließ nicht erkennen, ob es ihm lästig war.

Venedig spürte die Konkurrenz der kaiserlichen Freihäfen Triest und Fiume, legte aber großen Wert auf gute Beziehungen zu Karl VI. und schickte zwei angesehene Herren, Andrea Cornaro und Pietro Capella, als außerordentliche Botschafter nach Triest. Am späten Abend des 10. September kamen sie an, am nächsten Tag erlebten sie die Huldigungsfeier mit. Dabei zeigten sie sich mit großem Gefolge von prächtig gekleideten Edelleuten, die Livreen der zwölf Pagen waren aus rotem Samt gefertigt, reich mit Silber besetzt, die Gewänder der 36 Trompeter und Lakaien waren aus rotem Tuch geschneidert und ebenfalls mit Silber verbrämt. Die einheimischen Adeligen standen ihnen allerdings im Prunk der Kleidung um nichts nach.

Prinz Franz Stephan von Lothringen war zunächst in Graz bei der Kaiserin und ihrer Tochter zurückgeblieben, zur Huldigung aber kam er nach Triest. Am Nachmittag begleitete er mit den Ministern den Kaiser, als dieser in den Hafen ritt. Während alle Schiffe im Hafen Salut schossen, begab sich der Kaiser mit seinem Gefolge an Bord eines Kriegsschiffes, das vor kurzem in der Triestiner Werft erbaut worden war. Österreich war unter Karl VI. ja eine Seemacht, seit es nach dem Spanischen Erbfolgekrieg zusammen mit Neapel und Sizilien auch eine kleine Flotte übernommen hatte, und Kriegsschiffe waren nötig, um die Handelsflotte vor Seeräubern zu schützen.

45 Jahre zuvor war Wien aus der Türkenbelagerung befreit worden; am Jahrestag der Schlacht am Kahlenberg dankte ein Tedeum für den entscheidenden Sieg. Der Kaiser, sein Gefolge und viele Adelige aus Triest und der Umgebung nahmen daran teil. Danach empfing Karl VI. den Stadtmagistrat in Audienz und erhielt als Geschenk einen goldenen Becher überreicht. Am Nachmittag dieses Sonntags, des 12. September 1728, gewährte er den Sonderbotschaftern aus Venedig eine Abschiedsaudienz und ließ jedem der beiden Herren sein Porträt in diamantenbesetztem Rahmen, den Sekretären goldene Ketten überreichen. Am Abend war er Ehrengast bei einem Ballfest im Stadtpalast. Die adeligen Damen aus Triest und dem Hinterland zeigten sich in prächtigen Roben und mit allem Schmuck, den die Familien nur aufbieten konnten.

Am nächsten Morgen reiste der Kaiser ab *»zum höchsten Leid-Wesen des* *gesamten treuen Volks«*, wie das Diarium schrieb. Zurück blieb als Erinnerung an diesen hohen Besuch eine Statue Karls VI. aus goldüberzogenem Marmor. Die Zeit hatte nicht ausgereicht, eine Bronzestatue zu schaffen, wie sie für seinen Vater Kaiser Leopold I. gegossen worden war, und das wurde auch in der Folgezeit nicht nachgeholt. Die Inschrift der Statue wie auch der Triumphpforte war in lateinischer Sprache abgefaßt; das entsprach der Tradition humanistischer Bildung und hatte den Vorteil, daß weder die Triestiner italienischer Muttersprache noch die Slowenen und Deutschen sich benachteiligt fühlen konnten.

Den Weg nach Fiume (Rijeka), dem nächsten Ziel, hätte Karl VI. bequem auf einem Schiff zurücklegen können, doch es hätte viel Zeit erfordert, rund um die Halbinsel Istrien zu fahren. Kürzer war es zu Lande, obwohl das nicht auf der geraden Strecke möglich war. Der Mangel an guten Straßen zwang zu einem gewaltigen Umweg, hinauf ins Karstgebirge nach Adelsberg und dann ziemlich gerade nach Süden durch schwieriges Gelände. Es ist die Route, die man heutzutage noch nach Rijeka fährt, nur sind die deutschen Ortsnamen Steinberg, wo Karl VI. Mittagsrast hielt, und Dornegg bei Feistritz (Ilirska Bistrica), wo er übernachtete, seither längst vergessen. Zu Mittag des 15. September erreichte der Kaiser das Kloster Škalnica, gute zwei Stunden später die Lazarette und Quarantänestation vor der Stadt Fiume (Rijeka). Hier stieg er aus dem Reisewagen und besichtigte zu Pferd die Anlagen.

Vor dem Stadttor erwartete ihn der Gemeinderichter Antonio Spingaroli mit der üblichen Rede und den Schlüsseln der Stadt, während die Kanoniere eifrig Salut schossen, vor der Bastei des heiligen Hieronymus bildete die Stadtmiliz in Paradeuniform mit Fahnen und Musik Spalier bis zur Jesuitenkirche. Dort stieg der Kaiser vom Pferd, wurde vom Stadthauptmann und vielen Adeligen empfangen, der Bischof von Pedena (Pičan) in Istrien besprengte ihn mit Weihwasser und begleitete ihn zusammen mit dem Bischof der dalmatinischen Stadt Segna (Senj) zum Hochaltar. Während des Tedeums erklangen schöne Musik und drei Salven der Artillerie von den Wällen der Stadt und allen Schiffen.

Karl VI. hatte von Wien aus viele vernünftige, für damalige Begriffe ungemein fortschrittliche Maßnahmen angeordnet, nun wollte er auch sehen, ob sie richtig ausgeführt worden seien und wie sie sich auswirkten.

Er interessierte sich für die Werft und die Warenlager, die Handelshäuser und die Banken. Vom Zustand der neuen Straße, die aus dem Hinterland nach Fiume führte und ihm zu Ehren den Namen »Carolina« trug, hatte er schon eine Vorstellung gewonnen, nun wollte er noch die alten und die neuen Festungsanlagen, die er bisher nur aus Schilderungen kannte, mit eigenen Augen sehen.

Damit begann der Kaiser schon am Donnerstag, den 16. September. Um sieben Uhr früh brach er, von vielen Adeligen begleitet, auf und ritt eineinhalb Stunden in östlicher Richtung nach Buccari (Bakar), denn dieses Dorf der Fischer und Bootsbauer schien durch seine Lage in einer tiefen Bucht für künftige Projekte günstig, vor allem als Kriegshafen. Von dort fuhr er in einer Brigantine, einem kleinen Kriegsschiff, das für diesen Tag schön geschmückt worden war, die ganze Bucht entlang. Eine Galeere aus Segna und viele andere Schiffe begleiteten ihn. Das Ziel war die Festung Königshafen (italienisch Porto Rè, kroatisch Kraljevica), welche die Einfahrt in die Bucht bewachte.

Karl VI. besichtigte die Festung und zeigte sich mit ihrer Anlage und den Artilleriestellungen zufrieden. Bei der Rückkehr nach Buccari fand er die Landmiliz aus dem Weintal (Vinodol), 2 000 Mann stark, in malerischer Paradeuniform angetreten; sie gefiel ihm, beim Mittagessen mit dem Prinzen von Lothringen zeigte er sich recht fröhlich. Am Nachmittag ritt er zurück bis an die Fiumara (Rečina), die ganz nahe der Stadt Fiume ins Meer mündet. Die Galeere aus Segna war inzwischen auch dort angelangt. Der Kaiser ging an Bord, blieb eine halbe Stunde lang und ließ an die Ruderknechte 200 Dukaten austeilen, die sieben Abgesandten von Segna erhielten jeder eine goldene Medaille.

Der zweite Tag in Fiume, Freitag, der 17. September, verlief wieder in ganz vertrauten Bahnen. Richter und Räte versammelten sich im Stadtpalast, um zehn Uhr gingen sie zum Kaiser ins Kastell. Graf Seilern hielt eine Rede, der Richter Antonio Bono antwortete im Namen der Gemeinde, die Herren leisteten den Huldigungseid und durften des Kaisers Hand küssen, und die Kanonen donnerten währenddessen ihren Salut in die Luft. Am Abend gewährte Karl VI. Audienz und ernannte den Stadthauptmann Reichsgraf Adelmo Antonio Petafi zum Geheimen Rat der Innerösterreichischen Lande.

Diese einzige Ernennung war wenig im Vergleich zu den vielen in Graz und Klagenfurt. So erfreut und stolz Graf Petafi war, so enttäuscht waren einige andere Herren, und es ging das Gerücht um, der Kaiser sei mit manchem, das er so zwischendurch gesehen und erfahren habe, nicht zufrieden gewesen, nur zu höflich, um es laut zu äußern. Es gab auch kein allgemeines Festmahl, der Kaiser speiste nur zusammen mit dem Prinzen von Lothringen. Alle Zimmer und Vorzimmer waren aber voll von Leuten, die zuschauen wollten.

Der erste Teil der Rückreise ging so schnell vor sich, wie es die Straßenverhältnisse nur erlaubten, schon am Abend des dritten Fahrtages rollten die kaiserlichen Wagen durch das Stadttor von Laibach. Dort hielt sich Karl VI. während des 21. September auf und nahm an einem Marienfest teil. Am 24. kam er mit Postpferden gegen acht Uhr abends nach Graz, einen Tag früher als geplant, für alle Herrschaften dort ganz unerwartet und, wie das Diarium berichtete *»zu unbeschreiblicher Consolation ihrer Majestät der Kaiserin«.* Elisabeth Christine war wirklich besorgt gewesen und hatte während der Reise ihres Gemahls am Festtag des heiligen Bartholomäus, am 24. August, eine Prozession mit Rosenkranzgebet angeordnet, ferner täglich um fünf Uhr nachmittags eine gesungene Litanei, jeweils in einer anderen Kirche, um Gottes Beistand auf der Reise des Kaisers und eine glückliche Rückkehr zu erbitten.

Nun gab es einige Ruhetage in Graz, das Leben des Kaisers nahm wieder seinen gewohnten Verlauf mit vielen Gottesdiensten und Heiligenfesten, wobei Karl VI. in der Prozession zu Fuß mitging und den Rosenkranz mitbetete. Außerdem jagte er Hirsche und Wildschweine, ging mit seiner Gemahlin in den Tiergarten spazieren und besuchte ein Artillerieschießen in der Au. Nach der letzten Sitzung des Geheimen Rates am 5. Oktober gab der Kaiser dem steirischen Adel und dem Grazer Stadtmagistrat eine Abschiedsaudienz. Am Mittwoch, den 6. Oktober kamen die Stände des Herzogtums Steyer frühmorgens in die Burg, um gute Reise zu wünschen, gegen acht Uhr bestiegen die Majestäten ihren Wagen. Zum letzten Mal verbrauchten die Kanoniere auf dem Schloßberg und den Basteien viel Pulver für ihre Salutschüsse, vier Kompanien der Bürgermiliz bildeten in der Hof-, Spor- und Murgasse Spalier mit Fahne und Musik, auf dem Hauptplatz und an der Oberen Lände stand reguläres

Militär, der Stadtmagistrat begleitete den Kaiser noch ein Stück Weges hinaus.

Als Karl VI. nach Wiener Neustadt kam, bezog er mit seiner Gemahlin, der Tochter und dem Prinzen von Lothringen wieder die Burg, behielt aber nur das Dienstpersonal bei sich. Die Herren des Gefolges waren zum Teil schon früher auf ihre Landgüter zurückgekehrt oder nach Wien vorausgefahren, der Rest wurde hier entlassen. Endlich, am 18. Oktober 1728, reisten auch Karl VI. und seine Gemahlin von Wiener Neustadt ab und nahmen das Mittagessen bereits im Lustschloß Laxenburg ein, *»nach welchem beide Majestäten gegen 6 Uhr des Abends zur algemeinen Frolockung und Freude unter Zuschauung einer unzählbaren Menge Volcks über die sogenannte Wieden um die Stadt herum in die Kaiserl. Residentz (dem Höchsten sey Dank) frisch und gesund hereingefahren«.*

JAGD- UND BADEREISE

Kaiser Karl VI. 1732

Die Thermalquellen von Karlsbad im Nordwesten von Böhmen sind seit dem 14. Jahrhundert bekannt, Kaiser Karl IV. soll sie entdeckt haben. Rund 200 Jahre lang benützte man sie nur zum Bad, dann trank man auch das Quellwasser und erhoffte sich Heilung für Leiden ganz verschiedener Art. Kaiserin Elisabeth Christine litt vor allem darunter, daß ihr einziger Sohn sehr jung gestorben war und sie danach keinen Knaben mehr zur Welt brachte, der seinem Vater Karl VI. dereinst auf den Thron folgen könnte. Deshalb hatte sie sich schon 1721 zur Kur nach Karlsbad begeben, 1732 wollte sie es noch einmal versuchen. Ihr Gemahl begleitete sie auf der Reise.

Allmählich hatte Karl VI. eingesehen, daß auch ein Kaiser nicht über unbeschränkte Mittel verfüge. Statt 446 Wagen wie im Jahre 1723 waren es nur 109 (der Anlaß war ja auch nicht so offiziell!), mit denen er am 27. Mai 1732 von Laxenburg aufbrach. Dafür waren 227 Kutscher und Vorreiter (»Postillons«) nötig, der Hofstaat beschränkte sich auf 303 Personen. Eine weitere Einsparung ergab sich bei den Zugtieren, denn diesmal wurden nicht die der Hofstallungen, sondern Postpferde verwendet. Dadurch ging die Reise viel schneller vonstatten, die Strecke nach Prag wurde nicht in zwölf, sondern in nur vier Tagen zurückgelegt, also rund 75 Kilometer täglich. Die Posthalter waren rechtzeitig benachrichtigt worden, 642 Wagenpferde bereitzuhalten. Reitpferde, die den kaiserlichen Ansprüchen gerecht wurden, wären freilich nicht leicht aufzutreiben gewesen, ihrer 69 aus den Hofstallungen trabten mit, aber da sie nicht belastet waren, hielten sie durch.

Von Laxenburg ging die Fahrt über Wien, Hollabrunn und Pulkau nach Mähren und Böhmen, über Zlabings (Slavonice) und Neuhaus (Jindřichův Hradec) nach Tabor, am 30. Mai traf der Kaiser in Prag ein. Elisabeth Christine blieb mit ihm zwei Nächte lang dort, am 2. Juni brach sie nach Karlsbad auf und nahm den größeren Teil des gesamten Gefolges mit: 193 Personen des Hofstaates, 123 Kutscher und Vorreiter. Ihr eigener Hofstaat war jedoch gering, die Kammerfrau Apollonia von Dalberg, drei Kammerdienerinnen, ein Beichtvater mit Assistenten, zwei »Kammermenscher«, eine Köchin, ein Kammerheizerjunge und ein Hausknecht. Ihre Nachtquartiere nahm die Kaiserin in den Schlössern der Grafen Martinitz und Czernin. Am 4. Juni kam sie in Karlsbad an und konnte noch am selben Abend dort ihre Eltern begrüßen, Herzog Ludwig Rudolf und Herzogin Christine Louise von Braunschweig-Wolfenbüttel.

Inzwischen verweilte Karl VI. nur gelegentlich in Prag, die meiste Zeit verbrachte er in den Jagdrevieren seines Schlosses Brandeis. Für den 10. Juni war eine kleine Riegeljagd auf Hirsche in der Au zwischen der Elbe und dem Nebenwasser Alte Elbe angesetzt. Nur drei Schützen nahmen daran teil, je 80 Schritt voneinander im hohen Röhricht aufgestellt, links der junge Oberstfalkenmeister Johann Joseph Graf von Saint-Julien, in der Mitte der Kaiser, rechts der Oberststallmeister Adam Franz Fürst zu Schwarzenberg und Herzog von Krumau. Dieser Herr von 52 Jahren setzte sich für die Zeit des Wartens auf einen Feldsessel; als ein Hirsch zwischen ihm und dem Kaiser durchbrach, erhob er sich, schoß aber noch nicht. Karl VI. schoß auf den Hirsch, doch zu tief, die Kugel flog unter dem Leib des Wildes durch und traf den Fürsten in den Unterleib.

Der Kaiser war entsetzt, warf Hut und Perücke von sich, lief zu dem Verwundeten hin und ließ aus Prag eilends seinen Leibchirurgen Heinrich Köster holen. Als er am folgenden Tag um sieben Uhr früh aufstand, hörte er die traurige Nachricht, der Fürst sei wenige Stunden vorher gestorben. Köster berichtete die Abschiedsworte: »Sage Er, ich lasse mich Seiner Majestät zu Füßen legen mit Bitte, dieselbe wolle sich meiner Frau, Kinds, Leute und Untertanen annehmen und selbe nicht verlassen. Es ist ein Schicksal des Himmels, daß ich von S. M. habe müssen geschossen *werden. Ich werde bei meiner Ankunft im Himmel für selbe um Succession und langwierige Regierung bei Gott bitten.«* Kurz vor dem Tode hatte er seinen Schwager Franz Leopold Graf Sternberg ersucht, *»den Kaiser zu trösten, denn er sei jederzeit schuldig gewesen, sein Leben für Seine Majestät zu sacrifizieren«.* So lautet das Protokoll im Archiv von Krumau.

Nach diesem traurigen Unfall setzte der Kaiser die Jagd nicht fort, sondern kehrte nach Prag zurück, nahm am 12. Juni an der Fronleichnamsprozession teil und reiste am folgenden Tage nach Karlsbad. Seine erste Rast hielt er in Smečno, das ein wenig abseits der heutigen Straßenverbindung liegt, über Nacht blieb er in Petersburg (Petrograd) im Renaissanceschloß der Grafen Czernin von Chudenice, wo schon seine Gemahlin Quartier genommen hatte, über 70 Kilometer von Prag entfernt.

Gegen Abend des 14. Juni traf Karl VI. mit 57 Wagen in Karlsbad ein und begann gleich am nächsten Tag, einem Sonntag, mit der Trink- und Badekur. Er betrieb sie sehr ernst, unterbrach sie für keinen Jagdausflug und nahm in der Erinnerung an seinen letzten unglücklichen Schuß nicht einmal an dem Schützenfest teil, das er für die Bürgerschaft auf einer Wiese veranstalten ließ. Die Hofgesellschaft nahm alle Quartiere in Anspruch, die das Städtchen bieten konnte, dafür entschädigte der Kaiser die Gemeinde großzügig. Er ließ ihr 15 000 Gulden als Ersatz für die entgangenen Einnahmen zahlen und spendete noch 4 000 Gulden für den Neubau einer Kirche.

Karlsbad bot also in diesen Wochen ein ganz anderes Bild als gewöhnlich im Sommer, statt der Kurgäste waren überall kaiserliche Würdenträger und Beamte, Gardisten und Lakaien zu sehen. Als Elisabeth Christine ihre Kur beendete und den letzten Becher Karlsbader Sprudels trank, ließ dazu das Kürassier-Regiment Caraffa Trompeten und Pauken ertönen, ergänzt durch das klingende Spiel der Infanterie. Der Kaiser vernachlässigte während seiner Kur die Staatsgeschäfte nicht. Am 5. Juli trat der Geheime Rat zusammen, am 6., einem Sonntag, war Konferenz bei Prinz Eugen von Savoyen.

Als Karl VI. mit seiner Gemahlin Karlsbad verließ, um nach Prag zurückzukehren, nahm er nicht mehr alle Wagen mit, sondern schickte einige voraus nach Linz. Von Prag aus unternahm er verschiedene Fahrten in die

Umgebung. In Podiebrad gewährten das Renaissanceschloß und die Parkanlagen an der Elbe angenehmen Aufenthalt und nebenbei die Gelegenheit, die kaiserliche Kammerherrschaft zu inspizieren, in Chlumetz besuchte Karl VI. die gräfliche Familie Kinsky, und seine Reisen führten ihn auch noch zu anderen Schlössern. Die wichtigste Begegnung ergab sich in Kladrub.

General Friedrich Heinrich von Seckendorf, kaiserlicher Gesandter am brandenburg-preußischen Hofe, hatte schon in Karlsbad wissen lassen, König Friedrich Wilhelm I. würde gern dort dem Kaiser seine offizielle Aufwartung machen, aber dieser befürchtete, damit in London und Paris Aufsehen, wenn nicht gar Mißtrauen zu erregen. Dem Preußenkönig ging es allerdings nicht um hohe Politik, er wünschte nur, den Kaiser persönlich kennenzulernen und ihm dafür zu danken, daß dieser ihn zweieinhalb Jahre zuvor von einer unbedachten, aus Zorn erwachsenen Grausamkeit abgehalten hatte. Damals hatte der preußische Kronprinz Friedrich versucht, der harten, oft ungerechten Behandlung durch seinen Vater zu entfliehen und sich heimlich zu den Verwandten seiner Mutter nach England zu begeben; er wurde festgenommen und sollte nach Wunsch des Königs als Deserteur zum Tode verurteilt werden; die Fürsprache des Kaisers hatte das jedoch verhindert. Nun teilte Seckendorf mit, der König würde eine Begegnung als »Ehre und Glück« empfinden. Der Kaiser wollte den treuen Verbündeten nicht vor den Kopf stoßen und wählte für das Zusammentreffen einen weniger spektakulären Ort, nicht Karlsbad, sondern das Gestüt von Kladrub, wo schöne, kräftige Wagenpferde für den kaiserlichen Hof gezüchtet wurden.

Als Friedrich Wilhelm I. am Vormittag des 28. Juli 1732 nach Schlesien kam, erwartete ihn vor dem Tor der Stadt Glogau eine Schwadron Kürassiere, auf dem Marktplatz paradierte die Bürgermiliz mit fliegender Fahne, aus dem Rathaus klangen Pauken und Trompeten. Das gefiel dem »Soldatenkönig« sehr, auch das reiche Mittagessen sagte ihm zu, befriedigt reiste er nach Liegnitz – als sparsamer Mann nicht in Prunkkarosse, sondern mit der Post – und dann weiter nach Böhmen. In Kladrub empfing ihn am 31. Juli Prinz Eugen von Savoyen und führte ihn zu einem gemeinsamen Abendessen mit dem Kaiserpaar. Friedrich Wilhelm saß an der linken Seite der Kaiserin. Leider gelang es Karl VI. nicht, die Schranken der Etikette zu durchbrechen, er war durchaus höflich, aber ein herzliches Verhältnis kam nicht zustande, sosehr Friedrich Wilhelm sich darüber gefreut hätte.

Der König reiste schon am nächsten Tag mit der Post inkognito nach Prag, wurde im Palais des Obersthofmeisters Graf Nostitz einquartiert und von Prinz Eugen, vom Burghauptmann und anderen Herren des hohen Adels ungemein ehrenvoll und so freundlich behandelt, wie es dem Kaiser nicht ganz geglückt war. Am 5. August bestieg der König die Postkutsche nach Karlsbad, um von dort nach Bayreuth weiterzureisen, ohne noch einmal mit dem Kaiser zusammengetroffen zu sein. Diese Begegnung hätte Karl VI., wenn er den Wunsch gehabt hätte, ganz leicht arrangieren können, denn er war schon am 2. August aus Chlumetz nach Prag gekommen, am Sonntag hatte er mit seiner Gemahlin das Hochamt in der Metropolitankirche, am Nachmittag die Vesperandacht bei Maria Loreto besucht. Am frühen Morgen des 5., an dem Friedrich Wilhelm abreiste, verließ auch Karl wieder die Stadt Prag für einige Tage und fuhr zur Jagd nach Přerow an der Elbe und in andere Reviere. Erst am 20. August 1732 nahm das Kaiserpaar endgültig Abschied von Prag und seiner freundlichen Umgebung.

Die Reise führte über Tabor, Budweis und Freistadt nach Linz. Die Majestäten kamen am 23. August dort an, hatten also die Strecke von rund 220 Kilometern ziemlich schnell zurückgelegt. Der Bürgermeister Johann Adam Pruner und der gesamte Magistrat empfingen die hohen Gäste untertänig, die Bürger jubelten, wie es sich gehörte. Man hatte sich schon lange auf die Ankunft des Kaisers vorbereitet, im alten Linzer Schloß teilweise die Dippelbäume und Fußböden erneuert, viele Straßen der Stadt neu gepflastert, sogar die Höfe der Gebäude, in denen das Gefolge wohnen sollte, und mit Laternen ausgestattet.

Nach nur einem Rasttag am Sonntag, dem 24. August, begann ein reiches Festprogramm: am Montag eine gesperrte Hirschjagd in Kirnberg, bei der dem Wild keine Möglichkeit zur Flucht blieb, am Dienstag in Linz die Generalprobe einer Festoper, am Mittwoch wieder eine gesperrte Hirschjagd, diesmal in den Wäldern des Haselgrabens im Mühlviertel, wo der Präsident der kaiserlichen Hofkammer Gundakar Graf Starhemberg Schloß und Herrschaft Wildberg besaß. Am Donnerstag, dem 28., gab es in Linz zur Feier des 41. Geburtstages der Kaiserin einen Galaempfang bei Hofe, dann die festliche Theateraufführung im Hof des Schlosses unter freiem Himmel. Der kaiserliche Hof- und Kammermusikdirektor Ferdinand Graf Lamberg war mit fast dem gesamten kaiserlichen Theaterorchester samt Sängern aus Wien gekommen, um die allegorische Oper »L'asylo d'amore« von Antonio Caldara, Text von Pietro Metastasio, zum Geburtstag der Kaiserin aufzuführen; die Kosten dafür beliefen sich auf 22 000 Gulden. Karl VI. konnte an diesem Festtag auch seinen jungen Freund Franz Stephan begrüßen, der nach dem Tod seines Vaters den Titel eines Herzogs von Lothringen führte und seit einigen Monaten Statthalter des Königreichs Ungarn in Preßburg war. Gleich am nächsten Morgen nahm er ihn zur Jagd auf Wildgänse mit an die Traun, dann zum Fischstechen bei Lambach, wo es Forellen gab und Äschen bis zu vier Pfund Gewicht. Am Nachmittag ging die Reise weiter nach Gmunden. Im Kammerhof war gutes Quartier vorbereitet, aber das Wetter im Salzkammergut war schlecht. Am 30. August verdarben Regen und Schnee am Traunstein das erhoffte Vergnügen der Gamsjagd. Am Sonntag, den 31. August nahm die kaiserliche Familie in Gmunden am Schutzengelfest teil, am Montag besuchte sie den Traunfall und freute sich am Anblick der herabstürzenden Wassermassen. Der Kaiser und der Herzog von Lothringen bestaunten auch ein kleines technisches Wunderwerk, einen seitlichen Kanal, dessen Wände mit Holz verkleidet waren; dieser Kanal erlaubte es den Zillen, die das kostbare Salz beförderten, Wasserfall und Stromschnellen zu umgehen.

Von Gmunden ist es nicht weit nach Ebensee, wo der Aufstieg ins Höllengebirge beginnt, aber das Wetter am 3. September 1732 war nicht günstig, die Gemsen blieben ungeschossen. Mehr Weidmannsheil gab es nördlich des regenverhangenen Salzkammergutes; am Abend des 4. September begrüßte Graf Saint-Julien in seinem neuen, sehr geschmackvoll erbauten Landsitz Neuwartenberg den Kaiser und begleitete ihn am folgenden Tag zur Jagd auf Rotwild. Hier an der Vöckla und dann an der Traun bei Wels erlegten sie kapitale Auhirsche.

Der eigentliche Anlaß zur Reise nach Oberösterreich war allerdings nicht die Jagd gewesen, sondern die Erbhuldigung in Linz. Am 10. September wurde sie mit großem Pomp vollzogen, ganz nach dem überlieferten Zeremoniell wie 1658 für Kaiser Leopold I. Den Abschluß der Feierlichkeit bildete ein reiches Festmahl. 16 »Erbamtstafeln« waren aufgestellt, denn das Land Österreich ob der Enns hatte wie die anderen deutschen Länder seit Jahrhunderten seine eigenen hohen Ämter wie Oberst-Erb-Landmarschall, -Stallmeister usw., die sich in den vornehmsten Familien vererbten. An jeder Tafel war für zwölf Personen gedeckt, für die 47 Maß (68 Liter) Wein zur Verfügung standen, und zwar aus der Lombardei, von der Etsch, aus Niederösterreich und »zum Drüberstreuen« noch Tokajer. Wenn die Angabe stimmt, wären auf jeden Gast fünfeinhalb Liter Wein gekommen! So viel kann keiner bewältigt haben, vermutlich schafften die Lakaien und anderen Diener den Rest für sich beiseite, um ihn zu trinken oder zu verkaufen, vielleicht wurde auch von vornherein viel mehr verrechnet, als überhaupt auf die Tische kam. Aber um solche Probleme kümmerte Karl VI. sich nicht einmal in seiner Residenz, geschweige denn auf Reisen!

Das Nachbarland Salzburg gehörte nicht zu den habsburgischen Erbländern, aber in alter Verbundenheit kam der Fürsterzbischof Leopold Anton Freiherr von Firmian inkognito nach Linz, wurde am 11. September in Privataudienz empfangen und durfte am Abend in der Antecamera des Schlosses mit den kaiserlichen Ministern und Hofkavalieren »unbedeckter aufwarten«. Der Tafeldienst war eine ehrenvolle Pflicht; für heutige Begriffe wäre es selbstverständlich, barhäuptig zu Tisch zu kommen, aber im 18. Jahrhundert war die Kopfbedeckung eine Frage des Ranges. Der Kaiser trug bei Tisch einen Hut, den anderen war dies mit wenigen, sehr seltenen Ausnahmen untersagt. Am 12. September nahm Karl VI. den Fürsterzbischof mit zur Hirschjagd bei Wels, zwei Tage später gewährte er ihm die Abschiedsaudienz.

Karl VI. fühlte sich in Österreich ob der Enns sehr wohl, die Menschen gefielen ihm, die Landschaft, die Städte, Städtchen und Dörfer – und auch das Jagdwild. Am 16. September war die Gamsjagd bei Gmunden vom Wetter mehr begünstigt als das erste Mal, das Kaiserpaar erlegte 60 Stück, 20 wurden lebend gefangen. Der Kaiser kümmerte sich nicht darum, daß viele der zusammengetriebenen Tiere über die Felswände hinab in den Traunsee stürzten. Für den 25. September lud ihn Graf

Lamberg ins Jagdrevier von Garsten bei Steyr ein, zum Abschluß des Linzer Aufenthaltes war eine Fuchspirsch bei Au an der Donau östlich von Sankt Valentin angesetzt. Hier hatte Graf Starhemberg dafür gesorgt, daß dem Kaiser genug Wild vor die Büchse kam, die Strecke betrug 30 Stück.

Am Sonntag, den 5. Oktober 1732 trat die kaiserliche Familie mit Gefolge und allem Troß ihre Rückfahrt auf der Donau an. Dafür waren 95 Schiffe und Plätten nötig, die Besatzung bestand aus 96 Meistern und 628 Knechten. Man übernachtete in Mauthausen und Stein, am 7. Oktober um vier Uhr nachmittags legte das erste der Schiffe in Kritzendorf beim Gasthof »Zum goldenen Lambl« an.

Die Reise hatte 139 Tage gedauert und war wesentlich weniger kostspielig gewesen als die Fahrt 1723 zur Krönung nach Prag, aber immer noch teuer genug. Allein das Hofkammerlichtamt verrechnete 156 Windlichter, 6 397 Wachskerzen, 28 Zentner Unschlittkerzen, jede Person des Gefolges erhielt ihr Kostgeld von täglich 3 Gulden für die höheren Würdenträger bis 15 Kreuzer für den Zuckerbäckergehilfen. So ergab sich eine Gesamtsumme von 715 035 Gulden und 48 Kreuzer.

EINE VERSPÄTETE HOCHZEITSREISE

Maria Theresia 1738/39

Kaiser Karls VI. ältere Tochter Maria Theresia hatte das Glück, das nur wenigen Erzherzoginnen zuteil wurde: Sie durfte den Mann heiraten, den sie von Kindheit an geliebt hatte. Die Vermählung am 12. Februar 1736 wurde mit spätbarockem Prunk gefeiert, eine Hochzeitsreise aber gab es nicht. Was seit dem 19. Jahrhundert auch für bürgerliche Familien selbstverständlich ist, war im 18. noch nicht üblich – der Februar wäre auch keine geeignete Reisezeit gewesen. Noch weniger günstig war der Dezember 1738, aber Maria Theresia konnte sich den Termin nicht aussuchen, sie war froh, mit ihrem Mann wegzufahren und ihn für eine Weile fern von allen Aufgaben für sich allein zu haben. Die Verpflichtungen in Wien und dem Sommersitz Laxenburg waren groß und vielfältig, denn die Eltern erwarteten ehrerbietige Liebe, die beiden kleinen Töchter Fürsorge, das Hofleben war zwar einigermaßen amüsant, aber ermüdend, und schließlich hatte ihr Gemahl als Schwiegersohn des Kaisers ja auch etliche Pflichten zu erfüllen, die ihn zeitweise von der Familie fernhielten. Das alles sollte nun für eine Weile vergessen sein! Am Morgen des 17. Dezember 1738 besuchte Maria Theresia noch die heilige Messe, nahm Abschied von Eltern und Töchtern, dann endlich saß sie neben ihrem geliebten Franzl in der Reisekutsche, die Pferde trabten von Wien nach Süden.

Um einen kostspieligen Krieg gegen Frankreich und Spanien zu beenden, hatte Franz Stephan schweren Herzens auf sein Herzogtum Lothringen verzichtet, das ohnehin schon von den Feinden besetzt war, und als Ersatz dafür das Großherzogtum Toskana erhalten; dorthin ging nun die Reise. An Bequemlichkeit sollte es nicht fehlen, die Kaisertochter hatte ihre Hofdamen, Kammerfrauen, Zofen, Dienerinnen und Küchenpersonal mit, der Großherzog seine Kammerherren und Lakaien. Die wichtigsten Begleiter waren Prinz Karl von Lothringen, der Schwager von Maria Theresia, und ihre Vertraute, die einstige Erzieherin und nun Obersthofmeisterin Maria Karolina Gräfin Fuchs, ferner der Marchese Ferdinando Bartolommei, Staatsrat der früheren toskanischen Regierung, und Graf Dieudonné Richecourt, ein Lothringer, der künftig die Verwaltung der Toskana leiten sollte. Diese vier Begleiter, besonders Prinz Karl, hatten ihr eigenes Personal mit, insgesamt zählte die Reisegesellschaft samt Kutschern, Vorreitern und Roßknechten 360 Personen.

Maria Theresia hatte die Straße über den Semmering Jahre zuvor mit den Eltern zusammen auf der Reise zur Erbhuldigung nach Graz kennengelernt, aber das war im Sommer gewesen, im Dezemberschnee stellte sich die Landschaft anders dar, die Tage waren viel kürzer, die Tagesstrecken also geringer, dafür wurden sie nicht von so vielen Jagdausflügen unterbrochen wie damals. Die Route ging nicht über Graz, sondern von Bruck an der Mur über Judenburg, den tief verschneiten Neumarkter Sattel und Sankt Veit an der Glan nach Spittal an der Drau.

In Spittal stiegen Maria Theresia und Franz Stephan im Schloß der Fürsten Porcia ab, wurden sehr vornehm versorgt, aber in der Nacht brach das Bett unter ihnen zusammen. Als der Kaiser davon erfuhr, lachte er herzlich, denn er vermutete, der Bruch des Bettes sei durch zu starke Bewegung des Paares verursacht worden, was ihm Hoffnung auf ein drittes Enkelkind machte. Vielleicht würde es doch noch einen männlichen Thronerben geben!

Am nächsten Tag fuhr die Wagenkolonne weiter das Drautal aufwärts nach Lienz und Sillian, dann durch das Pustertal die Rienz abwärts, über Bruneck ins Eisacktal nach Brixen; wo es nötig war, wurden unter den Wagenrädern Kufen befestigt. Das Weihnachtsfest feierte Maria Theresia mit Gemahl und Gefolge in Bozen. Durch das Etschtal führte die Reise über Trient und Rovereto. Ala war das letzte Städtchen in Welsch-Tirol und somit im römisch-deutschen Reich, Borghetto das Grenzdorf.

Hier betraten die Reisenden am 28. Dezember 1738 das Gebiet der Republik Venedig. In Dolci, dem ersten Dorf, durch das sie kamen, erwartete der Bürgermeister von Verona die hohen Gäste voll Ehrerbietung, aber mit einer bösen Nachricht: Die Republik hatte für alle Ankömmlinge aus dem Osten Quarantänestationen errichtet, sowohl in den Hafenstädten wie an den Grenzübergängen, denn Österreich war Ungarn benachbart, Ungarn dem Osmanischen Reich, da könnte doch die Pest eingeschleppt werden! Für hohe Herrschaften gab es selbstverständlich Dispens, aber man hatte in Wien versäumt, diese rechtzeitig zu beantragen. Maria Theresia mußte also die Quarantäne auf sich nehmen und konnte noch froh sein, standesgemäß untergebracht zu werden. Ein venezianischer Graf sah es als Ehre an, der Tochter des Kaisers seinen Landsitz in der Nähe von Verona zur Verfügung zu stellen. Noch am selben Tag bezog sie den Palazzo, mit ihr Großherzog Franz Stephan, dessen Bruder Prinz Karl und die anderen Standespersonen samt dem nötigen Personal vom Beichtvater und Leibarzt bis zur Zofe. Wer nicht mitkommen durfte, mußte die Zeit in einem Hospital überstehen.

Dieses Hospital wurde streng bewacht, auch um den Palazzo bezogen 200 Grenadiere ihre Posten, Lebensmittel wurden nicht hineingebracht, sondern vor der Tür abgestellt und erst geholt, wenn die Träger sich entfernt hatten. Dennoch war Maria Theresia ganz guter Laune, denn sie wußte, wie großes Unheil die Pest in Wien schon angerichtet und welch strenge Maßnahmen ihr Vater an der Grenze gegen das Osmanische Reich angeordnet hatte. Vor allem aber hatte sie es nicht eilig, weiterzureisen, und war froh, einmal ausgiebig rasten zu können, tagsüber bei Unterhaltung und Kartenspiel, nachts mit ihrem Gemahl beisammen.

Der kaiserliche Gesandte in Venedig bemühte sich indessen, mit Hinweis auf den hohen Rang der Gefangenen die Quarantäne zu verkürzen, und hatte Erfolg. Am 11. Januar 1739 konnte die Reise fortgesetzt werden, über Mantua und Modena in den Kirchenstaat nach Bologna. Der Senator Graf Caprara, dessen Familie in guter Beziehung zu Österreich stand, gab zur Feier der Ankunft der Kaisertochter und des Großherzogs der benachbarten Toskana ein glänzendes, aufwendiges Ballfest, der Senator Graf Cornelio Pepoli beherbergte sie und ihre engeren Begleiter in seinem Palazzo, das Gefolge verteilte sich auf Gasthöfe.

Trotz der freundlichen Aufnahme schieden die Reisenden schon am nächsten Tag von Bologna und fuhren nach Süden zu den Höhen des Apennin, zunächst zwei Stunden lang ganz gemütlich den kleinen Fluß Savena entlang, ab dem Städtchen Pianoro steiler bergan. Da die Kräfte der Zugpferde nicht mehr ausreichten, wurden Ochsen vor die Wagen gespannt. Je nach dem Verlauf der Straße bot sich der Blick nach Osten oder Westen auf die nächsten Berge, bis die Sonne sank, in der Dämmerung zeigte sich das Dorf Monghidoro mit dem Kloster San Michele ad Alpes, schon nahe der Grenze zwischen dem Kirchenstaat und der Toskana. Sechs Postillone ritten den Kutschen voran und bliesen kräftig in ihre Hörner, die Mönche vom Orden der Olivetaner kamen mit Fackeln in den Händen heraus, denn inzwischen war die Dunkelheit eingefallen.

Vor dem Kloster warteten der Senator Giuseppe Nicolò Spada, Abgesandter des Senats von Florenz, der Marchese Lodovico Albergati und der Marchese Filippo Guadagni, den die Schwester des verstorbenen letzten Großherzogs zur Huldigung geschickt hatte, dazu ein Kapitän, ein Fähnrich, vier Unteroffiziere und 60 Soldaten der kleinen toskanischen Armee. Die Mönche empfanden den Besuch des neuen Großherzogs und der Tochter des Kaisers als hohe Ehre, mancher dürfte sich auch über die Abwechslung gefreut haben, welche die Gäste in die Bergeinsamkeit brachten, der Abt aber sah einige Probleme, ja Gewissensfragen vor sich. Gäste waren nichts Außergewöhnliches, denn die Straße über den Raticosa-Paß war besser ausgebaut als die anderen Apennin-Übergänge, vom Frühjahr bis zum Spätherbst kamen oft Diplomaten, Geschäftsleute und Pilger vorbei, aber es waren nicht so hohe Herrschaften wie an diesem Winterabend, und als Tochter des Kaisers besaß Maria Theresia das Privileg, auch die Klausur betreten zu dürfen. Sollte das nun auch für ihre weibliche Begleitung gelten? Es ist allerdings sehr wahrscheinlich, daß die Fürstenzimmer, in die Maria Theresia und ihr Gemahl einzogen, außerhalb der Klausur lagen, denn man hätte von der Großherzogin nicht verlangen können, auf die Dienste ihrer Kammerfräulein und Zofen verzichten zu müssen.

Der Abt Don Paolo Salani küßte Maria Theresia die Hand und bekam dafür – das ist in einer zeitgenössischen Schrift verläßlich überliefert – später Vorwürfe zu hören. Die Olivetaner-Mönche waren nämlich eine

Kongregation des Benediktinerordens mit sehr verschärften Regeln, die Umgangsart des Abtes dürfte einigen Patres mißfallen haben. Er benahm sich als Weltmann, geleitete die Herrschaften gleich nach ihrer Ankunft in den Konvent und ließ ihnen ein Abendessen auftragen, führte während des Mahles höfliche Konversation und erzählte, daß von März bis Mai drei Kolonnen deutscher Soldaten durchmarschiert seien, die sich diszipliniert und ruhig benommen hatten, was offenbar nicht selbstverständlich war; der Kaiser hatte sie seinem Schwiegersohn zum Schutz des Großherzogtums vorausgeschickt.

Maria Theresia konnte sich zurückziehen, sobald sie wollte – sie war ja wohl von der schwierigen Fahrt ermüdet –, im Kloster und im Dorf kehrte aber erst sehr spät Ruhe ein, denn etliche Wagen waren zurückgeblieben, Soldaten und Bauern wurden mit Zugochsen ausgeschickt, ihnen beizustehen. Erst um elf Uhr nachts waren alle glücklich angekommen und wurden auf die drei Gasthöfe des Dorfes und Privathäuser verteilt, denn das Kloster konnte nur 72 Schlafstätten bieten.

Es tat allen gut, am nächsten Tag länger schlafen zu dürfen. Am späten Vormittag brachten Kammerfräulein Milchkaffee für Maria Theresia, Schokolade für Franz Stephan ins Gemach des Großherzogpaares, um zwölf Uhr hörte das hohe Paar die Messe, zum Abschied erhielt der Abt ein wertvolles Geschenk für den Kirchenschatz. Man trennte sich mit ungemein höflichen, geradezu herzlichen Worten.

Knapp außerhalb von Monghidoro an der Grenze zur Toskana wartete Capitano Giuseppe Conte della Ghirardesca mit einer Abteilung berittener Soldaten, der Postmeister der Toskana, Baldassar Suarez della Conca, hatte 300 Zugpferde zusammenholen lassen, um den letzten Abschnitt der Fahrt zu erleichtern. Trotzdem war es nicht möglich, die restlichen 60 Kilometer bis Florenz an dem verbleibenden halben Tag zu bewältigen, nach dem Raticosa-Paß war ja noch ein weiterer zu bezwingen. Maria Theresia und Franz Stephan hatten sich in Pelze und Decken gehüllt; das schützte gegen die Kälte und sollte helfen, nicht überall erkannt, begrüßt und mit Festreden aufgehalten zu werden. Sie mußten noch eine Übernachtung unterwegs auf sich nehmen, dafür trafen sie dann – vermutlich am 21. Januar 1739 – schon am frühen Nachmittag in Florenz ein.

Die ganze Stadt war auf den Beinen, den neuen Großherzog und die

Tochter des Kaisers zu empfangen. Außerhalb der Festungsmauern vor der Porta San Gallo stand ein ganz neuer steinerner Triumphbogen; dort wartete eine Abordnung des Senats und überreichte die Schlüssel der Stadt, dann fuhr die sechsspännige Karosse des Herrscherpaares durch den großen mittleren Torbogen und zwischen jubelnden Leuten zum Dom. In einem festlichen Tedeum dankte der Erzbischof für die Ankunft des Großherzogs und bat um Gottes Segen für die neue Dynastie.

Maria Theresia war ein wenig besorgt wegen der Aufgaben, die in Florenz zu erfüllen waren, und bedauerte, daß die anstrengende, aber gewiß oft erfreuliche Reise zu Ende war. Die Rückreise drei Monate später wurde dagegen von Kummer überschattet: Franz Stephan sollte als Oberbefehlshaber des kaiserlichen Heeres in den Türkenkrieg ziehen.

Florenz: Partie am Arno mit dem Ponte Vecchio. Stich von Vincenzo Franceschini

ZUR KRÖNUNG NACH FRANKFURT

König Joseph II. 1764

Nach dem unerwartet frühen Tod Kaiser Karls VI. im Jahre 1740 mußte seine Tochter Maria Theresia fast acht Jahre lang Krieg führen, um ihr Erbe zu verteidigen. Ihr Gemahl Franz I. Stephan, Kaiser seit 1745, wollte beizeiten dafür sorgen, daß ihm sein ältester Sohn Joseph unangefochten auf den Thron folgen könne, begann die nötigen diplomatischen Verhandlungen und war im Vorfrühling 1764 soweit, daß er mit Joseph nach Frankfurt am Main reisen konnte. Dort sollte Joseph zum römischen König gewählt werden, wodurch ihm dereinst nach seinem Vater der Kaiserthron sicher war. Wie bald das der Fall sein würde, konnte damals noch niemand ahnen.

Trotz der hohen Würde, die ihm zuteil werden sollte, trat Joseph die Reise nicht in froher Stimmung an. Er trauerte um seine geliebte Gemahlin, die erst dreieinhalb Monate zuvor gestorben war. Aber die Fahrt war beschlossen, Joseph nahm am Montag, den 12. März 1764 in der Reisekutsche des Vaters neben dem jüngeren Bruder Leopold Platz, knapp nach zehn Uhr vormittags rollten die Wagen aus der Wiener Hofburg. Zur Begleitung zählten der Reichsvizekanzler, der Oberststallmeister, der Oberstkämmerer, der Oberstküchen- und Oberstfalkenmeister, Josephs Obersthofmeister, sechs kaiserliche Kammerherren und je zwei der Erzherzoge; für Joseph waren es die Grafen Anton Gotthard Schaffgotsch und Joseph Keglevich. Dazu kam selbstverständlich etliches Dienstpersonal, insgesamt aber nur ein Bruchteil dessen, das nur wenige

Jahrzehnte vorher Kaiser Karl VI. auf seine Hofreisen mitgenommen hatte. Vor der Schönbrunner Linie, das heißt dem Wall, den einst Prinz Eugen gegen die Kuruzen anzulegen befohlen hatte, wartete Maria Theresia. Der Kaiser verließ seine Kutsche und stieg zu ihr in einen kleinen zweisitzigen Wagen. So fuhr man bis Purkersdorf, wo die Majestäten vor dem Gnadenbild beteten und Abschied nahmen. Ohne Mittagmahl – es war ja Fastenzeit – fuhr die Wagenkolonne weiter, nur bei jeder Station, wo die Pferde gewechselt wurden, stieg der Kaiser aus, um sich die Beine zu lockern. Seine Söhne und die begleitenden Herren mußten deshalb ebenfalls aussteigen, nicht jedem war es angenehm. Bei Einbruch der Dämmerung war die erste Tagesfahrt bewältigt. Der Prälat des Stiftes Melk, Abt Urban Hauer, erfreute die Herren mit einer Serenade, einer kleinen Oper von Carl Kohaut, die in lateinischer Sprache gesungen wurde. In einem Brief, den Joseph noch am selben Abend an seine Mutter schrieb, bezeichnete er die Oper als »sehr erträglich«. Danach lud der Abt zu einem guten Abendessen ein. Aus Rom war der ganzen Reisegesellschaft die Erlaubnis erteilt worden, täglich außer Freitag und dann in der Karwoche Fleisch zu essen.

Da die Tagesstrecken verhältnismäßig gering bemessen waren, wollte der Kaiser am 13. März nicht allzu früh aufbrechen. Die beiden Erzherzoge und die übrige Suite hatten sich dem zu fügen, ihnen blieb nur die Möglichkeit, nach der Morgenmesse im Klostergarten umherzuspazieren, obwohl dort noch viel Schnee lag. Erst um zehn Uhr fuhren die Wagen ab, dann aber ohne Mittagsrast bis Enns. Der Pferdewechsel bei den Poststationen war gut vorbereitet, man legte die rund 70 Kilometer binnen sieben Stunden zurück, das heißt, die Pferde liefen fast dauernd im Trab, ausgenommen natürlich die Steigung des Strengberges. In Enns empfingen Christoph Wilhelm Graf Thürheim, Landeshauptmann von Österreich ob der Enns, und viele adelige Herren und Damen den Kaiser ehrerbietig, er lud die Vornehmsten von ihnen zur abendlichen Hoftafel im Schloß Ennsegg ein.

Das Schloß bildet die nordöstliche Ecke der Stadtbefestigung, die Schloßkapelle ist ein hübscher achtseitiger Zentralraum. Dort hörte die Reisegesellschaft die Messe, bevor sie am 14. März wieder die Wagen bestieg. In

Linz hatte die Frau des Landeshauptmanns, Tochter des Staatskanzlers Graf Wenzel Kaunitz, einen großen Empfang vorbereitet. Joseph unterhielt sich längere Zeit mit der Dame und stellte fest, daß sie viel von der Intelligenz ihres Vaters mitbekommen habe.

Dieser Aufenthalt hatte die Fahrt schon verzögert, dazu kamen noch die bergige Gegend, die schlechte Straße und Schneeregen mit kaltem Wind. Die Reisenden waren daher wenig begeistert, als ein Graf Spindler ihnen, während sie durch sein Gebiet bei Waizenkirchen fuhren, noch ein besonderes Schauspiel bieten wollte. Er hatte seine Bauern als Soldaten verkleidet, stellte sie wie zur Parade auf und ließ Böller abschießen. Aus Höflichkeit hielten die Wagen an; der Kaiser hatte keine Lust, sich mit dem Grafen zu unterhalten, Joseph aber tat es, und damit hatte der Graf sein Ziel erreicht. Er übergab ein Schreiben und bat, es mit empfehlenden Worten an Maria Theresia weiterzuleiten. Joseph empfand das ganze Unternehmen als lächerlich, aber als er am Abend seinen Brief an die Mutter verfaßte, wie er es fast täglich tat, legte er die Bittschrift des Grafen bei.

Das Schloß Peuerbach gefiel Joseph gar nicht, er fand sowohl das Gebäude wie die Einrichtung abscheulich. Dazu setzte noch Regen ein und beeinträchtigte die festliche Illumination, die für die Ankunft des Kaisers vorbereitet worden war. Hier machte der junge Fürst Karl Anselm von Thurn und Taxis dem Kaiser seine Aufwartung und übernahm an Stelle seines Vaters, des Reichsoberpostmeisters, die ehrenvolle Aufgabe, für den Pferdewechsel und alle anderen technischen Probleme der Reise zu sorgen. *»Er hat einen Mann bei sich, der alles besorgt und ihm sogar sagt, wem er ein Kompliment machen muß«,* vermerkte Joseph.

Die Grenze gegen Bayern verlief damals und noch 15 Jahre lang weiter östlich – erst 1779 gewann Joseph II. das Innviertel für Österreich. An der Grenze, kaum zwei Fahrstunden von Peuerbach entfernt, warteten der Oberststallmeister des Kurfürsten von Bayern, Joseph Franz Graf Seinsheim, und der Generalfeldwachtmeister Karl Albert Graf Minuzzi mit einer Abteilung Kavallerie, um fortan das Geleit zu geben.

An diesem Tag ging die Fahrt nur bis Schärding am Inn als erste Stadt in Bayern, man übernachtete im kurfürstlichen Pfleghaus. Beim Abendessen saßen auch einige bayerische Kavaliere an der kaiserlichen Tafel und gaben sich alle Mühe, die hohen Herrschaften zu bedienen und zu unterhalten. *»Die Herren, angefangen von Seinsheim, sind alle unerträglich, nur der General Minuzzi ist ein hübscher Mann und spricht gut«*, schrieb Joseph an seine Mutter. *»Wenn Eure Majestät diese unausstehlichen Schmeichler sähe, welche die billigste Niedertracht mit unerträglichem Stolz mischen, könnte Sie es in der Gesellschaft nicht aushalten.«* Angenehm fand Joseph dagegen den Bischof von Passau, Graf Leopold Firmian, und dessen Bruder, die zusammen mit dem Grafen Alois Podstatzky-Liechtenstein, dem österreichischen Gesandten in München, nach Schärding gekommen waren.

Die Straßen waren fortan gut, die Fahrt des 16. März ging ohne Schwierigkeiten vonstatten. An jeder Station des Pferdewechsels waren Soldaten zur Parade aufgestellt. *»Die Kavallerie ist gut ausgerüstet, die Infanterie aufgeputzt, kann aber weder ordentlich marschieren noch exerzieren«*, urteilte Joseph. Er war in diesen Tagen recht gereizt, denn der Kurfürst hatte ihm als bayerischen Kammerherrn den Vize-Oberjägermeister zugeteilt, einen aufdringlichen Schwätzer.

Bei der Ankunft in Straubing um halb sechs Uhr abends begrüßte der Kurfürst, Herzog Maximilian III. Joseph, den Kaiser, half ihm aus dem Wagen, geleitete ihn in das Haus, das als Quartier bestimmt war, und sogar bis in die Wohnräume. Beim Abendessen hatte Joseph das Glück, einen sympathischen Tischnachbarn zu haben, den greisen Grafen Pankraz von Preysing, einst Erzieher des Kurfürsten, dann dessen Obersthofmeister. An seiner anderen Seite saß die Gräfin Josepha Podstatzky-Liechtenstein, gegenüber die verwitweten Fürstinnen Maria Anna Fürstenberg und Maria Josepha Porcia; die Damen wußten kein anderes Gesprächsthema als die Dampfnudeln, die als Nachspeise serviert wurden – aber die schmeckten wirklich großartig. Joseph war dankbar, daß niemand von der Schwester des Kurfürsten sprach, die ihm als zweite Gemahlin zugedacht war; er weilte in Gedanken bei seiner verstorbenen geliebten Isabella, während nach der Mahlzeit ein Cellokonzert und andere Kompositionen des Kurfürsten gespielt wurden.

Die Frühmesse hörte man vor dem Gnadenbild der mächtigen alten Karmeliterkirche, die zu Beginn des Jahrhunderts im Stil des Barock umgestaltet worden war. Der Kurfürst kniete auf dem Betschemel neben Joseph und gab sich während des Abschieds alle Mühe, ihn zum Freund zu gewinnen. Joseph kannte den Grund, verhielt sich durchaus höflich und dankte für die vielen Aufmerksamkeiten, blieb aber kühl. Während der Wagenfahrt am 17. März litt er unter Magenbeschwerden, gab dem üppigen Mittagessen die Schuld, es mochten aber auch die Dampfnudeln des vorigen Abends gewesen sein. Bei Regensburg wurden die erschöpften Pferde durch frische ersetzt, nach neun Stunden Fahrt bezog man Nachtquartier in Neustadt, einem sauberen kurfürstlichen Städtchen nahe der Donau.

Die Reise ging weiter längs des Stromes bis Donauwörth, dort nahmen die bayerischen Begleiter Abschied. Der Graf von Seinsheim erhielt ein Porträt des Kaisers in brillantbesetztem Rahmen als Geschenk, Graf Leoni, der kurbayerische Oberstsilberkämmerer, einen großen silbernen Tafelaufsatz, die anderen Herren je nach Rang Ringe, Tabatieren oder Uhren. Der kaiserliche Oberstkämmerer errechnete, die Geschenke hätten dreimal soviel gekostet, wie wenn man ohne Gastfreundschaft auf eigene Rechnung gereist wäre. Aber Geschenke gehörten zum Lebensstil! Ein junger Hofrat aus dem Gefolge des Kaisers wurde nach München geschickt, um nochmals für alles zu danken, und erhielt dort als Andenken eine hübsche, mit Edelsteinen besetzte Tabakdose aus Achat.

Von Donauwörth führte die Route des 19. März über Nördlingen. Der Empfang dort war sehr feierlich, die Kavallerie der Freien Reichsstadt rückte aus. Der Anblick der behäbigen Bürger zu Pferd wirkte so heiter, daß die beiden Erzherzoge Mühe hatten, nicht laut aufzulachen. Die Straßen waren schlecht, die Reisenden in ihren Wagen hatten zu leiden. Als sie am frühen Nachmittag in dem schwäbischen Marktflecken Wallerstein ankamen, fanden sie im schönen Schloß des Grafen Philipp von Oettingen-Wallerstein ungemein freundliche Aufnahme und trafen eine große vornehme Gesellschaft an, die aus der ganzen Umgebung gekommen war, um den Kaiser und seine Söhne zu begrüßen. Die Gäste erhielten Audienz und durften an der Tafel des Kaisers soupieren. So gut die Mahlzeit war, hatten etliche der Herren doch nur Augen für die Tochter des Hauses, eine vollbusige Schönheit, die sich Hoffnungen machte, Hofdame bei Maria Theresia zu werden. Joseph war nicht in der Stimmung, mit ihr Konversation zu führen. Er hatte aber gewettet, der kaiserliche Oberststallmeister Heinrich Fürst Auersperg, ein Herr von 68 Jahren, werde sich auf der Reise irgendwo verlieben, und war überzeugt, bereits gewonnen zu haben.

Die Straßen zeigten sich weiterhin schlecht, dazu schneite es heftig; am 20. März konnten die Wagen meistens nur im Schritt fahren und brauchten für eine Strecke von kaum 50 Kilometern volle neun Stunden. Der Schneeregen schadete auch den schönen neuen Uniformen der Garde, des Bataillons Infanterie und des Jägercorps, die der Markgraf von Anspach-Bayreuth hatte aufmarschieren lassen, um den Kaiser im Städtchen Crailsheim würdig zu empfangen. Markgraf Christian Friedrich, ein Herr von 28 Jahren, war ein Neffe des Königs Friedrich II. von Preußen, sah diesem ähnlich und hatte nicht nur seine Soldaten, sondern auch die Hofhaltung nach preußischem Vorbild ausgestattet. Erzherzog Joseph bewunderte die Haltung und das Aussehen der Soldaten, die jungen Herren der kaiserlichen Suite spotteten über die langen Stöcke des Ober- und des Untermarschalls, die beim Abendessen die Bedienung leiteten. Die Tafel war mit Wildbret und Fischen reich bestellt, die Speisen schienen den Gästen aus Wien jedoch schlecht zubereitet.

Aus Anspach und benachbarten Orten, sogar aus Eichstätt waren neugierige Damen gekommen, um einen Blick auf den Kaiser und die Erzherzoge werfen zu können; das gelang ihnen zwar, aber zu ihrem Bedauern wurden sie nicht vorgestellt.

Für die Zeit, die man sich in protestantischen Gebieten aufhalten würde, hatte der Beichtvater des Kaisers einen tragbaren Altar mitgenommen; so konnte er am Morgen des 21. März in einem Raum der kaiserlichen Gemächer die Messe lesen. Die Abreise verzögerte sich, weil der Markgraf noch eine Errungenschaft seiner Militärmusik vorführte, einen virtuosen Pauker; der Kaiser ließ diesem 24 Dukaten auszahlen.

Die Straßen und das Wetter blieben schlecht, die Fahrt nach Nordwesten, zum Tagesziel Mergentheim im Taubertal, dauerte lange. Das Schloß bot sehr angenehme Unterkunft. Es war eine Ballei des Deutschen Ritterordens, hohe Herren empfingen die Reisenden in vollem Ordensgewand. Dazu hatten sich der Bischof von Bamberg und Würzburg eingefunden, der Regierungspräsident von Würzburg, der österreichische Gesandte im fränkisch-schwäbischen Kreis und Fürst Karl Albrecht I. von Hohenlohe-Schillingsfürst. Der Kaiser lud sie alle zum Souper ein.

Fürst Karl Albrecht I. war mit den Straßen der Gegend vertraut und führte die Reisegesellschaft am 22. März auf einem Umweg, der viel besser ausgebaut war, durch das Gebiet von Hohenlohe-Bartenstein. Auch das Wetter zeigte sich freundlicher, man kam gut voran und traf noch am Nachmittag in Miltenberg ein, einem Städtchen am Main, das zum Kurfürstentum Mainz gehörte. Der Kaiser, seine Söhne und die begleitenden Herren freuten sich, einmal keinen beflissenen Gastgeber, keine aufdringliche fremde Bedienung zu haben, sondern ganz unter sich zu sein. Nur einen Mangel rügte Erzherzog Joseph: Der Oberstküchenmeister Graf Saint-Julien hatte die Fische mit zuviel Fett zubereiten lassen.

Von Miltenberg aus wäre es nur eine Tagesfahrt bis Frankfurt gewesen, aber es hätte sich nicht geziemt, dort vor der Königswahl einzutreffen. Der Kaiser hatte deshalb schon in Wien, als der Reiseplan ausgearbeitet worden war, beschlossen, die Zeit bis nach der Wahl außerhalb von Frankfurt, aber nicht allzu weit von der Stadt zu verbringen, und dazu Schloß Heusenstamm südöstlich von Frankfurt erwählt. Dieses war ein ziemlich großes Gebäude mit einer weiten, schönen Parkanlage. Es gehörte den Grafen Schönborn, war seit Jahrzehnten nicht mehr benützt und

Einzug Franz I. und Josephs in Frankfurt 1764

erst in aller Eile bewohnbar gemacht worden, als Eugen Franz Graf Schönborn vom Wunsch des Kaisers erfahren hatte. Hier erwarteten nun viele hohe Herren den Kaiser und den künftigen König, voran ein Kardinal aus Speyer und zwei Feldmarschälle. Im schönen Festsaal des Schlosses war für 40 Personen gedeckt.

Die folgenden Ereignisse, Audienzen und Konferenzen, Verwirrungen und Ärgernisse, die Wahl, der festliche Einzug in Frankfurt und die Krönung Josephs zum römischen König sind von prominenten Teilnehmern geschildert worden, von Joseph und Leopold in Briefen, vom Oberstkämmerer in seinem Tagebuch; und natürlich von Johann Wolfgang von Goethe, der die Vorgänge als 15jähriger miterlebt hat. Die gesamte Darstellung ist in »Dichtung und Wahrheit« nachzulesen, aber sie ist lang; hier möge die eine kurze Szene genügen, wie die beiden Majestäten die Treppe im Rathaus hinaufgingen:

»Des Kaisers Hausornat von purpurfarbner Seide, mit Perlen und Steinen reich geziert, so wie Krone, Scepter und Reichsapfel fielen wohl in die Augen; denn alles war neu daran und die Nachahmung des Altertums geschmackvoll. So bewegte er sich auch in seinem Anzuge ganz bequem, und sein treuherzig würdiges Gesicht gab zugleich den Kaiser und den Vater zu erkennen. Der junge König hingegen schleppte sich in den ungeheuren Gewandstücken mit den Kleinodien Karls des Großen wie in einer Verkleidung einher, so daß er selbst, von Zeit zu Zeit seinen Vater ansehend, sich des Lächelns nicht enthalten konnte.«

Joseph stand noch ganz im Schatten seines Vaters, litt aber offenbar nicht darunter. Sein Bruder Leopold schrieb darüber:*»Unser König der Römer ist charmant, immer in guter Stimmung, fröhlich, höflich und gewinnt alle Herzen.«* Das war aber nur der äußere Anschein, der Mutter gegenüber schüttete Joseph sein Herz aus:*»Ich kann nicht leugnen, daß die Rolle, die ich spiele, sehr hart ist. Außer den Schwierigkeiten und Zwängen, die mit dergleichen Zeremonien verbunden sind, liegt über den Beschäftigungen mein ehrlicher Schmerz, der mich bei keinem Schritt verläßt, sondern beinahe noch zunimmt, obwohl ich ihn so viel wie möglich verberge, und meine Wesensart, die ohnehin die große Welt nicht liebt . . .«*

Da Joseph vom Erzherzog zum König aufgestiegen war, gebührte es sich, auch verdienten Herren einen höheren Rang zu verleihen. Der Kaiser erhob den Staatskanzler Graf Kaunitz, den Reichsvizekanzler Graf Colloredo sowie den Obersthofmarschall und Oberstkämmerer Graf Khevenhüller in den Fürstenstand. Noch waren Audienzen zu gewähren und Festmähler abzuhalten, höfliche Gespräche zu führen und Geschenke zu übergeben, aber der Kaiser und der König dachten nur mehr an die Rückkehr, wahrscheinlich ebenso wie alle anderen Herren aus Wien.

Am 10. April wurde schon um halb sechs Uhr früh die Messe gelesen. *»Alle Gesandten und Fürsten waren zugegen«*, schrieb Joseph am Abend dieses Tages an seine Mutter, *»der Herzog von Zweibrücken und sein Sohn, schließlich die ganze männliche Gesellschaft. Von den Damen hatte ich gestern Abschied genommen, allerdings ohne Tränen zu vergießen.«* Man wollte noch an diesem Tag bis Mergentheim gelangen. Das Wetter war gut, die Straße trocken und daher sehr staubig. Die Strecke, für die man auf der Hinfahrt mehr als zwei Tage benötigt hatte, wurde binnen elfeinhalb Stunden zurückgelegt.

Auch die Fahrt des nächsten Tages ging gut und rasch vonstatten. Aus Höflichkeit mußte man, wie Fürst Khevenhüller vermerkte, *»wieder in dem angenehmen Crailsheim einkeren, wo mann uns dann sehr submiss und obligeant, jedoch à la prussienne empfangen«.* Die verdeckte Spannung beruhte in erster Linie auf politischen Gründen, der Siebenjährige Krieg hatte ja erst im Vorjahr geendet, aber auch der religiöse Gegensatz war merkbar. Vom Vormittag des 12. April berichtete Khevenhüller, die heilige Messe sei bei verschlossenen Türen gelesen worden, *»clausis ianuis, weil der Kaiser nicht wolte, daß von denen Herrn Gegnern jemand zuschauen mögte«.*

Wallerstein, das Tagesziel des 12. April, wurde schon um ein Uhr erreicht. Der Hausherr Graf Oettingen-Wallerstein und seine Gemahlin waren wie auf der Hinfahrt liebenswürdige Gastgeber, bei denen man gern einkehrte. Außerdem war noch der Freiherr Franz von Bodt, Kardinal und Fürstbischof von Konstanz, zugegen. Er las am 13. April die heilige Messe in der Schloßkapelle schon um halb vier Uhr früh, noch in der Dunkelheit bei Fackelschein fuhren die Wagen ab. Graf Oettingen-Wallerstein begleitete die Gäste ein gutes Stück und erhielt beim Abschied zum Andenken einen prächtigen Brillantring.

Die Pferde liefen schnell und legten die Strecke bis Donauwörth, über

70 Kilometer, in vier Stunden zurück, eine fast unglaubliche Leistung. An der Donaulände warteten Graf Podstatzky-Liechtenstein, der Bischof von Eichstätt und leider auch der bayerische Oberststallmeister Graf Seinsheim, der eine Begegnung mit dem Kurfürsten in der Nähe von Straubing ankündigte. Gerade um diese zu vermeiden, hatte der Kaiser beschlossen, auf der Donau weiterzureisen, obwohl das im April äußerst unbequem war! Die Fahrt gestaltete sich noch unangenehmer, als man befürchtet hatte. Auf den Schiffen war nichts vorbereitet, der Kaiser drängte aber zur Abfahrt. Schneeregen fiel, eisiger Wind machte die Kälte noch schneidender, er drang durch jede Ritze in die hölzernen Aufbauten der Schiffe. Joseph bezeichnete seine Behausung als *»kleines Loch«,* fühlte sich aber verhältnismäßig wohl darin, denn er war allein, brauchte keine Konversation zu führen. Er wickelte sich in seinen Regenmantel, setzte die Nachtmütze auf und las in einem der Bücher, die er sich in Frankfurt besorgt hatte.

Zu Kälte und Nässe kam als drittes Übel der Hunger. In der Eile der Abreise war keine Mahlzeit möglich gewesen, unterwegs auch nicht, denn das große Küchenschiff war auf eine Sandbank aufgelaufen. Im zweiten Küchenschiff, das für die Versorgung der niederen Ränge im Gefolge und der Dienerschaft zuständig war, wurden mit Mühe Mahlzeiten bereitet, um acht Uhr abends für den Kaiser und seine Söhne, noch später für die höheren Würdenträger, die anderen mußten sich mit Überbleibseln und Brot begnügen. In Ingolstadt hätte man sich versorgen können, aber da schien es dem Kaiser zu früh zur Übernachtung; als es dann dunkelte, mußte man mit einer ungünstigen Landungsstätte unterhalb von Vohburg Vorlieb nehmen.

Joseph war sehr einverstanden damit, daß sein Vater Unbequemlichkeiten in Kauf nahm, wenn er sich dadurch Empfänge, Paraden und Festreden ersparte. Am 14. April fuhren die Schiffe an Regensburg vorbei, wo es gutes Quartier gegeben hätte, und legten erst in der Nähe des Dorfes Pfatter am rechten Ufer an. Für den nächsten Tag, den 15., war eine Begegnung mit dem Kurfürsten von Bayern vorgesehen, aber des widrigen Windes und schlechten Wetters wegen konnten die Schiffe nicht ablegen. Es war der Palmsonntag. Am Ufer gegenüber dem *»Leibschiff«*

des Kaisers wurde ein Zelt aufgeschlagen, unter dessen Schutz der Beichtvater des Kaisers, der als Schützer der Waisenkinder berühmte Jesuit Ignaz Parhammer, die Messe las, die Herren beteten in ihren Schiffen mit. Sie harrten den ganzen Tag über an der Anlegestelle aus, der Kaiser unterhielt sich mit seiner engsten Gesellschaft beim Kartenspiel, Joseph las, musizierte und schrieb wieder an seine Mutter. Er versuchte immer noch, die Heirat mit der Prinzessin von Bayern zu verhindern. »Den 16. kunten wir endlich wieder weiter schwimmen«, schrieb Fürst Khevenhüller in sein Tagebuch. »Unterweegs bei Mozing kamme der Churfürst von Bayern, welcher bereits seiter vorgestern auf uns gewartet, in seiner Leib-Chalouppe daher, stige mit seinem Gefolg auf das Leib-Schiff, wo wir vornehmere Hof-Herrn uns zur Aufwartung in unseren Tschinackeln hinrudern lassen musten, und fuhre mit biß Straubing, wo er sich beurlaubet, jedoch noch den nemmlichen Abend den Grafen von Seinsheim wieder zu uns geschickt hat.«

Nach einer Übernachtung bei Deggendorf näherten sich die Schiffe der österreichischen Grenze. Trotz Schnee und Regen ließ sich der Bischof von Passau zum Leibschiff hinrudern, in Aschach grüßte der Landeshauptmann von Österreich ob der Enns. Es schneite immer noch, und gerade als die Schiffe eine Stromenge durchfuhren, brach ein Gewitter mit Hagel los. Bald mußte die Dienerschaft helfen, die Schiffe vor einem Anprall an die Uferfelsen zu bewahren, dann griffen auch die hohen Herren zu, schließlich sogar der Kaiser und seine Söhne.
Unter Regen und Schnee landeten die Schiffe am Mittag des 18. April in Linz. Die Herrschaften speisten noch in den Schiffen, dann begaben sie sich zum Gottesdienst bei den Minoriten. Nur ein einziger Hofwagen war zur Stelle, die Herren der Suite mußten sich selbst Fahrzeuge beschaffen, um den weiten Weg vom Hafen bis zur Kirche nicht im Regen zu Fuß gehen zu müssen. An diesem Abend kehrten alle zeitig zu den Schiffen zurück, denn sie hatten sich auf die Osterkommunion des nächsten Tages vorzubereiten.
Für den Gründonnerstag, den 19. April, war die Messe um acht Uhr bei den Minoriten angesagt, Pater Parhamer spendete die Kommunion. Aber die Herren froren noch immer. Um sich ein wenig zu erwärmen, ließen

sie nach dem Gottesdienst im Häuschen des Mauteinnehmers den Ofen heizen, Kaiser, König, Erzherzog und Fürsten stellten sich herum, wie es sonst einfache Schiffsleute taten. Dafür war das Mittagmahl auf dem Tafelschiff reichlich zubereitet, einige Herren aus Linz durften daran teilnehmen. Am Nachmittag besichtigten der Kaiser und seine Söhne die Wollfabrik; alle drei interessierten sich sehr für die wirtschaftliche Entwicklung des Landes.

Am Karfreitag besuchten sie zusammen den Gottesdienst in der Minoritenkirche, dann reiste der Kaiser zu Lande nach Melk ab. Die anderen brachen mit den Schiffen auf, obwohl die Mannschaft große Bedenken hatte. Die Fahrt ging aber unerwartet schnell, man traf schon vor dem Kaiser in Melk ein. Dieser Ort war zur Begegnung mit Maria Theresia bestimmt, aber Franz I. Stephan war zu ungeduldig, sie wiederzusehen, und fuhr ihr am Karsamstag, dem 21. April, in einem zweisitzigen Wagen entgegen. Am Nachmittag gegen fünf Uhr kamen sie zusammen in Melk an, doch Joseph fand vorerst keine Gelegenheit zu einem vertraulichen Gespräch mit der Mutter, denn die Begrüßung war mit viel Zeremoniell verbunden. Der Landmarschall von Österreich unter der Enns, Fürst Trautson, und der Feldmarschall Daun waren erschienen, Fürst Kaunitz wartete ebenfalls. Nach dem Souper nahmen alle an den Auferstehungsfeierlichkeiten teil, die der Abt von Melk nach dem Ritus des Klosters halten ließ.

Auch am Ostersonntag herrschte das überlieferte Zeremoniell mit Kirchgang »in publico« zu Predigt und Hochamt, anschließendem Rundgang durch das Kloster und ausgedehntem Mittagmahl in großer Gesellschaft. Nach der Vesperandacht bemühte sich der Abt, die hohen Gäste würdig, aber angenehm zu unterhalten, ließ eine Oper aufführen, deren Inhalt auf die Königswahl und Krönung anspielte, und auf den Höhen hinter dem Markt ein Feuerwerk abbrennen; dazu waren alle Häuser illuminiert. Nach dem Souper beschloß heitere Musik den Tag.

Am Ostermontag, dem 23. April 1764, fuhren die allerhöchsten Herrschaften mit sehr kleiner Suite geradewegs nach Schönbrunn. Im Schloß sah Joseph seine jüngeren Geschwister wieder, die von Wien angereist waren. Die Familie speiste gemeinsam zu Mittag. Damit war die Reise eigentlich zu Ende, doch es hätte nicht dem Zeremoniell entsprochen, sie in gemütlicher, familiärer Atmosphäre ganz privat ausklingen zu lassen. Es hätte auch die Wiener sehr enttäuscht, wenn es ihnen nicht vergönnt gewesen wäre, einen prunkvollen Einzug des geliebten Kaiserpaares und des neuen Königs bewundern zu dürfen. Um vier Uhr nachmittags ordnete sich das Gefolge bei der Brücke, die vor dem Schloß den Wienfluß überquerte. Maria Theresia wollte sich den mühevollen Pomp ersparen und fuhr mit ihren Töchtern voraus in die Hofburg, der Kaiser und seine Söhne aber ließen geduldig die Feierlichkeiten über sich ergehen, Salutschüsse, militärischen Prunk und alles andere, genauso wie es zu Kaiser Karls VI. Zeiten üblich gewesen war.

INSPEKTIONSREISEN

Kaiser Joseph II. 1768 und 1773

Nach dem Tode des Vaters 1765 trug Joseph II. die Kaiserkrone, realpolitisch wichtiger aber war es, daß er seinem Vater auch als Mitregent in den habsburgischen Erblanden nachfolgte. Obwohl Maria Theresia die Zügel der Regierung nicht aus der Hand gab, fühlte Joseph die Verpflichtung und hatte nun die Möglichkeit, sich um die Zustände der Verwaltung und Wirtschaft zu kümmern, sie nicht nur aus Berichten kennenzulernen, die verläßlich sein mochten oder nicht, sondern sich selbst an Ort und Stelle eigene Eindrücke zu verschaffen.

Was er im späten Frühjahr 1768 im Südosten des Habsburgerreiches sah, schilderte er kurz in einem Brief an seinen Bruder Leopold, der als Großherzog der Toskana in Florenz residierte (die gesamte Korrespondenz führte er stets auf französisch): *»Ich habe einen guten Teil des Landes durchreist, habe unsere Festungen von Szegedin, Arad, Temesvár, Peterwardein, Ratscha, Brod, Gradisca, Buda, Komorn und Raab gesehen, ich bin durch das ganze Banat und Slawonien gefahren. Was habe ich an Unordnung gesehen! Ich kehre zurück voll von Klagen und verpflichtet, Ihrer Majestät ein böses Bild der Verwaltung und der vorhandenen festen Plätze zu geben. Die Provinzen sind vom Zentrum so entfernt, daß man sie beinahe vergißt. Die Natur hat ihnen jedoch viel Vorteil gegönnt, sowohl durch die schiffbaren Flüsse, die sie umgeben und durchqueren, wie durch die Fruchtbarkeit des Bodens, die unbeschreiblich ist, denn alles wächst fast allein ohne Pflege . . . Oft dachte ich, ich* *würde meine walachische Hütte nicht verlassen wollen, denn dort war ich ruhig und mein eigener Herr ...«*

Dabei ist völlig glaubhaft, daß Joseph lieber auf Reisen sein eigener Herr war, als in Wien unter der Herrschaft seiner Mutter zu stehen, doch die »walachische Hütte« ist vielleicht nicht ganz wörtlich zu nehmen. Joseph reiste zwar viel bescheidener als seine Vorfahren, hatte aber immerhin eine Wagenkolonne und etliche Begleiter, und wenn auch keine Höflinge, so doch Offiziere und Ingenieure, in Ungarn auch seinen Schwager Herzog Albert von Sachsen-Teschen mit sich. Dieser residierte als Statthalter in Preßburg und mußte ebenfalls daran interessiert sein, die tatsächlichen Verhältnisse im Lande kennenzulernen. Hier gewann er an Josephs Seite manchen unerfreulichen Eindruck, hörte von der Härte der Großgrundbesitzer gegen ihre Leibeigenen, sah die Armut der Bauern, erlebte die schlechten Straßen. Oft wurden die Herren im Wagen so durchgerüttelt, daß sie lieber zu Pferd weiterzogen.

Ganz anders war es im Banat, dem Gebiet östlich der Theiß bis an die Grenze von Siebenbürgen. Das Land, aus dem Prinz Eugen 1716–1718 die Türken verdrängt hatte, war »Kameralbesitz«, das heißt Eigentum des Staates. Die Reste der einheimischen slawischen Bevölkerung waren zu gering, um die gesamte Fläche bebauen zu können; schon Kaiser Karl VI. hatte flüchtigen Serben und Albanern gestattet, sich hier niederzulassen, und ihnen viele Privilegien verliehen gegen die Verpflichtung, als Wehrbauern die Grenze zu schützen. Maria Theresia hatte Siedler aus dem katholischen Südwestdeutschland eingeladen, aus der Pfalz, auch aus dem Elsaß, aus Luxemburg und Lothringen. Hier gab es keinen Druck einer adeligen Grundherrschaft, aber die schwerfällige Verwaltung, Willkür oder Gleichgültigkeit der Behörden sowie der lange Instanzenweg machten den Bauern das Leben oft hart. Jeden Abend diktierte der Kaiser seinem Sekretär, was zu verbessern wäre. In Temesvár (Temeschburg, heute Timişoara), der Hauptstadt des Banats, zum Beispiel, umgab ein Wassergraben die Stadtmauern; das war vom militärischen Standpunkt einst zweckmäßig gewesen, nun unnötig, sogar gefährlich, denn das stehende Wasser verpestete die Luft.

Ganz ungefährlich war die Reise allerdings nicht. Als Joseph gegenüber der Türkenfestung Belgrad in einem Boot auf der Donau fuhr, stieß ein schwimmender Baumstamm gegen die Bordwand und hätte das Boot zum Kentern gebracht, wenn sich die Insassen nicht schnell auf der anderen Seite weit hinausgelehnt hätten, um das Gleichgewicht wiederherzustellen. Davon erzählte Joseph im Brief vom 24. Juni 1768 nur dem Bruder, die Mutter hätte sich darüber zu sehr erregt. Am 6. Juli gestand er Leopold, daß er gern die Reise ins Banat angetreten habe, um seine Schwester Maria Carolina nicht nach Neapel begleiten zu müssen. Sie mußte nach den politischen Plänen ihrer Mutter im Alter von 16 Jahren den 17jährigen Ferdinand IV. von Neapel-Sizilien heiraten, Joseph sah aber voraus, daß die Ehe zwischen der intelligenten, energischen Habsburgerin und dem derben, trägen Bourbonen große Probleme bringen werde, und wollte damit nichts zu tun haben. Lieber nahm er die Strapazen der Inspektionsreise auf sich und überließ es Leopold, die Schwester nach Neapel zu begleiten.

Dieser Brief Josephs an Leopold enthält ein zweites, fast pikantes Geständnis in vertraulichem Einvernehmen. Nachdem Joseph sich erkundigt hatte, ob der Bruder in Neapel ein Liebesabenteuer erlebt habe, fragte er: *»Gibt es dort schöne Frauen? Sind sie fröhlich und liebenswürdig? Man macht Ihnen den Vorwurf, in der Toskana nie mit Frauen zu sprechen; ich tue dasselbe in Wien und bin niemals abenteuerlustig, außer wenn ich auf Reisen und sicher bin, den Ort am nächsten Morgen zu verlassen. Dem verdanke ich eine Menge hübscher Erlebnisse . . .«* Joseph war zu vorsichtig, Einzelheiten dieser kurzen Amouren seinem Reisetagebuch anzuvertrauen, seine Begleiter zu diskret, etwas darüber zu erzählen, und da der Klatsch-Journalismus noch nicht erfunden war, ist nicht nachzuweisen, wo es eine Gräfin, wo eine Wirtstochter war, die sich dann ein Leben lang an die Nacht mit dem Kaiser erinnerte.

Fünf Jahre später unternahm Joseph II. neuerlich eine Reise nach Südosten. In Ofen (Buda) wohnte er am 7. Mai 1773 nicht im Schloß, sondern im Wirtshaus zum Weißen Wolf und ging um acht Uhr zu Bett. Dafür brach er am nächsten Morgen um vier Uhr auf und legte bis zum Abend die Strecke nach Szeged zurück, 170 Kilometer! Wie auf der ersten Reise ließ er sich nicht von Adeligen bewirten, nahm nicht in Schlössern Quartier, um niemandem zu Dank verpflichtet zu sein und

Zeit zu sparen, sondern nur in Wirts- oder Bauernhäusern, Kameralgebäuden oder Pfarrhöfen. Die Grundherren durften ihn nicht einmal begleiten, dazu bestimmte er nur einheimische Beamte. Schon vor der Reise hatte der Kaiser angeordnet, für ihn nicht eigens neue Wege oder Brücken zu errichten, nur die vorhandenen im Notfall auszubessern, und hatte sich alle Begrüßungen und sämtliches Glockengeläut verboten. In den vorgesehenen Nachtquartieren waren – selbstverständlich gegen Bezahlung – Lebensmittel bereitzustellen. In einem Falle sind sogar die gewünschten Mengen bekannt: 70 Pfund Rindfleisch sollten gleich am Morgen zugesetzt und gesotten werden, ferner waren ein Kalb und ein Lamm nötig, 24 Hühner, 3 Gänse, 3 Suppenhühner und 2 Truthähne, 6 Pfund Butter, 4 Pfund Schmalz, 40 Eier, 2 Achtelpfund Mundmehl, 2 Pfund Zucker, 8 Lemoni (Zitronen), 4 Pfund Speck, 4 Pfund Ochsenfett, an Grünzeug Sellerie, Petersilie, Zwiebel, Kohl, Sauerkraut, außerdem Weißbrot und Landwein, schließlich Küchengeschirr, Trinkbecher aus Zinn oder Glas, Eßbesteck und 40 Schab Stroh zum Liegen.

Diese Mengen scheinen groß, aber vielleicht sollten sie nicht nur für einen Abend dienen, weil der Kaiser gedachte, an jenem Ort länger zu bleiben. Zudem war ja eine größere Zahl von Herren zu verpflegen; zumindest auf der ersten Strecke begleiteten den Kaiser die Feldmarschälle Laudon und Lacy, die Generäle Graf Nostitz-Rieneck und Lanius, ein Oberst und zwei Ingenieuroffiziere, zeitweise auch eine militärische Eskorte von einem Offizier mit 30 Mann. Die können schon binnen weniger Tage 70 Pfund Rindfleisch verzehrt haben!

In vielen Legenden um Kaiser Joseph II. heißt es, er sei allein oder nur mit wenigen Begleitern unerkannt durchs Land geritten. Das klingt recht romantisch, wäre aber auf den Reisen im Banat und Slawonien unmöglich gewesen. Der Kaiser brauchte für sich eine Kalesche – einen leichten Wagen mit halbem Verdeck –, in einem weiteren Wagen fuhren die Begleiter, je ein Wagen war für die Kammerdiener und für die Kanzlei bestimmt, zwei für die Diener der Begleiter, zwei für die Küche und Vorräte an Trinkwasser. Schließlich war noch ein Rüstwagen nötig, denn auf den Straßen jener Gegend mußte man auf Schäden aller Art gefaßt sein, eine Achse, ein Rad, eine Deichsel konnte brechen und mußte dann sogleich repariert werden.

In Wien war es eine Frage des Standes, wer zwei-, vier- oder gar sechsspännig fuhr, hier brauchte jeder Wagen selbstverständlich sechs Zugpferde. Also mußten an vorher festgelegten Orten für die neun Wagen 54 Pferde bereitstehen, dazu fallweise zehn bis zwölf Reitpferde. Die Tiere wurden vom Militär gestellt oder von Bauern gemietet. Im Rüstwagen befanden sich vier Sättel und Zaumzeug, denn weder dem Kaiser noch einem alten General war zuzumuten, eine größere Strecke auf einem hölzernen Bauernsattel zu reiten. Das alles war unumgänglich nötig und mußte vorher geregelt werden. Von den schönen Geschichten, die später zu lesen waren, Kaiser Joseph II. sei immer wieder unerwartet aufgetaucht, um einen schurkischen Beamten, einen grausamen Richter zu ertappen, dürfte nur ein Teil auf Wahrheit beruhen.

Eine andere Reihe von Geschichten ist wohl nicht in allen ausschmückenden Einzelheiten, aber in der Grundtatsache richtig: Der Kaiser nahm überall Bittschriften entgegen. Ihr Inhalt zeigt die Nöte und die Bedürfnisse der Landschaft: Bauern baten um rasche Zuteilung von Grundstükken in ausreichendem Umfang, einheimische Slawen wollten nicht den deutschen Siedlern weichen, viele ersuchten, als Grenzer und damit als freie Wehrbauern in den Militärstand aufgenommen zu werden, etwa als »Tschaikisten« auf den kleinen Donaukriegsschiffen dienen zu dürfen.

Eine Bitte tauchte immer wieder auf: Bauern hatten ohne Erlaubnis Sliwowitz gebrannt, die Behörde hatte den Kessel konfisziert – nun möge der Kaiser erwirken, daß der Kessel zurückgegeben werde.

Daneben gab es sehr vernünftige Schriften an den Kaiser. Ein Oberstleutnant schlug vor, den Fluß Bega weiter zu regulieren und Kanäle anzulegen, um Überschwemmungen zu verhindern und Schiffahrt sowie Holzschwemmung zu erleichtern. Joseph II. überzeugte sich, daß die Bega tatsächlich Probleme schaffte, die bald gelöst werden sollten: Ihre Schleusen waren im Türkenkrieg 1737–1739 zerstört, aber seither nicht wiederhergestellt worden, der Fluß verschlammte und überschwemmte oft die Poststraße nach Siebenbürgen und den Heideboden, der in langer Arbeit urbar gemacht worden war.

Leider mußte Joseph gelegentlich feststellen, daß Maßnahmen, die er fünf Jahre zuvor angeregt hatte, noch nicht durchgeführt und zusätzliche nötig waren. In Temesvár war der Stadtgraben noch nicht zugeschüttet, unter den Hauptstraßen müßten Abwässerkanäle gemauert, die Straßen gepflastert und aller Unrat aus der Stadt geführt werden, besonders nach den Markttagen, wenn Fischer und Viehhändler, Getreide- und Heufuhren hereinkamen. Die Bürger sollten vor ihren Häusern die Gassen sauberhalten, Arrestanten die Plätze kehren.

Von Temesvár ging die Reise weiter über Werschetz (Vršac) nach Pancsova (Pančevo), dem landwirtschaftlichen Zentrum des südlichen Banats nahe der Donau. Das Städtchen war durch seine Lage nicht weit von Belgrad auch vom militärischen Gesichtspunkt her interessant. Dann wandte sich der Kaiser nach Osten, über Weißkirchen (Bela Crkva) ins Banater Bergland und nach Siebenbürgen. In Bokschan (Bocşa) fand er die Bergwerke, drei Hochöfen und Hammerwerke in Betrieb, aber man holte das Holz dafür aus den Wäldern und schlägerte rücksichtslos, ohne wieder aufzuforsten.

Bei den Kupferhütten von Slatina sah Joseph in den Bergwerksstollen nur Handarbeit, keine Maschinen. Rund um die Schmelzhütten waren die Berge kahl, weidende Schafe und Ziegen fraßen alles ab, was sonst nachgewachsen wäre, während abgehauene Stämme verfaulten, weil sie nicht abtransportiert worden waren. Die Bergleute und Köhler waren zumeist nicht Einheimische, sondern Walachen, die des besseren Verdienstes wegen für eine Weile aus dem Osmanischen Reich herüberkamen. Die Bergwerksadministration in Temesvár hatte keine Ahnung von den Zuständen, kümmerte sich gar nicht darum. Der Waldmeister kannte die Mißwirtschaft, konnte sich aber gegen die Behörden nicht durchsetzen und gestand dem Kaiser, er sei wenig beliebt, weil er zu offen die Wahrheit sage. Die Eindrücke, die Joseph auf dieser Reise des Jahres 1773 sammelte, waren nur zum sehr geringen Teil erfreulich, aber allesamt lehrreich. Er sah, welche Aufgaben ihn erwarteten, wenn er einmal selbst alles zu entscheiden und zu verantworten haben würde.

Nach Frankreich,
nicht nur der Schwester wegen

Kaiser Joseph II. 1777

Zwischen den beiden Inspektionen im Banat, in Slawonien und Sie-benbürgen unternahm Joseph II. zwei Reisen von politisch großer Bedeutung, in der ersten Hälfte des Jahres 1769 nach Italien, im August desselben Jahres nach Schlesien zu einer Begegnung mit dem Preußenkö-nig Friedrich II. Die Szene, wie Kaiser Joseph II. und sein Bruder Groß-herzog Leopold, Degen umgeschnallt, das Konklave betraten, in dem die Kardinäle über die Wahl des nächsten Papstes berieten, ist von Histori-kern und Geschichtsschreibern vielfältig dargestellt worden. Joseph be-einflußte die Wahl des Lorenzo Ganganelli zum Papst Clemens XIV. Das Zusammentreffen mit Friedrich II. leitete die Teilung Polens ein, die dann dem Habsburgerreich den Gewinn von Galizien brachte.

Ihrer weltgeschichtlichen Folgen wegen sind diese beiden Reisen sehr bekannt, in jeder historischen Darstellung der Epoche ist darüber zu le-sen, auch in den Anekdotenbüchern, denn auf der Reise nach Schlesien soll es sich zugetragen haben, daß Joseph mit dem Pflug eines Bauern selbst Furchen in den Ackerboden zog. Das dürfte am 19. August 1769 sogar wirklich geschehen sein. Fürst Liechtenstein, Grundherr der Ge-gend von Slawikowitz bei Wischau (Slavikovice bei Vyškov) in Mähren nahe der Poststraße von Brünn nach Olmütz, ließ einen Denkstein zur Erinnerung an dieses Ereignis errichten, andere Steine folgten, der letzte wurde nach 1918 entfernt. Der Pflug des Bauern Andreas Trnka, den der Kaiser führte, befindet sich im Ethnographischen Institut des Mährischen

Landesmuseums, dem einstigen Palais eines adeligen Damenstiftes in Brünn.

Das alles wurde schon oft behandelt und darf, da es allzu bekannt ist, aus dieser Darstellung wegbleiben. Anders steht es um die Reise Josephs II. 1777 nach Paris. Davon gibt es zwar auch unzählige Anekdoten, glaubhafte und unwahrscheinliche. Man weiß, daß Joseph seiner jüngeren Schwester Marie Antoinette den schönen Kopf zurechtrücken, sie von ihrer leichtsinnigen Verschwendung und ihrem unbedachten Lebensstil abbringen wollte, aber die familiäre Sorge war nur ein Teil dessen, was ihn zur Reise bewogen hatte. Daneben standen politisches Interesse und das für Joseph typische Verlangen, aus den zweckmäßigen wie den verfehlten oder trotz guter Absicht mißlungenen Maßnahmen der Regierungen anderer Länder Erkenntnisse für sich zu sammeln. Er war zur Zeit der Reise erst 36 Jahre alt und wußte, daß er noch einiges zu lernen habe. Außer dem Handel und der Landwirtschaft interessierten ihn in Frankreich die öffentlichen Bauten, Heer, Marine und Polizeiwesen. Seine Reformpläne für Österreich beruhten zum guten Teil auf französischen Theorien, hier wollte er sehen, ob und wie etwas davon schon verwirklicht sei.

Den schwierigen Posten eines kaiserlichen Gesandten in Paris bekleidete seit elf Jahren ein Protektionskind des Staatskanzlers Fürst Kaunitz, Florimund Graf Mercy d'Argenteau, Adoptivsohn eines ruhmbedeckten kaiserlichen Generalfeldmarschalls aus altem lothringischem Adel. Er erhielt eine genaue Anweisung aus Wien: Der Kaiser werde immer als Privatmann unter dem Namen eines Grafen von Falkenstein auftreten, in Paris im Gesandtschaftspalais wohnen, in Versailles nicht als Gast des Königs, sondern in einem Hôtel garni, und für die Besichtigungen, die er vorhabe, solle nichts vorbereitet werden, vor allem wünsche er keine Ehrungen. Mercy hielt sich nicht ganz daran, mietete in Paris keine Lohnkutsche, sondern bestellte einen neuen Wagen, sorgte für versteckte Wachen, in Versailles mietete er eine Wohnung und richtete sie ein.

Als Begleiter hatte der Kaiser zwei vornehme, aber unauffällige Herren gewählt, den General Graf Joseph Colloredo und den Kämmerer und Geheimen Rat Graf Philipp Cobenzl; jeder von ihnen durfte nur einen Diener mitnehmen, um das Gefolge nicht zu groß zu machen. Joseph selbst hatte allerdings einen Kammerdiener, vier Leiblakaien, einen Hofkoch und einen Postknecht zur Verfügung, sein Leibchirurg Johann Alexander Brambilla fuhr auch mit. Ein Geheimer Kabinettskonzipist als Sekretär und der Hauptmann im Ingenieurcorps Toussaint de Bourgeois als Fachmann für Bauwesen und Reisemarschall saßen zusammen mit dem Kaiser in einer Kalesche. Insgesamt waren es drei Kaleschen und zwei Kutschen, für die 28 Pferde benötigt wurden. Die Kutscher zählten nicht zum Personal, sondern wurden bei jeder Poststation, wo die Pferde gewechselt wurden, abgelöst. Dieser Aufzählung zufolge waren es 15 Personen, nach anderen Berichten 16, 25 oder 28, aber Zahlenangaben sind

Kaiser Joseph II. in der Reisekalesche. Wandgemälde am Gasthof
Zur Goldenen Krone in Reutte

immer mit Vorsicht aufzunehmen, es könnte sich ja auch unterwegs noch jemand angeschlossen haben.

Jeden Abend diktierte der Kaiser das Reisetagebuch seinem Sekretär, der es später in Reinschrift übertrug. Außerdem schickte Graf Mercy ein Journal über den Aufenthalt des Kaisers und seine Unterredungen mit seiner Schwester, der Königin, an Maria Theresia nach Wien, ein Journal des Gesandtschaftssekretärs de Barré beschrieb die äußeren Ereignisse. Die vierte wertvolle Geschichtsquelle für diese Reise sind die Briefe Josephs an seine Mutter und den Bruder Leopold. Dazu kommen noch, weniger verläßlich, aber oft amüsant, Zeitungsberichte und Anekdoten.

Schon im Jahre 1777, fast unmittelbar nach der Reise, erschien in Naumburg beim Verleger Flittner ein solches Büchlein, aus Vorsicht anonym. Darin ist ausführlich vom Aufenthalt des Kaisers in Stuttgart die Rede: Am Nachmittag des 7. April kam er dort an, stieg im Gasthof Zum Ritter ab, ging ins Gebäude der Militärakademie und traf dort, wie verabredet, mit Herzog Karl II. Eugen von Württemberg zusammen, ohne jeglichen Pomp und Aufwand, wie es Josephs Geschmack und seinem Inkognito entsprach.

Der Herzog hatte die Akademie oder »Militärpflanzschule« zwei Jahre zuvor von Ludwigsburg nach Stuttgart verlegt und ihr den Namen »Hohe Karlsschule« gegeben. Die Zöglinge wurden militärisch gedrillt, hörten aber auch Vorlesungen aus verschiedenen Studienbereichen und lernten musische Fächer. Am Abend des 7. April gaben sie ein Konzert, das Joseph anhören mußte; er besichtigte ihre Schlafsäle, sah sie beim Essen und beim Abendgebet. Mehr interessierten ihn jedoch der herzogliche Marstall und die Bibliothek, und außerdem wurde er der Reichsgräfin von Hohenheim vorgestellt, der offiziellen Mätresse des Herzogs.

Joseph dürfte den Eindruck gewonnen haben, die Karlsschule sei das Lieblingsspielzeug des Herzogs, denn er mußte auch am nächsten Tag viel Zeit dort verbringen, am Morgen der Wachtparade beiwohnen, am Abend die Oper »La Didone abbandonata« anhören, die von den jungen Männern gespielt wurde. Den – aus späterer Sicht – interessantesten von ihnen lernte er nicht kennen, den Zögling Friedrich Schiller, der in diesem Jahr heimlich begann, sein Drama »Die Räuber« zu verfassen.

Noch am späten Abend dieses 8. April setzte der Kaiser seine Reise fort.

Bei einem Pferdewechsel sagte er dem neuen Kutscher, er möge so gut fahren wie der vorige, doch der Mann antwortete, er habe nicht so edle Pferde wie der Herr Graf. Ein Landesherr, durch dessen Gebiet Joseph gereist war, hatte unerkannt die Leibkalesche gelenkt um der Freude willen, einmal dem Kaiser unmittelbar dienen zu können. Vielleicht war es sogar Markgraf Karl Friedrich von Baden, ein weiser, gebildeter, sehr beliebter Landesvater – wenn die Geschichte überhaupt wahr ist.

In Straßburg wußten die Bürger schon, daß der Kaiser am Nachmittag ankommen werde, sie kümmerten sich nicht um sein Inkognito und erfüllten die Gassen, durch die er fuhr, mit lautem Jubel. Da machte er ihnen die Freude, ließ das Verdeck der Kalesche zurückschlagen und die Pferde im Schrittempo gehen, damit die Bürger ihn anschauen könnten. Am Abend ging er jedoch nicht aus, sondern blieb mit seinem Gefolge im Post- und Gasthof »Zum Raben«. Am nächsten Morgen empfing er Besucher, die sich bei Graf Colloredo angemeldet hatten, ließ sich danach vom französischen Stadtkommandanten Marquis de Vogue auf die Zitadelle und zum Paradeplatz führen und schaute sich die Pferde, die Waffen und Uniformen der Soldaten genau an. Der Rückweg führte am Münster vorbei, doch dieses berühmteste Gebäude der Stadt machte ihm keinen starken Eindruck, im Tagebuch steht nur, daß es *»eine große alte gothische Kirche ist, deren Thurm besonders merkwürdig wegen seiner Höhe«.* Am Vormittag des 13. April besuchte Joseph das Bürgerspital, das Militärspital und das Findelhaus, um halb drei Uhr setzte er die Fahrt nach Paris fort.

Von diesem Abschnitt der Reise wurde eine Episode berühmt, bald in Gedichten und dramatischen Szenen geschildert, nur wo sie sich zutrug, ist nicht gesichert, man nannte Landron sur Seine, Vitry-le-François an der Marne und andere Orte. Jedenfalls sollten die Pferde gewechselt werden, aber der Posthalter war nicht zugegen; er war in den Nachbarort gefahren, um den Taufpaten für sein Söhnchen abzuholen. Dieser kam jedoch aus irgendeinem Grunde nicht mit, die Verlegenheit war groß, wer denn nun das Kind über das Taufbecken halten solle, da erbot sich Joseph dazu, selbstverständlich unerkannt, wie das in solchen Geschichten üblich war. Erst als er für die Eintragung in das Taufbuch seinen Beruf angeben mußte und »Empéreur« sagte, erkannte man ihn, der Jubel war groß.

Überraschende Erkennungen finden sich ja schon in der Odyssee, in altgriechischen Tragödien und Komödien, da setzt die Anekdote nur eine große Tradition fort. Aber auch ohne sie wäre Joseph als Taufpate Ehrengast des Festmahles gewesen, nur leider hatte er keine Zeit mehr dafür. Seine Begleiter sollen das sehr bedauert haben.

Am Nachmittag des 18. April 1777 kam der Kaiser ohne jegliches Aufsehen in Paris an und ließ sich für den folgenden Tag in Versailles anmelden. Schon um acht Uhr früh traf er dort ein. Der gelehrte Abbé Matthieu-Jacques de Vermond, der schon in Wien als Lehrer und geistlicher Berater von Marie Antoinette gewirkt hatte, erwartete ihn und führte ihn zur Königin. Die Geschwister begrüßten einander herzlich und nicht in der französischen Hofsprache, sondern in ihrem Wienerisch. Marie Antoinette führte den Bruder am Arm zu König Ludwig XVI., dann zu den Prinzen und Prinzessinnen der königlichen Familie. Das Mittagessen nahm Joseph mit den Majestäten ein, traf danach mit den Ministern zusammen und fuhr zurück nach Paris.

Da er noch etwas von der Stadt sehen wollte, Graf Mercy-Argenteau sich aber krank fühlte, stellte sich ein anderer hoher Diplomat, Graf Belgiojoso, als Führer zur Verfügung. In einfacher Kleidung, nur von einem Diener begleitet, spazierten die Herren durch die Rue Saint-Honoré, Joseph war sehr interessiert und ließ sich alles erklären. Er glaubte, er sei nirgends erkannt worden, doch seine Anwesenheit sprach sich rasch herum. Als er am Morgen des 20. April zum Gottesdienst in die Kirche Saint-Sulpice gehen wollte, sah er dort schon eine große Menschenmenge, die auf den Kaiser und Bruder der Königin wartete, und wich deshalb in die kleine Kirche der Karmeliter aus.

An diesem Tag und auch noch die folgenden Wochen besichtigte Joseph alles, was ihm sehenswert erschien, Kirchen, den Königspalast, die Gartenanlagen der Tuilerien und auch soziale Einrichtungen. Auf der Anreise hatte er in den Spitälern von Straßburg und Nancy günstige Eindrücke gewonnen, hier in der Hauptstadt waren sie sehr unterschiedlich. Im Hôpital des Invalides sah Joseph befriedigt, daß die Gebäude schön, die Krankensäle groß waren und jeder Patient sein eigenes Bett hatte. Am 21. April aber kam er unangemeldet in das Hôtel Dieu und fand in diesem größten Krankenhaus des Kontinents weder Ärzte noch Chirurgen – die

*Marie Antoinette stellt ihren Bruder Kaiser Joseph II. ihrem Gatten
Ludwig XVI. als Graf Falkenstein vor. Stich von Anton Ziegler*

damals einen geringeren Rang hatten – im Dienst, nicht einmal in der Gebärstation, die Säle waren dumpf und schmutzig, oft lagen drei oder vier Kranke in einem Bett. Am ärgsten stand es um die Wöchnerinnen; die geistlichen Schwestern verwehrten Joseph zunächst den Eintritt in die Abteilung, er ließ sich aber nicht abweisen. Beim Anblick des Elends soll er zu den Schwestern gesagt haben: »*Dieser Zustand wird es Sie gewiß nicht gereuen lassen, daß Sie das Gelübde der Keuschheit abgelegt haben.*« Am Abend diktierte er seinem Sekretär: »*Überhaupt ist es ein Leichtsinn in der Wartung und Versorgung, der erschröcklich ist.*« Trotzdem – oder wohl gerade wegen des Mitleids, das er mit den Kranken empfand – beschenkte er das Spital reichlich. Er gewann jedoch auch bessere Eindrücke, im Spital Charité gefielen ihm die Sauberkeit und die sorgfältige Pflege der Kranken.

Noch Ärgeres als im Hôtel Dieu fand Joseph im Armenhaus von Bicêtre knapp südlich von Paris: Da waren auch Schwerverbrecher und kleine Diebe untergebracht, Geschlechtskranke und Irre, auf Strohsäcken lagen bis zu acht Personen beisammen. In der Salpétrière, einer ehemaligen Salpetersiederei in der Nähe von Paris, lebten 9000 arme alte Frauen, darunter 1200 Irre, »*die elend untergebracht sind und einige nackender unter freyem Himmel angeschmiedet sich befinden*«.

Das Findelhaus in Paris war nicht so sauber wie das von Straßburg, aber das ließ sich mit der großen Zahl der Kinder erklären. Die meisten der 12000 waren zwar auf dem Lande bei Ammen untergebracht, doch für die 130 Neuangekommenen, die Joseph in den Wiegen sah, gab es nur 17 Ammen und Wärterinnen! Marie Antoinette hatte sich bisher kaum für Fürsorgeeinrichtungen interessiert, ließ sich aber von ihrem Bruder soweit beeinflussen, daß sie mit ihm und zwei Hofdamen nach Saint-Cyr fuhr, wo in einer Erziehungsanstalt 250 Töchter verarmter Adeliger unterrichtet wurden. Die Klosterschwestern lehrten die Mädchen brav die Religion und alle weiblichen Handarbeiten, nur ihren Unterricht in Musik und Tanz fand Joseph ziemlich schlecht.

In der Schule des Garderegiments sah er am 10. Mai erstaunt, daß als einzige fremde Sprache die deutsche unterrichtet wurde. In der Académie Française verzichtete er auf einen Ehrenplatz oder auch nur auf einen in der ersten Reihe, er setzte sich auf den Platz für Besucher, hörte große

Gelehrte wie D'Alembert und Marmontel, aber seine Bewunderung war ebenso gering wie in der Académie des Sciences, obwohl der damals berühmte Lavoisier vortrug. Dafür schaute der Kaiser sich zweimal sehr interessiert physikalische Experimente an, die mit Magneten und elektrischem Strom vorgenommen wurden. Die Menagerie von Versailles erschien ihm ungepflegt, aber er bewunderte die Sammlungen von ausgestopften Tieren und in Spiritus bewahrten Insekten sowie den Garten mit 5 500 Pflanzen. An den Archiven des Königshauses und der wichtigsten Ministerien lobte er nur die Vorkehrungen für den Brandfall, die Ordnung erschien ihm mangelhaft, alle Einrichtungen in den Anfängen steckengeblieben.

Joseph schätzte Oper und Schauspiel, die königliche Familie hatte sich bisher nicht allzusehr darum gekümmert, aber aus Höflichkeit begleitete sie den lieben Gast fast täglich in ein Theater. Diesem Beispiel folgte der Hochadel und alle, die zur »Gesellschaft« zählen wollten. Als am 5. Mai im Hoftheater zu Versailles »Castor et Pollux« gespielt wurde, war der Zustrom so stark, daß viele Leute trotz ihrer gültigen Billetts keinen Platz fanden; auch Colloredo und Cobenzl sahen ihre Loge von fremden Damen besetzt. Auf Joseph machte die Oper von Rameau übrigens keinen starken Eindruck, er hatte wenig Verständnis für die Musik des Barock, um so mehr für das Neue, das sich in Glucks Opern ankündigte. Zweimal hörte er sich die »Alceste« an, einmal die »Iphigénie en Tauride« und war begeistert.

Während der Vorstellung der Oper »Iphigénie en Aulide« geschah etwas, das in allen Zeitungen von Frankreich, Deutschland und sogar England starken Widerhall fand: In der Szene, in der Iphigenie als Braut des Achilles durch das Feldlager der Griechen schreitet, stimmt der Chor – Achilles' Krieger – ein Lied auf sie an. Bei den Worten »Welche Anmut! Welche Schönheit! Besingen wir, feiern wir unsere Königin!« erhoben sich die Zuschauer und blickten zur Hofloge. Marie Antoinette wollte aber nicht allein gefeiert sein und zog aus dem Hintergrund der Loge ihren Bruder an die Rampe. Daraufhin jubelte man auch ihm zu.

Etwas Ähnliches ereignete sich in der Comédie Française bei einer Vorstellung des »Oedipe« von Voltaire. Im ersten Auftritt des vierten Aktes beschreibt Iokaste den guten König Laios, der ohne Prunk und ohne

Leibgarde reist: »Die Liebe meines Volkes, sprach er, ist meine Wache.«
Bei diesen Worten schaute die Schauspielerin unverwandt zur Loge, in
der Joseph saß, alle Zuschauer standen auf und riefen: »Es lebe der
Kaiser!« Das klingt nach einer schmeichelnden Anekdote, ist aber verbürgt, nur ist nicht sicher, ob die Schauspielerin aus ehrlicher Bewunderung auf den Kaiser geblickt hatte oder eher aus guter Berechnung. Es
war nämlich bekannt, daß Joseph in Paris die Namen von Schauspielern
und Tänzern notierte, vielleicht, um sie nach Wien zu engagieren; in
einigen Fällen schrieb er auch auf, wessen Geliebte eine Sängerin oder
Tänzerin war, etwa des Grafen von Artois, des Herzogs Max von Pfalz-
Zweibrücken oder des Gesandten Graf Mercy-Argenteau.

An der Universität, der berühmten Sorbonne, interessierten den Kaiser
die Vorlesungen aus Philosophie wenig, die aus Theologie gar nicht,
vielmehr diejenigen der »Ecole de Chirurgie«, an der in dreijährigen
Kursen in großen Hörsälen und mit guter Bibliothek junge Männer zu
Feldscheren der Armee ausgebildet wurden, und auch die Schule für
Veterinärmedizin in Clarenton südöstlich von Paris fand sein Interesse.
Das regte Joseph an, schon im nächsten Jahr in Wien eine ähnliche Schule
und ein Spital für kranke Tiere zu gründen, 1784 dann das Josephinum,
eine medizinisch-chirurgische Militärakademie.

Einen anderen wichtigen Eindruck gewann der Kaiser am 7. Mai, als er
den Abbé l'Epée besuchte, der sich um Taubstumme kümmerte. Fast zwei
Stunden lang schaute der Kaiser dem Unterricht zu und beschenkte nachher den Abbé mit einer goldenen Tabatiere und einer Medaille. Wertvoller
noch als die Geschenke war dem Abbé die hohe Anerkennung, denn erst
diese machte seine Bestrebungen in Paris bekannt. Joseph aber schickte
bald nach seiner Rückkehr einen Geistlichen aus Wien dorthin, der eineinhalb Jahre lang bei dem Abbé lernte: 1779 wurde in Wien das Taub-
stummeninstitut errichtet – eines der erfreulichsten Ergebnisse der Reise.

Dagegen schien es nicht sicher, ob Marie Antoinette die besorgten, geradezu pedantischen Vorhaltungen ihres Bruders ganz ernst nahm. Die
Mahnungen, weniger Geld auf Kleider, Schmuck und Glücksspiel zu
verwenden, in ihrem Umgang vorsichtiger zu sein und nicht unbedenk-
lich Empfehlungen zu geben, waren ihr nicht neu, sie hatte dergleichen
schon oft in den Briefen ihrer Mutter Maria Theresia gelesen. Dafür

gelang es Joseph, auf das eheliche Leben von Schwester und Schwager günstig einzuwirken. Sie waren viel zu jung verheiratet worden, und während der Ehejahre war es Ludwig XVI. nicht gelungen, Nachwuchs zu zeugen. Joseph gab seinem Schwager gute Ratschläge, und bald fühlte Marie Antoinette die ersten Anzeichen einer Schwangerschaft.

Ein Ausflug, nicht allzuweit nach Südwesten, führte Joseph nach Sèvres, wo das berühmte Porzellan erzeugt wurde. Seiner Gewohnheit entsprechend, ließ er sich die Herstellung erklären, bewunderte die Ausstellungsstücke und war beruhigt zu hören, daß die Manufaktur, die sich im Besitz des Königs befand, ebenso mit Verlust arbeitete wie die kaiserliche in der Roßau bei Wien.

Solche Fahrten befriedigten sein Interesse, andere mußte er nur aus Höflichkeit unternehmen. Die Prinzen und Hofkavaliere, die ihm ihre Aufwartung gemacht hatten, erwarteten einen Gegenbesuch, Joseph ließ aber gewöhnlich nur seinen Namen in das Visitenbuch eintragen, ohne persönlichen Kontakt zu suchen. Eher nahm er sich schon die Zeit, mit Damen der Hofgesellschaft zu plaudern, und bereitete sich sogar auf die Unterhaltung vor, informierte sich über die Familiengeschichte und entzückte dann damit, daß er über berühmte Vorfahren, erfolgreiche Kinder und alle Verschwägerungen Bescheid wußte. *»Ich bin eher ein Charlatan, und in diesem Lande muß man es sein«,* schrieb er darüber an seinen Bruder Leopold nach Florenz.

Versailles im 18. Jahrhundert. Radierung von Jacques Rigaud

Von der großen Zahl der Besuche erregten zwei allgemeine Aufmerksamkeit. Unter dem Vorwand, das prachtvolle königliche Lustschloß von Marly kennenlernen zu wollen, unternahm Joseph von Paris aus einen Ausflug dorthin, besichtigte das Schloß und dessen Kunstschätze, außerdem aber kehrte er im Nachbarschloß Luciennes ein. Dort wohnte eine interessante Dame, die Gräfin Dubarry. Sie war vom Freudenmädchen zur einflußreichen Geliebten Ludwigs XV. aufgestiegen, hatte sich in die Politik eingemischt und der Schwiegertochter des Königs, der jungen Marie Antoinette, manchen Ärger bereitet. Nach dem Tode des Königs war sie verhaftet und in einem Kloster interniert, aber bald wieder freigelassen worden. Joseph war neugierig, die Feindin seiner Schwester kennenzulernen. Zu seiner Überraschung fand er keine verlebte, verbitterte Kokotte, sondern eine hübsche Frau Anfang der Dreißig mit natürlichem Charme. Sie fühlte sich durch den Besuch geehrt, die Pariser Gesellschaft hatte neuen Stoff zum Klatsch.

Der andere Besuch, der Anlaß zu Gerede gab, galt dem Philosophen und Schriftsteller Jean-Jacques Rousseau, dessen Werk»Du contrat social« eine der Grundlagen der Demokratie werden sollte. Aber fand die Begegnung am 25. Mai wirklich statt? In einem der Geschichtenbücher über Joseph II. ist sie fünf Seiten lang geschildert, in jeder Biographie vermerkt, aber weder in Josephs Tagebuch noch im Journal des Grafen Mercy ist sie zu finden. Haben sie das Ereignis verschwiegen, um Maria Theresia nicht zu schockieren, oder wurde es Joseph nur angedichtet?

Die Pariser waren von ihm begeistert, sahen den Unterschied zwischen dem unermüdlich eifrigen, persönlich bescheidenen Kaiser, seiner freundlichen Umgangsweise und seinem Mitgefühl für Arme und andererseits dem arroganten Auftreten der beiden Brüder ihres Königs, die nichts leisteten, aber mit ihrem aufwendigen Lebensstil die Steuerzahler belasteten. Die Herren und Damen der Hofgesellschaft waren verschiedener Meinung. Viele bewunderten Joseph, wiederholten jedes Bonmot, das er von sich gab, oder fanden es zumindest der Mühe wert, sich bei ihm anzubiedern, ihn überschwenglich zu loben und in mancher Hinsicht nachzuahmen. Der Graf von Artois (der spätere König Karl X.) erklärte, er werde dem Vorbild des Kaisers folgen und für seine nächste Reise statt 200 nur 50 Pferde in Anspruch nehmen, sein Bruder, der Graf der Provence (später Ludwig XVIII.), urteilte in einem Brief an König Gustav III. von Schweden recht negativ und fand Josephs Bildung nur oberflächlich. Nach einem Aufenthalt von sechs Wochen reiste der Kaiser am späten Abend des 30. Mai 1777 von Paris ab. Viele Herrschaften dort, vielleicht auch der König und die Königin, fühlten sich erleichtert. Ihm selbst dürfte der Abschied nicht sehr schwergefallen sein, sosehr er seine Schwester liebte und sie gern auf den Weg gewiesen hätte, der ihm richtig erschien. Er hatte die Fehler des Regimes erkannt und war in Paris auch zweimal mit dem klugen Staatsmann Anne-Robert-Jacques Turgot zusammengetroffen, dessen Reformpläne die Revolution von 1789 wahrscheinlich abgewendet hätten, und ließ sich sogar den Brief abschreiben, in dem Turgot bereits 1774 den König gewarnt hatte.

Joseph verstand die Ansichten dieses Herren, verkehrte auch mit dessen Freunden und Schülern sowie dem Erzbischof von Toulouse, Etienne-Claude Loménie de Brienne. Er besuchte den Bankier Jacques Necker, den Ludwig XVI. erst kurz zuvor als Finanzdirektor des königlichen Schatzes an die Spitze der Finanzverwaltung gestellt hatte, fand auch Kontakt zu anderen Finanzleuten und ließ sich schriftliche Auskünfte über Staatsschulden und Verschwendung geben. Bei einer der Unterhaltungen war der englische Historiker Edward Gibbon anwesend, dem sein Werk »History of the decline and fall of the Roman Empire« noch Weltruhm verschaffen sollte.

Ein anderer vorausschauender Politiker, den die Intrigen der Hofkreise gestürzt hatten, war Etienne Herzog von Choiseul-Stainville. Joseph hatte ihn in Paris nur kurz sprechen können; um sich mit ihm ausführlicher zu unterhalten, hatte Joseph schon für den ersten Reisetag eine Begegnung auf dem Landgut der Gräfin von Brienne vereinbart. Er scheute sich auch nicht, mit anderen Herren zusammenzukommen, die bei Hofe nicht mehr geschätzt oder gar verfemt waren, den Herzogen von Broglie, Harcourt und Aiguillon. Diese Begegnungen waren aber nicht der Zweck der weiteren Reise, sie ergaben sich nur nebenbei. In erster Linie bemühte sich Joseph wie bisher, Eindrücke über Handel, Industrie, Schulen und soziale Einrichtungen zu gewinnen. Das gelang ihm schon in seiner ersten Station Rouen, der ehemaligen Hauptstadt der Normandie am rechten Ufer der Seine. Am Abend des 31. Mai 1777 traf er dort ein und widmete den ganzen folgenden Tag seinen Erkundungen. Über Dieppe und Le Havre, wo er die Tabakfabrik besuchte, kam er am 4. Juni nach Saint-Malo und besichtigte die Stadt und den Hafen.

Der Graf von Ogny, Generalintendant des Postwesens, hatte noch in Paris nach der Reiseroute des Kaisers gefragt, um überall gute Pferde zur Verfügung stellen zu können, doch Joseph hatte dankend abgelehnt: Er wolle sein Inkognito bewahren und nirgends angekündigt werden. Trotzdem blieb er nicht so unerkannt, wie es ihm lieb gewesen wäre, an manchem Morgen sah er vor seinem Hotel eine große Schar Neugieriger warten. In Saint-Malo aber fand er Gelegenheit, sich am Abend zwanglos mit einem erfahrenen Mann zu unterhalten. Da wohnte im selben Stockwerk des Hotels ein Kaufmann, der sich bereitwillig über den Handel mit Ostindien ausfragen ließ.

In Brest mußte Joseph sich als Kaiser zu erkennen geben, denn ein Privatmann hätte nicht die Befestigungen des Kriegshafens besichtigen dürfen. Hier verweilte er einige Tage lang und besuchte auch den berüchtigten Bagno, die seit 1750 bestehende Strafanstalt. Die 4000 Häftlinge, zu zweit an den Füßen zusammengeschmiedet, mußten im Hafen arbeiten, je zehn hatten einen Aufseher. Joseph erwog, dergleichen auch in Österreich einzuführen, weil dort, wie er dem Sekretär diktierte, *»die Arrestanten zu gut gehalten, ohnnütz und denen Garnisonen höchst beschwerlich sind«.* Die Marineschule gefiel ihm sehr gut; hier waren ganz zweckmäßig die Hauptgegenstände des Unterrichts Arithmetik und Geometrie, Astronomie und Nautik.

In Nantes an der Mündung der Loire vermerkte Joseph einen starken Aufschwung des Handels, vor allem mit den englischen Kolonien in Nordamerika, die sich vom Mutterland lossagten, und sah auch zum ersten Mal ein Schiff der Aufständischen. Gern hätte man ein Wort der Sympathie von ihm gehört, aber er hielt nichts von Republikanern. Von hier machte er am 16. Juni einen Abstecher landeinwärts nach Osten die Loire entlang ins Nieder-Anjou, um die berühmte Kavallerieschule von Saumur kennenzulernen. Dazu hatte er sich angemeldet, denn so gern er im eigenen Land unvorhergesehen erschien, war es ihm hier unmöglich, er durfte ja nicht inspizieren, nur besichtigen. Der Kommandant der Equitation, Marquis de Poyanne, fuhr ihm entgegen und führte ihn auf den

Exerzierplatz. Joseph beobachtete zu Pferd die Übungen, besuchte die Ställe, die Reitschule und den Unterricht.

Nach Aufenthalten in Tours und Angers kehrte Joseph an die Küste zurück. In La Rochelle hörte er, der Seehandel sei wegen des Verlustes der französischen Besitzungen in Kanada sehr zurückgegangen, in Rochefort besuchte er die Schule für Militärchirurgen, am Nachmittag des 20. Juni kam er nach Bordeaux und fuhr zuerst den Hafen entlang. Die Menge, die ihn erwartete, war so groß, so dicht gedrängt, daß die Wagen nicht weiterfahren konnten, Joseph mußte zu Fuß zu seinem Hotel gehen. Dort standen viele adelige Herren, die wünschten, ihm vorgestellt zu werden, doch darauf legte er keinen Wert. Noch bis spät am Abend und am nächsten Tag empfing er Leute, die ihm Auskunft über den Handel der Stadt geben konnten, und fragte nach den geringsten Kleinigkeiten. Am 22. Juni ließ er sich vom kaiserlichen Konsul von Bethmann durch die Warenlager führen, erkundigte sich besonders nach dem Weinhandel und besuchte die Börse. Auch Bordeaux profitierte vom Handel nach Nordamerika, aber der war für Österreich nicht wichtig; Joseph ersuchte um eine Liste der Waren, die aus Triest und Fiume über Marseille und den Canal du Midi nach Bordeaux geliefert wurden. Er freute sich zu erfahren, daß es gar nicht wenige Waren seien, vorwiegend Leder und Felle, Leinwand, Tabak und Weizen.

Drei Tage lang hielt Joseph sich in Bordeaux auf, dann fuhr er weiter südwärts nach Bayonne am Fuße der Pyrenäen, nicht der Berglandschaft wegen, sondern um die Arbeit der Holzfäller zu sehen; sie beschafften die Bäume, die zu Schiffsmasten verwendet wurden. Außerdem besuchte Joseph die Marmorbrüche und die Stadt selbst, sowohl den Handelshafen wie die Zitadelle der starken Grenzfestung. Die Küste entlang fuhr er in westlicher Richtung weiter, über Fuenterabia nach San Sebastian.

In dieser schönen, gut befestigten Hafenstadt am Golf von Biskaya residierte Don Rocca, Gouverneur der baskischen Provinzen. Er lag gichtkrank im Bett und wollte den fremden Besucher nicht einlassen – da mußte Joseph wie in Brest auf sein Inkognito verzichten. Don Rocca bedauerte sehr, den hohen Gast nicht würdiger empfangen zu können, doch Joseph bat ihn liegenzubleiben; er brauche nur einen Adjutanten, der ihm die Festung zeige, und einen Kurier nach Madrid. Da er sich auf spanischem Boden befand, gehörte es sich, einen Gruß an den König zu schicken, zudem war Karl III. der Onkel von Isabella, Josephs erster Gemahlin.

Der Kaiser kehrte bald von San Sebastian nach Frankreich zurück. Die Straßen waren gut, der Pferdewechsel in den Poststationen bereitete keine Schwierigkeiten. Die Pyrenäen entlang fuhr Joseph ans Mittelmeer in die Provence. In Nîmes sah er Bauwerke aus der römischen Vergangenheit der Stadt, die ihn mehr begeisterten als gotische Kathedralen, in Marseille und Toulon interessierte er sich für das Gesundheitswesen. Im Jahre 1720 hatte die Pest, die aus dem Orient eingeschleppt worden war, fast 40000 Opfer gefordert, seitdem wurden die Vorschriften der Quarantäne für alle, die zu Schiff ankamen, sehr streng eingehalten. Am 2. Juli war Joseph in Toulon, am 8. in Avignon, am 9. in Lyon. Hier traf er mit Herzog Friedrich Adolf von Ostgothland zusammen, dem Bruder des Königs Gustav III. von Schweden, verspürte aber kein Verlangen, an einem feierlichen Bankett teilzunehmen. »*Ich bin*«, soll er gesagt haben, »*nach Lyon gekommen, um Fabriken zu besuchen, nicht wegen der Feste.*«

Die Provence bezaubert alle Reisenden, aber wer aus Mitteleuropa kommt, ist – zumal im Juli – doch froh, wieder Berge und grüne Wiesen

Ankunft Kaiser Josephs II. 1777 in Marseille

zu sehen. So dürfte es auch Joseph ergangen sein, als er von Lyon nach Nordosten fuhr. Die Route nach Genf brachte ihn in die unmittelbare Nähe von Schloß Ferney, wo Voltaire wohnte, der damals berühmteste aller französischen Schriftsteller – aber sie begegneten einander nicht. Das erregte großes Aufsehen, man suchte nach Gründen dafür und fand auch viele:

Voltaire war als Verächter der Religion und Feind der Kirche bekannt und hatte nicht nur geistreichen, spitzfindigen, sondern auch geschmacklosen Spott in reichem Maße geäußert; eine Unterhaltung mit ihm hätte das Ansehen des Kaisers daheim geschädigt und Maria Theresia tief gekränkt. Auch König Ludwig XVI. wäre beleidigt gewesen, denn Voltaire hatte sich offen gegen das Königtum ausgesprochen. Zudem war der Schriftsteller, Dichter und Philosoph jahrelang der geehrte Gast des Preußenkönigs Friedrich II. gewesen, und schließlich war bekannt, daß alle vorbeireisenden Herren von Rang in Schloß Ferney ihre Aufwartung machten: Joseph hatte keine Lust, der Eitelkeit des alten Mannes seinen Tribut zu entrichten.

Angeblich warteten Lakaien Voltaires schon an der Abzweigung nach Ferney, Joseph soll angehalten und gefragt haben, wohin die Seitenstraße führe. Als er die Auskunft erhielt, sie sei der Weg zu Voltaires Wohnsitz, befahl er dem Kutscher, geradeaus weiterzufahren, und sagte laut: *»Ich liebe Dichter wie Haller, die zugleich Christen sind.«* So lautet eine Anekdote, doch sie mag nur entstanden sein, weil Joseph einige Tage später Albrecht von Haller in Bern besuchte.

Vorher, noch an dem Nachmittag, als er bei Ferney vorbeigefahren war, bezog Joseph Quartier in einem Gasthof außerhalb von Genf, um nicht der Neugier ausgesetzt zu sein, und nahm weder vom Magistrat der Stadt noch vom französischen Residenten eine Aufwartung an. Am nächsten Morgen fuhr er schon in der Dämmerung mit drei Wagen in die Stadt, er saß im mittleren, dem unansehnlichsten, aber diese List half nicht viel. Die Genfer Bürger hatten damit gerechnet, beobachteten ihn und stellten fest, daß er wirklich so einfach gekleidet war, wie man von ihm erzählte, nämlich einen schlichten Rock, eine Weste von zimtfarbenem Tuch, eine schwarze Hose und Stiefel trug. Vergebens versuchte Joseph, sich den Leuten zu entziehen, die seinetwegen so zeitig ihre Häuser verlassen hatten. Sie folgten ihm zum Seeufer, wo er eine Brigantine besichtigte, ein hübsches zweimastiges Schiff, schließlich flüchtete er zu Professor Horace Bénoît de Saussure, der sich schon in jungen Jahren als Naturforscher einen Namen gemacht hatte, und ließ sich von ihm durch das Naturalienkabinett, die Bibliothek und die Gemäldesammlung geleiten.

Die nächste Strecke führte durch schöne Landschaft, zur Linken sah Joseph die Gipfel des Jura im ersten Morgenlicht, zur Rechten die grünen Ufer des Genfer Sees. Die Straßen waren gut, aber wenn die Pferde gewechselt wurden, müssen sie jedesmal ziemlich erschöpft gewesen sein, denn Joseph fuhr an nur einem Tag von Genf bis Bern. Dort stieg er im Gasthof »Zum Falken« ab und ließ sich am Abend das Zeughaus zeigen. Die Herren der Regierung hatten ihn erwartet, er sprach sehr freundlich zu ihnen und besuchte noch, wie er es bei Ferney angekündigt hatte, Herrn von Haller.

In einer modernen Biographie des Kaisers heißt es, wohl um den Abstand von Voltaire zu betonen, Haller sei *»ein mittelmäßiger Schweizer Schriftsteller und alles andere als eine Leuchte der Zeit«* gewesen, doch das ist ungerecht. Hallers Ruhm als Dichter war zwar damals bereits durch Lessing und den jungen Goethe in tiefen Schatten gestellt, aber als Anatom, Physiologe und Arzt genoß er hohes Ansehen von London bis Sankt Petersburg, in der Schweiz auch als Staatsmann, gelegentlich bezeichnete man ihn als einen der größten Gelehrten seiner Zeit. Die Stunde der Unterhaltung war für Joseph gewiß interessant, sogar rührend, für den alten, kranken Haller wenige Monate vor seinem Tode aber eine späte Freude; der Vater dieses Kaisers, der ihn eines Besuches würdigte, hatte ihn in den Adelsstand erhoben. Haller soll jene Stunde als die schönste seines Lebens bezeichnet haben.

Die liebenswerte Stadt und starke Festung Freiburg im habsburgischen Breisgau wartete seit Tagen auf die Ankunft ihres Landesherrn. Am Abend des 17. Juli traf sein Küchenwagen ein, den er schon von Lyon aus hergeschickt hatte, dann sein Feldbaumeister Hauptmann Bourgeois, Joseph selbst aber kam erst am 19. in aller Stille von Basel her an. Im Gasthof »Zum Storchen« bezog er die Zimmer, die seit Tagen vorbereitet waren. Bald machten ihm hohe Herren ihre Aufwartung, der Fürst von

Fürstenberg und der Fürstabt von Sankt Blasien im Breisgau, später der Markgraf von Baden und der Erbprinz von Schwarzenberg. Am Morgen des 20. Juli ging Joseph in die Stiftskirche, ließ den würdigen Betstuhl, der für ihn vorbereitet war, wegschieben und kniete auf dem bloßen Boden bis nach der Kommunion. Am Nachmittag besichtigte er die Hochschule, besonders das Naturalienkabinett, am Abend ging er nicht in das Schauspielhaus, wo die Bürger ihn erwarteten, sondern unternahm mit Cobenzl, Colloredo und Belgiojoso einen stillen Spaziergang durch die Stadt.

Die Stadt Rheinfelden, die seit 1803 dem Schweizer Kanton Aargau angehört, war 1777 noch habsburgisch, hatte aber schon seit 215 Jahren, als Ferdinand I. hierher gekommen war, keinen Landesfürsten mehr begrüßen können und erwartete Joseph II. mit großer Freude. Am 25. Juli kam die erste Chaise seines Gefolges, eine Stunde später er selbst. Der Strom fließt vom Bodensee her in ostwestlicher Richtung, bevor er sich bei Basel nach Norden wendet; beim Höllenhaken bildet er einen Strudel und teilt sich in zwei Arme beiderseits eines Inselfelsens, auf dem einst die Burg Stein stand. Hier hatten österreichische Herzoge hofgehalten. Joseph machte sich nicht die Mühe, die Ruine zu ersteigen, sondern nahm auf einem Schiff sein Mittagmahl ein. Am späteren Nachmittag, bald nach fünf Uhr, verließ er Rheinfelden und fuhr flußaufwärts.

Von einem höher gelegenen Landgut am rechten Ufer des Stromes aus genoß Joseph am Vormittag des 26. Juli das Naturschauspiel des Rheinfalles bei Schaffhausen, ging dann mit seinen drei Begleitern Cobenzl, Colloredo und Belgiojoso durch Weingärten bergab, und da er bei dem Schlößchen Wörth eine Zille angebunden fand, nützte er die Gelegenheit zu einer Bootsfahrt. Viele Leute hatten sich eingefunden und schauten besorgt zu, wie die vier vornehmen Herren nur 100 Schritt unterhalb des Wasserfalls den Rhein überquerten.

Der Anblick des Rheinfalls dürfte Joseph daran erinnert haben, daß es auch in seinen Erblanden solche Hindernisse der Schiffahrt gab. Wie hier am Rhein, so zwangen auch am Inn und in der Donau gefährliche Felsen die Schiffe, anzulegen, die Fahrgäste, auszusteigen und längs des Flusses eine Strecke zu fahren, bis sie wieder einsteigen konnten. Gewöhnlich mußten sogar die Waren, die auf den Schiffen befördert wurden, ausgeladen werden; das sicherte den Bewohnern jener Gegenden guten Verdienst, verzögerte und verteuerte aber den Transport. Noch reichten die technischen Hilfsmittel nicht aus, die Hindernisse zu beseitigen. Schaffhausen ist eine hübsche Stadt, bietet viel Sehenswertes, aber der Kaiser hielt sich hier nicht lange auf. Mit frischen Pferden ging die Fahrt weiter. In Konstanz wurden die Wagen auf Schiffe geladen und über den Bodensee in das malerische Weinstädtchen Meersburg gebracht. Die nächsten Stationen waren die Freie Reichsstadt Lindau auf einer Insel im See, nur durch eine Brücke mit dem Festland verbunden, und dann Bregenz. Am 1. August 1777 gegen sechs Uhr abends traf der Kaiser unvermutet früh in Wien ein.

DIE ERSTE REISE NACH RUSSLAND

Kaiser Joseph II. 1780

Im Januar 1780 kam die Nachricht nach Wien, die Zarin Katharina II. beabsichtige, im Mai und Juni die westlichen Provinzen ihres Reiches aufzusuchen. Kaiser Joseph II. sah das als gute Gelegenheit an, mit ihr zusammenzutreffen und sie vom Bündnis mit Preußen abzubringen. Er schlug also eine Begegnung vor, sie ging erfreut darauf ein. Als Zeitpunkt wurden die ersten Junitage, als Ort die Gouvernementshauptstadt Mohilew am Dnjepr vereinbart.

Bei den Vorbereitungen zeigte sich eine Schwierigkeit, die auf früheren Reisen nicht bestanden hatte: In jeder größeren Stadt gab es Bankhäuser, an die von Wien aus Geld überwiesen werden konnte, in Rußland aber nur in Riga, Sankt Petersburg und Moskau, sonst nirgends eine Bank, nicht einmal eine Wechselstube. Also mußte viel russisches Bargeld mitgenommen werden; außer dem einheimischen Rubel war im Zarenreich nur – und auch nicht überall – der holländische Gulden im Umlauf.

Maria Theresia hatte dem Plan sehr ungern zugestimmt, der Preußenkönig sollte überhaupt nichts davon erfahren. Also brach Joseph ohne alles Aufsehen von Wien auf, seine Wagenkolonne, ohnehin sehr klein, fuhr zunächst getrennt auf verschiedenen Wegen. Die »Reiß-Disposition« ist handschriftlich im Haus-, Hof- und Staatsarchiv zu Wien erhalten:

»Den 24-ten April geht ein Kuchel-Kalesch über Feldsberg, Lundenburg nach Hollitsch ab, um auf dem 26-ten ein Mittagmahl im Gestütt-Hof zu bereiten – 4 Pferde. Am nämlichen Tage geht die übrige Suite, nämlich

die Kanzley, Garderobe und das andere Kuchel-Kalesch samt dem Rüst-
wagen über Brünn, Olmütz auf Wallachisch-Meseritsch – 24 Pferde . . .
Den 26-ten April in aller früh geht der Obrist Zehenter und Obrist-Lieu-
tenant Langen mit dem 3-sitzigen Kalesch über Feldsberg, Lundenburg
nach Holitsch und warten auf Se. Majestät im Gestütt-Hof. Eodem dato
gehen Se. Majestät in der früh mit eigenen Pferden den geraden Weg über
Ebenthal, St. Johann nach Holitsch in den Gestütt-Hof, speisen allda und
schlafen in Holitsch – 6 Pferde. Den 27-ten April gehen Se. Majestät von
Holitsch durch Mähren, welcher Wege der beste seyn soll, gerade nach
Trentschin, und müssen die Abwechslungen von 18 Land-Pferden aller
Orten bestellt werden . . .«

Die Disposition spricht von »*Seiner Majestät*«, aber Joseph reiste nicht
offiziell als Kaiser, sondern, wie er es gewöhnlich tat, inkognito als Graf
von Falkenstein. Das war übrigens kein erfundener Name, sondern nur
einer von seinen vielen Titeln, Falkenstein war eine der habsburgischen
Besitzungen im Elsaß aus sehr alter Zeit.

Schon zu Beginn der Reise hatte Joseph etliche Schwierigkeiten in Kauf
zu nehmen. Um von Holitsch nach Trentschin zu gelangen (slowakisch

Das Schloß zu Holitsch im 18. Jahrhundert. Stich von Karl Cserna

Holič und Trenčin geschrieben), vom Tal der March in das Tal der Waag (Váh), mußte er die Ausläufer der Weißen Karpaten überschreiten, doch das war nicht auf geradem Wege möglich. Die Tagesstrecke mag an die 100 Kilometer betragen haben, Joseph saß zwölf Stunden im Wagen. Am Abend diktierte er dem Sekretär oder einem der Offiziere: *»Die Waldungen sind in diesen Gegenden sehr vernachlässiget und im übelsten Stande. Trentschin ist eine kleine nicht viel bedeutende Stadt deren Festungswerke bestehen nur in einer Ringmauer und einem Schloß an dem Berge, so schier gänzlich zusammenfallt. Vergeblich sind alle Unkosten, die man darauf verwendet.«* Am 28. April wurde die Fahrt noch schwieriger, beständiger Regen ließ das Wasser der Bäche anschwellen, aber oft war gar kein anderer Weg vorhanden als ein Bachbett. Das Tagesziel war Walachisch-Meseritsch (Valašske Meziřiči), doch um neun Uhr abends langte man erst in Vsetin an und blieb dort über Nacht. Es hätte nach Meseritsch bequemere Routen gegeben, von Wien über Brünn oder von Holitsch über Holleschau (Holešov), aber Joseph wollte die Verbindungen von Oberungarn (der Slowakei) nach Schlesien kennenlernen, denn die waren sowohl vom militärischen wie vom merkantilen Standpunkt aus wichtig.

Noch größere strategische Bedeutung hatte die berühmte Schanze am Jablunka-Paß in den Beskiden zwischen Oberungarn und Österreichisch-Schlesien. Der Kaiser besichtigte sie, stellte fest, daß sie leicht zu umgehen sei, und besuchte gleich weitere Befestigungen sowie ein Zollhaus. Wenn er schon die weite Reise nach Rußland unternahm, sollte sie auch gleich dazu dienen, die entlegenen Gebiete kennenzulernen, die noch kein Kaiser vor ihm betreten hatte. Damit waren freilich große Mühen verbunden. Seit dem Aufbruch von Meseritsch am 30. April war Joseph nur mehr zu Pferd unterwegs, bergauf und bergab, über Höhen, auf denen noch Schnee lag, und durch Bergbäche. Am 3. Mai übernachtete er in Milowka in einem Wirtshaus, obwohl Graf Wiepolski, der Grundherr dieser Gegend, ihm bessere Unterkunft angeboten hatte.

Hier begann der Teil Polens, der seit acht Jahren als »Königreich Galizien und Lodomerien« zum Habsburgerreich gehörte. Joseph diktierte am Abend seine Ansicht über die zweckmäßige Anlage von Militärstraßen, streute aber auch Bemerkungen über die Landschaft ein: *»Die Thäler sind*

sehr fruchtbar und schönes Land, auch ziemlich wohl angebauet, nur das
Wachsthum des Zugviehes ist sehr schlecht.«
Zeitweise im Wagen, dann wieder im Sattel kam er nach Bochnia östlich

Das alte Rathaus in Tarnów im 18. Jahrhundert. Stich von Rudolf Bernt

von Krakau, bei Tarnów überquerte er am 10. Mai 1780 den Dunajec. Eine Brücke gab es nicht, die kaiserlichen Wagen mußten gleich den Bauernfuhrwerken auf einer Plätte übergesetzt werden. Am folgenden Tag nahm Joseph 70 Kilometer weiter östlich Quartier beim Kreishauptmann von Rzeszów, bei Przemyśl fuhr er auf einer neuen Brücke über den San, am Abend des 13. Mai traf er in Lemberg ein.

Hier, in der Hauptstadt von Galizien, verweilte Joseph einige Tage, hörte das Hochamt in der Kathedrale, empfing Kuriere aus Wien und einen aus Kiew, erledigte viel Post und schickte die Kuriere nach Wien zurück. Nach Kiew sandte er einen Rittmeister voraus. Die Abende verbrachte er im Kreis adeliger Damen und Herren bei der Gräfin Dietrichstein, die im gesellschaftlichen Leben den Ton angab.

In einigen Anekdotenbüchern ist ein besonderes Erlebnis in Lemberg verzeichnet. Wie in den meisten Garnisonsorten, inspizierte der Kaiser auch hier die Kasernen unangemeldet, um keinen gestellten, sondern den richtigen alltäglichen Dienst kennenzulernen. Bei einer Dragonerkaserne wartete er mit seinem Adjutanten, bis die Hintertüre für eine Strohfuhre geöffnet wurde, und drängte sich mit dem Wagen hinein. Der Wachtposten rief: »Halt, wer da?«, der Kaiser gab keine Antwort. Auf den zweiten Anruf folgte sogleich der dritte, dann krachte ein Schuß und durchlöcherte Josephs Hut. Andere Dragoner eilten herbei, bald auch der wachhabende Offizier. Er erkannte seinen Kaiser am Goldenen Vlies, das dieser am Hals trug, und geleitete ihn zum Kommandanten der Kaserne. Die Inspektion der Mannschaftsräume, der Ställe, der Waffenkammer und der Küche fiel gut aus, Joseph lobte die Offiziere. Der Kommandant freute sich darüber und versicherte:»Der Mann, der auf Eure Majestät geschossen hat, liegt bereits in Ketten.« – »Lassen Sie ihn frei und geben Sie ihm das zur Erinnerung«, erwiderte Joseph und zog einen Dukaten aus der Westentasche.»Als Posten mußte er ja nach dem dritten Anruf schießen. Man könnte ihn höchstens bestrafen, weil er nicht besser getroffen hat. Aber stellen Sie sich vor, meine Herren, was das für die europäische Politik bedeutet hätte, wenn ich heute erschossen worden wäre.«

Diese Geschichte ist im Reisejournal des Kaisers nicht zu finden, sie könnte sich auch anderswo oder gar nicht zugetragen haben – ganz unglaubwürdig ist sie nicht. Sicher ist jedoch, daß Joseph in Lemberg eine lange Denkschrift für Maria Theresia verfaßte, in der er die Zustände in Galizien darstellte und Vorschläge machte, wie sie zu verbessern wären. Am 18. Mai schickte er sie durch einen Kurier nach Wien. Bis zum Morgen des 19. Mai 1780 blieb die kaiserliche Wagenkolonne in Lemberg. Östlich der Stadt zeigte sich das Land wenig besiedelt, wenig bebaut, zwischen dunklen Wäldern breiteten sich Sümpfe aus. Ein Graben bezeichnete die Grenze zum Zarenreich, die Stadt Wassilkow war mit einem Erdwall umgeben. Jeder Reisende mußte sich hier in Kontumaz begeben, um keine Seuche einzuschleppen, für den Kaiser und sein Gefolge galt das selbstverständlich nicht.

In Wassilkow lagen zwei Kompanien Grenadiere und eine Eskadron leichter Reiter in Garnison; Joseph vermerkte, daß die Leute und die Pferde gut aussähen. Am Abend desselben Tages, des 25. Mai 1780, fuhr er in Kiew ein und nahm Quartier im Podol, dem Stadtteil der Kaufleute, der sich zwischen dem Steilufer und dem Dnjepr auf einer Art Vorland ausbreitete. Auf einem Spaziergang verschaffte er sich einen ersten Eindruck: Kiew schien nicht so schmutzig wie das galizische Brody oder Berditschew, aber die Häuser waren durchwegs aus Holz gebaut, die Gassen in schlechtem Zustand. Auf dem Dnjepr fuhren große Schiffe flußabwärts, voll beladen mit Bauholz für die Werft in Cherson am Schwarzen Meer.

Feldmarschall Fürst Romanzow machte noch an diesem Abend seine Aufwartung. Am nächsten Tag besichtigte der Kaiser das Palais, das die Zarin Elisabeth hatte erbauen lassen, und einige Kirchen, stattete dem Feldmarschall in der hoch gelegenen Festung Petscherna einen Gegenbesuch ab und ließ sich durch die Katakomben führen, die verzweigten Gänge eines alten Höhlenklosters, wo viele Heilige in Nischen beigesetzt waren. Das Arsenal mit einer Waffenfabrik interessierte ihn sehr, auch die Lehranstalt im Kloster der Basilianer, wo die Schüler Theologie und Philosophie sowie die deutsche und die französische Sprache erlernten. Das Waisenhaus wirkte armselig, doch man beruhigte den Kaiser: Die Kinder hätten das Recht zu betteln.

Im Reisejournal ist verzeichnet, daß der Kaiser diese Einrichtungen besuchte, aber nicht, was er darüber dachte. Um so ausführlicher findet sich sein Urteil über das Militärlager, das er am Nachmittag besichtigte. Die

Kosaken gefielen ihm sehr gut, aber die zweirädrigen Munitionskarren standen noch so da, wie sie vor sechs Jahren aus dem Türkenkrieg zurückgebracht worden waren, nicht repariert, ja nicht einmal gereinigt! Die Soldaten waren gut ausgerüstet, ihre Verpflegung aber erbärmlich, nur grobes Brot und Zwieback, Brei aus Gerste oder Buchweizen, kein Fleisch. Dem Gast zu Ehren veranstaltete der Feldmarschall eine kleine Gefechtsübung, doch die fiel nicht so gut aus wie die Wachtparade am Vormittag: Die Schwadronen der Kürassiere und Husaren gerieten so hoffnungslos durcheinander, daß nichts übrigblieb, als die Übung abzubrechen.

Gegenüber von Kiew nimmt der Dnjepr einen Nebenfluß auf, die Desna. Diese fuhr der Kaiser nun zwei Tage lang flußaufwärts und erreichte am Nachmittag des 30. Mai die Festung Czernigow. Die Straße war ganz gut ausgebessert, die Landschaft eben, in den Dörfern lebten Bauern und Kosaken. Das Datum, an dem die Zarin in Mohilew ankommen werde, war nicht genau bekannt, der Höflichkeit wegen mußte Joseph schon vor ihr dort sein, deshalb brach er am 31. Mai schon um vier Uhr früh von Czernigow auf. Dieser Reisetag, eintönig wie die meisten früheren, brachte einen befremdlichen Eindruck. Die Straße war breit und wurde von einer vierfachen Allee von Birken begleitet, die Bäume standen nur jeweils drei Schritt voneinander entfernt. Ihr Laub spendete Schatten, verhinderte aber einen Blick in die Landschaft. Als Joseph einmal anhalten ließ, um zwischen den Stämmen hindurchzuspähen, bot sich ihm ein betrübliches Bild: Der Wald hinter der Allee war sehr schlecht gehalten, geradezu sträflich vernachlässigt, und wo er zurückwich, war nichts als Morast zu sehen.

Die Strecke von Czernigow nach Mohilew beträgt gute 280 Kilometer, Josephs Wagen legten sie innerhalb von zwei Tagen zurück. Die Straße näherte sich wieder dem Dnjepr, von Sümpfen war nichts mehr zu sehen, die Gegend am Fluß war sogar hübsch zu nennen. Der Kaiser erreichte sein Ziel noch bei Tageslicht. Das Reisejournal sagt leider nicht, wo er Unterkunft fand, nur daß er zwei wichtige Besucher empfing, den kaiserlichen Gesandten in Sankt Petersburg, Johann Ludwig Graf von Cobenzl, und den russischen Fürsten Gregor Alexandrowitsch Potemkin. Dieser war ein sehr großer und stattlicher Herr mit ausdrucksvollem Gesicht, durch die Gunst der Zarin vom Wachtmeister zum mächtigsten Mann im Staate aufgestiegen. Der Kaiser hatte ihm schon vier Jahre zuvor die Würde eines Reichsfürsten verliehen, denn er wußte, welchen Einfluß Potemkin besaß. An diesem Abend brachte er einen Brief der Zarin, Joseph beantwortete ihn sogleich.

Die Zeit bis zur Ankunft der Zarin benützte Joseph, sich in Mohilew umzuschauen. Er wohnte der Wachtparade bei, besichtigte – vorläufig nur von außen – den Palast der Zarin und das Theater, hörte in einer Kirche schöne Choräle. Die Stadt war nicht sauberer als die anderen, die er in Rußland bisher kennengelernt hatte, wirkte aber freundlich. Außer Kirchen und Klöstern, auch römisch-katholischen, gab es mindestens eine Synagoge und viele jüdische Bethäuser, die Juden mochten über die Hälfte der Bevölkerung ausmachen.

Am zweiten Tag in Mohilew, dem 4. Juni, hörte Joseph die Frühmesse bei den Jesuiten. Bald darauf verkündeten Salutschüsse, daß die Zarin sich nähere. Im Inkognito eines Grafen von Falkenstein konnte Joseph sich den Einzug anschauen, ohne zur Teilnahme an irgendeiner Zeremonie verpflichtet zu sein, und begab sich erst nachher in sein Quartier, um sich festlich anzukleiden. Kaum war er damit fertig, holte ihn Fürst Potemkin ab, um ihn der Zarin vorzustellen; beim festlichen Mittagmahl saßen die beiden Majestäten nebeneinander. Nach dem Essen begab jeder sich in seine Wohnung. Katharina II. dürfte sich ein wenig Ruhe vergönnt haben, Joseph II. fertigte Kuriere ab. Als er am Nachmittag wieder zum Palast ging, fand er die Zarin beim Kartenspiel, doch sie stand sogleich auf, setzte sich mit ihm an ein Tischchen und führte ein längeres Gespräch. Nachdem sie sich zurückgezogen hatte, besuchte er noch kurz einen Bal paré bei dem Fürsten Czerniczew.

Das alles ist genau im Reisejournal des Kaisers verzeichnet, nicht aber der Inhalt des Gespräches, ob es nur allgemeine Phrasen waren, ob seine Erlebnisse auf der Reise oder etwa die neueren Ereignisse auf den Gebieten der Literatur und der Kunst erörtert wurden, Regierungsmaßnahmen oder politische Absichten. Leider ist auch kein Wort darüber zu lesen, welchen Eindruck die Zarin auf Joseph machte. Als gerade erst erblühendes Mädchen war Maria Sophia von Anhalt-Zerbst nach Rußland gekommen, hatte den Thronfolger geheiratet und mit dem orthodoxen Glauben den Namen Katharina angenommen – das war nun schon lange her, die Zeit und die Art ihres Lebenswandels mit Festgelagen und vielen Liebhabern hatten ihre Spuren hinterlassen, aber Katharina war immer noch eine Dame, reich gekleidet, kunstvoll frisiert, ihre schönen blauen Augen strahlten Joseph an. Er war zu vorsichtig, sein Urteil darüber einem Tagebuch anzuvertrauen, denn der russische Geheimdienst arbeitete schon damals geschickt und gefährlich.

Die nächsten Tage verliefen ziemlich einförmig, auf die Wachtparade am Morgen folgte der Gottesdienst. Von jenem am 7. Juni notierte Joseph: *»Von da gingen wir zu den Carmelitern, wo der Bischof ein hohes Amt hielte welches aber schlecht von Stätten gieng und war das Bild von der Kaiserin und dem Großfürsten (Katharina und ihrem Sohn Paul) wie Heilige aufgemacht.«*

Als die Damen der Stadt der Zarin vorgestellt wurden, mußte sie jede umarmen. An drei Abenden wurden im Schauspielhaus italienische Opern aufgeführt, das Reisejournal nennt aber nur einmal den Namen des Komponisten: Paisiello. Auch an einem Ball nahm Joseph teil, *»und sobald die Kaiserin weg war, gieng ich auch nach Hauß schlafen«.* Am 9. Juni verteilte er Geschenke und machte Abschiedsbesuche bei Feldmarschall Romanzow und anderen Herren, mit denen er verkehrt hatte.

Als am 10. Juni die Zarin den Grundstein zu einem Kirchenbau legte, wohnte Joseph der Zeremonie bei und warf einen kaiserlichen Dukaten in die Baugrube. Nach dem Mittagessen reiste Katharina flußaufwärts nach Schklow, Joseph begleitete sie im eigenen Wagen. Schklow zeigte sich als hübsche Stadt mit schönen Teichen und einem ansehnlichen Schloß. Um die Ankunft der Zarin zu feiern, wurde das Schloß illuminiert und ein Feuerwerk abgebrannt.

In Wien hatte Joseph das spanische Zeremoniell weiter vereinfacht, hier aber mußte er als höflicher Gast sich einer Sitte fügen, die vom französischen Königshof stammte, dem »Lever«. Während die Zarin angekleidet, geschminkt, geschmückt und frisiert wurde, waren nicht nur ihre Kammerfrauen anwesend, sondern auch die Herren der Hofhaltung hatten in der Reihenfolge ihres Ranges Zutritt, um ihre Aufwartung zu machen. Das blieb nun Joseph nicht erspart. Dafür wurde er mit einer Gunst ausgezeichnet, die er gar nicht begehrt hatte: Er durfte mit der Zarin und

ihren Kammerfräulein, Fürst Potemkin, Fürst Romanzow und dem Stall-
meister Fürst Narischkin in einem achtsitzigen Wagen fahren, das hieß, er
mußte Konversation machen und über sich ergehen lassen, statt seine
Ruhe zu haben. Über Orscha und Ljady ging die Fahrt, immer noch den
Dnjepr entlang, innerhalb von zwei Tagen in die alte, stark befestigte
Stadt Smolensk.

Der Abend des 12. Juni und der folgende Rasttag vergingen in der gewohnten Weise. Im Reisejournal steht *»vormittags gieng Ich nach Hof«:* Joseph
mußte sich nach dem Befinden der Zarin erkundigen, am Nachmittag plau-
derte er mit ihr, während die anderen Herrschaften an den Spieltischen saßen. Für den 14. aber war eine besondere Unterhaltung gedacht. Fürst Rep-
nin gab in seinem Schloß nahe der Stadt ein prächtiges Fest, um die Zarin
und ihren hohen Gast zu ehren; nebenbei gedachte er, seine Töchter zur
Schau zu stellen. Sie waren im heiratsfähigen Alter, konnten aber hier in der
Provinz nicht leicht einen standesgemäßen Ehemann finden; da schien es
günstig, sie der Zarin und ihren Begleitern vorzuführen.

Dafür hatte der Fürst keine Ausgaben gescheut und einen Theatersaal
sowie etliche Zimmer schön ausstatten lassen. Das Volk der Umgebung
drängte sich heran, um einen Blick auf die Pracht zu werfen; es bestand
Gefahr, daß die Wagen der Gäste nicht vorfahren könnten, da ließ der
Fürst die Feuerspritze holen und vertrieb damit die Neugierigen. Junge
Adelige aus Smolensk und Umgebung hatten die Komödie »Retour im-
prévu« einstudiert, dann folgten Chorgesang und Contretänze, bei denen
die Töchter des Fürsten gebührend im Vordergrund standen. Ein Souper
und Feuerwerk beschlossen den Abend.

Während der nächsten zwei Wochen erwähnt das Reisejournal die Zarin
nicht. Allem Anschein nach fuhr sie von Smolensk in ihre Residenz zu Sankt
Petersburg, während Joseph Wert darauf legte, noch Moskau kennenzulernen. Die Fahrtstrecken grenzen ans Unglaubliche, der achtsitzige Wagen der
Zarin hätte dafür nicht getaugt: am 15. Juni über 100 Kilometer bis Doro-
gobusch, am 16. 200 Kilometer bis Mohaisk – da muß Joseph schon die
Nacht durchgefahren sein. Von Mohaisk brach er wieder um fünf Uhr früh
auf, die letzten 100 Kilometer bis Moskau waren auf der geraden Poststraße
leicht zu bewältigen. Die Nähe der großen Stadt machte sich bemerkbar, die
Felder waren gut bebaut, die Dörfer ganz ansehnlich.

Da der Kaiser wenig Wert auf Bequemlichkeit legte und das ebenso von seinen Begleitern verlangte, finden sich im Reisejournal nur äußerst selten Angaben, in welchen Häusern er übernachtete, und nie über die Räume und die übrigen Bedingungen. Es gibt nette Geschichtchen, die Zarin habe gewußt, daß er mit Wirtshäusern vorlieb nahm, aber solche, die westeuropäischen Ansprüchen genügten, waren in Rußland sehr selten, und es wäre Katharina sehr peinlich gewesen, wenn der Kaiser in einer schmutzigen, verwanzten Wodka-Spelunke für Kutscher eingekehrt wäre.

Darum soll Fürst Potemkin Landadeligen befohlen haben, ihre (ohnehin nicht sehr prächtigen) Häuser für eine Nacht in Gasthöfe zu verwandeln, ein frisch gemaltes Schild »Zum goldenen Löwen« oder »Zum roten Ochsen« über die Tür zu hängen und die Reisegesellschaft gut aufzunehmen. Das ist kaum nachweisbar, aber gut möglich, denn das Theaterspielen gehörte zu den liebsten Vergnügungen der Adeligen. Selbst Kaiser Karl VI. hatte gern »Bauernwirtschaften« veranstaltet, bei denen er seine Gäste (einmal auch Zar Peter den Großen) als »Wirt zum Schwarzen Adler« empfing. Wenn nun ein russischer Graf sich als Wirt verkleidete, die Töchter als Kellnerinnen oder Stubenmädchen, war ihnen das eine willkommene Abwechslung im eintönigen Landleben und ein Ereignis, zumal angesichts des hohen Gastes, von dem sie später noch lange erzählen konnten.

Auch in Moskau ließ Joseph nicht aufzeichnen, wo er logierte, sondern diktierte nur: »*Nach meiner Ankunft speißte ich, hernach fuhr ich in den Kaiserlichen Garten, welcher sehr schön ist.*« In diesem Garten begannen gerade die Erdarbeiten für ein großes Gebäude. Joseph ließ sich die Baupläne zeigen und studierte sie. Seine Begleiter hätten sich nach 100 Kilometern Wagenfahrt wohl lieber gleich zur Ruhe gelegt.

Sechs Tage verbrachte der Kaiser in Moskau, besichtigte alles, was nur irgend interessant sein konnte, und stattete Besuche ab, beim katholischen und beim orthodoxen Erzbischof, beim Stadtkommandanten und, zusammen mit Fürst Potemkin, bei dem Fürsten Dolgoromky in dessen Landsitz an der Moskwa. Im Kreml ging er, wieder begleitet von Potemkin, in mehrere Kirchen, in den alten Zarenpalast und in die Schatzkammer. Auch das Militärspital war ihm einen Besuch wert. Es war sehr sauber gehalten, obwohl 500 Kranke auf nur drei Säle verteilt waren. Das Spital war auf Befehl der Zarin neu eingerichtet worden und umfaßte eine Lehrschule für Chirurgen und eine Anatomiekammer, einen Kräutergarten und eine Apotheke.

Die meisten Häuser von Moskau waren aus Holz gebaut, auch das Polizeispital. Ob es immer so reinlich gehalten war oder nur für den Tag seines Besuches, wollte Joseph nicht beurteilen; von den 150 Betten waren jedenfalls nur 40 belegt, und im Haus für Impfungen waren nur vier Kinder zu sehen. Nach dem Altersheim und dem Zuchthaus betrat der Kaiser das Militär-Invalidenhaus. Es war in einem ehemaligen Palast mit großem Garten untergebracht und, wie der Verwalter erklärte, ledigen Offizieren vorbehalten; von den verheirateten invaliden Offizieren nahm man offenbar an, daß sie von ihren Familien versorgt würden, und die invaliden Mannschaften hatten das Recht zu betteln. Joseph mußte den Eindruck gewinnen, daß man in Rußland die Errungenschaften des aufgeklärten Westens nachahmte, aber ohne sie zu verstehen: Wie viele invalide Offiziere mochte es geben – in diesem Palais lebten nur elf, wurden ohne Unterschied des Dienstranges gleich behandelt, erhielten Kost und Quartier, aber nicht eine Kopeke an Bargeld.

Schon in Kiew hatte Joseph nicht gerade erfreuliche Bemerkungen über das russische Militär ins Journal diktiert, hier in Moskau lobte er zwar das Staatsarchiv, das von einem Beamten deutscher Herkunft vorzüglich in Ordnung gehalten wurde, vermerkte aber den schlechten Zustand der Universität. Sie zählte nur 400 Studenten, und ein physikalisches Experiment mit der Elektrizität, das ein Professor vorführte, gelang nicht recht. Da ergibt sich die Frage, warum Joseph negative Feststellungen dieser Art seinem Reisejournal anvertraute, während er sich hütete, ein kritisches Wort über die Zarin oder ein gefährliches über politische Pläne festzuhalten. Das Journal wurde ja in deutscher Sprache offen geführt, nicht verschlüsselt wie die Briefe, die er mit Kurieren nach Wien schickte. Er mußte befürchten, zumindest für möglich halten, daß die Zarin von seinem Journal Kenntnis erlange. Deshalb vermied er offenbar jede Äußerung, die sie kränken könnte, und ebenso alles, was sie von seinen Absichten nicht zu wissen brauchte, während es vielleicht ganz nützlich war, wenn sie Kritik am Militär oder der Universität erfuhr. Eine Äußerung darüber im Gespräch hätte sie als Unhöflichkeit ausgelegt, aber wenn sie Josephs Meinung durch ihre Spionage erfuhr, konnte sie ihm keinen Vorwurf machen.

Das Moskauer Theater befand sich noch im Bauzustand, englische Architekten errichteten es samt Nebensälen für Tanz, Kartenspiel und Soupers. Auch andere Pläne gab es genug, eine Wasserleitung sollte gebaut werden, Militärmagazine; eine neue Seifenfabrik arbeitete bereits. Joseph besuchte noch einige Klöster und Spitäler, dann hatte er genug gesehen, den stärksten Eindruck hatte das Kloster Jerusalem, 46 Werst von Moskau, auf ihn gemacht, besonders die Kirche, die nach dem Vorbild der Grabeskirche in Jerusalem erbaut war. *»Sie ist die schönste Kirche, die ich seit Welschland gesehen habe«,* diktierte Joseph ins Reisejournal.

Der letzte Tag in Moskau brachte einen weniger günstigen Eindruck: *»Nach dem Essen fuhren wir auf Petrowski so ein Gebäude ist, welches nah an Moskau an der Petersburger Straße liegt und von I. M. der Kaiserin im Gothischen Geschmack erbauet wird, aber so unglücklich ausgefallen, daß auf 2 Hauptstiegen bey hellem Tag Licht brennt und im Haupt Saale auch wenig zu sehen seyn wird, überhaupt heißt das ganze Gebäude nichts.«*

Am frühen Morgen des 24. Juni 1780 brach Joseph von Moskau auf und fuhr ziemlich geraden Weges in nordwestlicher Richtung bis Twer. Die Strecke betrug über 180 Kilometer, er kam also erst spät an und hatte keine Gelegenheit mehr, die Hafenstadt an der Wolga näher zu betrachten. Sie war ein wichtiges Handelszentrum, Katharina hatte sie nach einer Feuersbrunst neu aufbauen lassen. Während der Fahrt der nächsten zwei Tage fiel Joseph der Kanal auf, der die Wolga mit der Ostsee verband. An jeder der vielen Schleusen stauten sich die Transportschiffe, neue Siedlungen waren entstanden, zum guten Teil waren die Häuser aus Stein gebaut. Doch es gab auch weniger Erfreuliches zu sehen: Zweimal wanderten lange Züge von Sträflingen vorbei. An Händen und Füßen zusammengeschmiedet, waren sie nach Sibirien unterwegs.

Die letzte Nacht dieses Reiseabschnittes fuhr der Kaiser ohne Rast durch und erreichte am Vormittag des 28. Juni Sankt Petersburg. Hier stieg er bei dem Gesandten Graf Cobenzl ab, der ein ansehnliches Haus in schöner Lage an der Newa bewohnte, ließ sich aber nicht bewirten, sondern nahm das Mittagmahl im Gasthaus »Stadt London« ein. Nach dem Essen ging Joseph am berühmten Winterpalais vorbei, »*so ein sehr grosses mit Säulen überhäuftes Gebäude und nicht vom besten Geschmack ist«,* dann längs des neuen Kais, der auf Befehl der Zarin mit Granitblöcken befestigt war. Schon der erste Abend gab eine Ahnung davon, wieviel Katharina in ihrer Hauptstadt baute – vor 80 Jahren hatte sich hier nur ödes Sumpfland ausgebreitet!

Bevor aber Joseph sich die Gebäude und Einrichtungen anschauen konnte, mußte er die Pflicht der Höflichkeit erfüllen, und zwar gleich am nächsten Morgen. Nach der Messe bei den Kapuzinern fuhr er nach Zarskoje Selo (»Kaiserdorf«), die Sommerresidenz der Zaren etwa 25 Kilometer südlich von Sankt Petersburg. Katharina empfing ihn, während sie noch Toilette machte, und stellte ihn ihrem Sohn Großfürst Paul und dessen Gemahlin vor. Daß nicht die Jüngeren dem Älteren, das Thronfolger-Ehepaar dem regierenden Kaiser vorgestellt wurden, sondern umgekehrt, ergab sich aus Josephs Inkognito – er reiste ja nur als Graf von Falkenstein.

Der Großfürst war 26 Jahre alt, schon zum zweiten Mal verheiratet; seine Gemahlin Dorothea Auguste Sophie Maria war eine württembergische Prinzessin. Welchen Eindruck die beiden auf Joseph machten, verschweigt das Reisejournal wieder, wohl mit gutem Grund. Viele kleine Anzeichen lassen vermuten, daß Joseph und Paul, beide die Söhne übermächtiger Mütter mit eingeschränkter Freiheit des eigenen Handelns, schon deshalb füreinander Sympathie empfanden. Wenn Katharina das erfahren hätte, wäre sie eifersüchtig geworden, noch mehr auf ihre Schwiegertochter, mit der Joseph sich anscheinend auch gut verstand.

Beim Mittagmahl mit Tafelmusik hatte Joseph den Platz zwischen den beiden Damen. Den Abend mußte er ganz der Zarin widmen, an ihrer Seite ein Konzert hören, danach mit ihr im Garten spazierengehen, die Beete, Boskette und die Statuen dazwischen bewundern, die Glashäuser und einen Pavillon aus russischem Marmor, der mit Jaspis verziert war. Den Gärtner hatte Katharina aus England kommen lassen. Am folgenden Tag, dem 30. Juni, machte Joseph sich zeitig auf, um einige Baustellen anzuschauen. Am späteren Vormittag machte er der Zarin seine Aufwartung, vom frühen Nachmittag an ließ sie ihn nicht mehr von ihrer Seite. Sie gingen zu Fuß durch den Garten bis zum Privattheater, wo eine kleine

Komödie gespielt und das Ballett »Pygmalion« getanzt wurde; Joseph saß mit Katharina und ihrer Suite in der Loge. Nachher fuhren sie im achtsitzigen Wagen durch den Park von Zarskoje Selo zu dem Schlößchen, das sich Fürst Potemkin in diesem Sommer erbauen ließ. Ein schöner Saal und ein Bad waren bereits fertiggestellt.

Für den Morgen des 1. Juli war Joseph mit dem Großfürstenpaar verabredet. Er fuhr mit Dorothea in einem zweisitzigen Wagen, Paul ritt daneben her und geleitete sie zu seinem Palais Pawlowskij, einem kleinen, hüb-

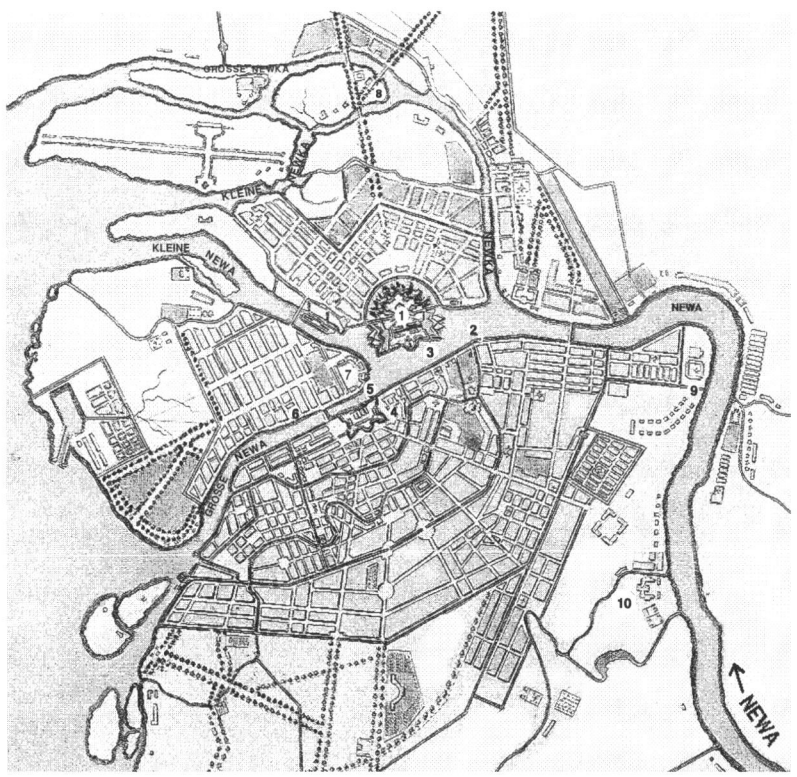

Plan Sankt Petersburg
1 Peter-Pauls-Festung · 2 Sommerpalast mit Garten ·
3 Marmorpalast (Eremitage) · 4 Winterpalast · 5 Admiralität ·
6 Akademie der Künste · 7 Börse · 8 Palast des Großfürsten ·
9 Kloster Smolnij · 10 Alexander-Newskij-Kloster

schen Gebäude in schöner Lage mit einem englischen Garten. Entsprechend dem Zeitgeschmack war darin eine künstliche römische Ruine erbaut. Noch an diesem Vormittag mußte Joseph sich zur Zarin begeben; die war noch mit ihrer Toilette beschäftigt. Bei ihr traf er eine wichtige Persönlichkeit: Nikita Iwanowitsch Graf von Panin war Minister der Auswärtigen Angelegenheiten und galt als Stütze des preußischen Systems in Rußland. Der Inhalt ihres Gespräches wurde begreiflicherweise nicht im Reisejournal verzeichnet.

Sankt Petersburg verteilte sich auf das Land innerhalb einer Schlinge der Newa, das trockengelegt und von vielen Kanälen durchzogen war, und auf etliche größere und kleinere Inseln zwischen den Flußarmen Große und Kleine Newa sowie Große und Kleine Newka. Joseph widmete den 2. Juli dem Anliegen, die Stadt näher kennenzulernen, und begann aus Höflichkeit mit dem Palais des Fürsten Potemkin, das noch im Bau war, aber die künftige Pracht schon erahnen ließ. Im Garten standen eine Orangerie und eine Kolonnade von über 100 Säulen. Der Fürst freute sich, daß der Gast aus dem Westen das zu würdigen wußte, und zeigte ihm dafür das Reiterdenkmal für Zar Peter I. Die Statue war bereits fertig, aber noch nicht aufgestellt; der Sockel sollte besonders gewaltig werden, bis zur offiziellen Enthüllung würde wohl noch einige Zeit vergehen.

Im Wagen fuhr Joseph zum Arsenal, bestieg dort ein Schiff und segelte die Newa aufwärts bis zu einem Frauenkloster am linken Flußufer, in dem auch ein Mädchenpensionat untergebracht war. Auf der Rückfahrt besichtigte er das Militärspital. Hier konnten, sagte man ihm, bis zu 3 000 Kranke untergebracht werden, aber er war nicht entzückt. Die hölzernen Hütten erschienen ihm recht eng, die unteren Räume feucht.

Wo die Kleine Newa von der Großen abzweigt, im Zentrum der Stadt, hatte Zar Peter I. auf einer kleinen Insel eine starke Festung erbaut, die nach den Apostelfürsten Peter und Paul benannt war. Katharina II. ließ sie nun mit Granitsteinen verkleiden, so daß sie bald nicht nur solide, sondern auch dekorativ wirken würde. Joseph betrat die Festung und darin die Kirche, in der Peter I. und die anderen Herrscher Rußlands bestattet liegen.

Noch kein römischer Kaiser hatte sich die Mühe genommen, die Hauptstadt eines anderen Staates und ihre wirtschaftlichen Verhältnisse so genau zu durchforschen wie Joseph II. drei Jahre zuvor Paris und nun Sankt Petersburg. Er sah den Gegensatz zwischen den Prachtbauten an der Newa und den niedrigen Holzhütten dahinter, er besichtigte die Handelsschiffe und die Magazine, zwischen denen Waren ein- und ausgeladen wurden, Lastensegler vieler Nationen, besonders aus Dänemark, aber auch aus Danzig, Lübeck und Preußen. Sein Großvater, Kaiser Karl VI., hatte Handelsschiffe bis nach Indien geschickt, aber das war lange her! Abends ging er, müde vom vielen Schauen, in dem Teil des Gartens des Sommerpalais spazieren, der der Zarin vorbehalten war, *»welcher sehr groß und ziemlich schön wäre, wenn man ihn besser zusammenräumte«.*

Ein Spion hätte das Arsenal von Sankt Petersburg kaum so zu erkunden vermocht, wie es dem Kaiser am Vormittag des 3. Juli gelang: *»In dem oberen Stock liegen etliche und 20 000 Stück Gewehr, welche aber nicht zum besten gemacht sind, sie kosten zwar nur 4 Rubeln, die Schlösser*

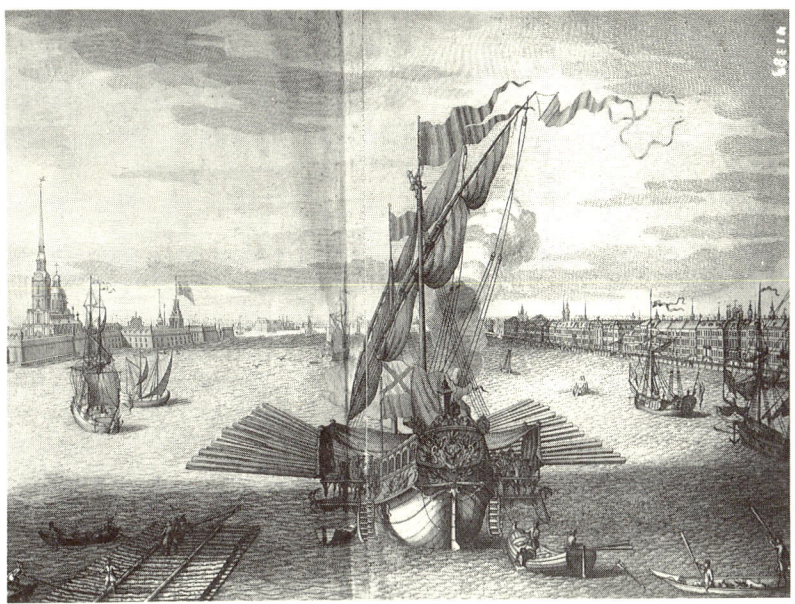

Sankt Petersburg im 18. Jahrhundert: Blick die Newa aufwärts. Links die Peter-Pauls-Festung

aber sind schlecht.« Daneben vernachlässigte Joseph seine Gastgeber nicht, legte im Pawlowskij-Palais den Grundstein für einen kleinen Tempel, den die Großfürstin erbauen ließ, und begleitete abends die Zarin in die Oper *»und hatte die Ehre, während der Opera schier 3 Stunden lang mit I. M. ganz allein zu seyn und zu discourieren«.*

Vor zehn Jahren hatten die Kriegsschiffe der Zarin in der Seeschlacht vor Çeşme an der Ostküste des Ägäischen Meeres die türkische Flotte vernichtend geschlagen, nun wurde zur Erinnerung daran eine Kirche eingeweiht. Mit dem Erzbischof von Sankt Petersburg nahm auch Joseph daran teil, dafür gönnte er sich am späteren Nachmittag etwas Vergnügliches: Er fuhr *»in die sogenannte Comunauté oder Fräulein Kloster, wo gegen 500 Madeln theils adeliche theils bürgerliche erzogen werden«*. Das Interesse des Kaisers war für sie sehr schmeichelhaft, sie wollten mit einer kleinen Festaufführung danken: ein Prolog, eine französische komische Oper, ein kleines Ballett, zum Schluß stellten die Mädchen noch Sprichwörter und Parabeln dar. Darauf folgte ein gemeinsames Mahl. Joseph war von allem so angetan, daß er sogar das Feuerwerk lobte, obwohl der Rauch so stark war, daß man nicht viel davon sehen konnte.

Die Insel Kamenij Ostrow im Norden der Stadt, durch die Große Newka vom umgebenden Sumpfland getrennt, gehörte dem Großfürsten Paul. Dieser freute sich, seine Bauvorhaben einem urteilsfähigen Besucher zeigen zu können, und Joseph erwies ihm den Gefallen, hinzukommen. Ein Saal des geplanten Palais und die Kirche standen schon fertig, Theater und Glassaal waren schon ziemlich weit gediehen. Erst nach der Besichtigung setzte man sich zum Frühstück.

Die Zarin wollte hinter ihrem Sohn nicht zurückstehen, führte Joseph noch am selben Tag in die Eremitage an der Großen Newa und zeigte ihm das Glashaus, die Galerien, die das Gebäude mit dem Winterpalais verbinden, Bilder und die Bibliothek. Nach dem Mittagessen durfte Joseph das Winterpalais besichtigen. Danach hätte er Ruhe verdient, aber er gönnte sie sich nicht, sondern besuchte das Kadettenhaus am rechten Ufer der Großen Newa. An die 500 Jünglinge,viele von ihnen noch fast Kinder, wurden hier zu künftigen Offizieren ausgebildet. Joseph sah ihre Übungen zu Fuß und zu Pferd.

Hier in Petersburg bekam Joseph immer wieder Baustellen zu sehen und hörte, was daraus entstehen würde. Am 7. Juli zeigte man ihm den Rohbau der Akademie der Schönen Künste auf der Wassilij-Insel am rechten Ufer der Großen Newa. Hier sollten einmal 300 junge Leute ab dem fünften Lebensjahr erzogen werden, bis sie als Künstler oder Handwerker ihr Brot verdienen könnten. Den besten von ihnen wollte die Zarin einen Studienaufenthalt in Italien oder Frankreich bezahlen. In der Akademie sah Joseph viele Bilder, darunter große Werke der deutschen und niederländischen Maler, außerdem Gipsabdrücke der schönsten Statuen von Italien, deren einige Katharina nachgießen ließ.

Zum Mittagessen war Joseph in den Palast des Fürsten Potemkin geladen. Er wußte bereits, daß das Gebäude noch nicht fertiggestellt war, der Anblick der Kolonnaden überraschte ihn nicht mehr. Am Nachmittag führte ihn die Zarin, wieder im achtsitzigen Wagen, nach Westen die Küste des Finnischen Meerbusens entlang, vorbei an Villen mit großen Gärten, wo viele Adelige den Sommer verbrachten. Beim Oberststallmeister Fürst Narischkin kehrte man zum Souper ein. Seine Kinder führten eine kleine Komödie auf, stolz zeigte der Fürst seinen Garten, der nach der modischen englischen Manier angelegt war. Erst um halb elf Uhr abends erreichte man das Ziel der Fahrt, die Sommerresidenz Peterhof.

Katharina II. hatte die schöne Anlage aus der Zeit Peters des Großen noch ergänzt. So sehr der Garten einlud, gestattete Joseph sich am 8. Juli keinen Morgenspaziergang, sondern fertigte einen Kurier nach Wien ab, dann besuchte er die Zarin bei der Morgentoilette und nachher ihren Sohn. Erst am Nachmittag ließ er sich den Garten zeigen und bewunderte ihn so, wie dieser es verdiente. Das Terrain fällt in mehreren Terrassen zum Meer hin ab, war daher sehr günstig zur Anlage von Springbrunnen und Wasserfällen, unten bot sich ein schöner Blick über die Meeresfläche auf Sankt Petersburg und Kronstadt. Die Alleen und Sträucher waren im Stile von Versailles sehr gepflegt, sorgsam ausgeschnittene Lücken im Blätterwerk gaben den Blick auf Statuen frei. An diesem Nachmittag waren die Alleen sehr belebt, denn es war Galatag angesagt, die Zarin empfing die Würdenträger des Hofes und andere hohe Adelige zum Handkuß. Als Graf von Falkenstein fügte Joseph sich der Etikette. Am Abend saßen die Herrschaften beim Kartenspiel.

»Hernach wurde ich zur Kaiserin (= Zarin), wie sie ausgezogen war wieder gerufen«: Dieser Satz des Reisejournals klingt vielleicht pikant, setzt sich aber harmlos fort, *»und discourirte mit Ihr in einer kleinen Compagnie bis elf Uhr«.* Katharina war es eben gewohnt, wie bei der Morgentoilette so auch abends, wenn sie zu Bett ging, Gesprächspartner um sich zu haben. Ob sie irgendeinmal versuchte, Joseph zu verführen? Es ist äußerst unwahrscheinlich, denn wenn sie auch ihre Gunst großzügig verteilte, waren beide doch viel zu klug, um politische Beziehungen durch allzu persönliche zu komplizieren.

Auch von den Geschichtchen, die sich um Josephs Rußlandreise ranken, ohne vom Reisejournal bestätigt zu sein, erwähnt keines eine Liebesaffäre zwischen den beiden Majestäten. Wenn Joseph schon ins Gerede kam, dann aus einem ganz anderen Grund: Sein bescheidenes Auftreten, das ihm in Frankreich viele Sympathien gewonnen hatte, soll die russische Gesellschaft enttäuscht haben. Es hatte sich längst herumgesprochen, daß dieser schlichte Graf eigentlich der römische Kaiser sei – aber warum trat er nicht in vollem Prunke auf? Nicht einmal einen ordentlichen Rausch gönnte er sich!

Einige Tage lang fügte Joseph sich dem Gesellschaftsleben in Peterhof, ging nach der Morgenmesse zur Wachtparade, dann zur Toilette der Zarin oder umgekehrt. An einem Festtag wurde ein Mittagmahl für hundert Personen serviert. Im Augenblick, da man auf die Gesundheit der Zarin trank, donnerten Salutschüsse aus Kanonen, unter den Fenstern trommelten alle Tamboure der Garderegimenter, dann spielte die Militärmusik. Joseph stattete viele Besuche ab, zuerst selbstverständlich dem Großfürsten Paul, bei dem er dessen dreijähriges Söhnchen Alexander bewundern mußte, dann bei der Gräfin Ostermann, der Fürstin Galizin, Gemahlin eines Feldmarschalls, bei dem Grafen Panin und der jungen, schönen Dorothea, die seit einem Jahr Gemahlin des Herzogs von Kurland und Sagan war. Tagsüber standen Spazierfahrten auf dem Programm, abends Maskenball und prächtige Illumination.

Innerhalb des Geländes von Peterhof standen einige vornehme Villen, fast schon kleine Schlösser zu nennen. Eine davon mit dem Namen »Monplaisir« gehörte dem Großfürsten Paul. Joseph machte ihm und seiner Gemahlin am Morgen des 11. Juli einen Besuch, dann aber unterbrach er sein Pensum an Höflichkeiten und wünschte, etwas Lehrreiches oder wenigstens Interessantes zu sehen. General Petzky führte ihn zur Mühle der Zarin, wo ein gewaltiges Wasserrad an die hundert Maschinen betrieb, um Marmor, Jaspis, Achat und andere Steine aus Sibirien zu schleifen, zu durchbohren und schließlich zu polieren.

Nach dieser Besichtigung kam Joseph noch zur Toilette der Zarin zurecht und erzählte, was er gesehen hatte. Sie freute sich über seine lobenden Worte und war sogleich bereit, ihm noch etwas zu zeigen. Mit wenigen Begleitern fuhren sie nach Oranienbaum, nicht weit westlich von Peterhof. Dort hatte sie noch als Großfürstin in der Nähe eines schon bestehenden, recht unwohnlichen Schlosses ihr Haus »Solitude« erbauen lassen, hübsch eingerichtet und später einen großen Garten angelegt; ein Kanal führte durch den Garten zum Meer. Leider regnete es an diesem Tag, Joseph konnte die Blumenpracht nur durch das Wagenfenster bewundern. Er hatte genug vom Hofleben und fuhr am Abend zurück nach Sankt Petersburg.

Zweifellos konnte er sich in der Hauptstadt nicht völlig unbeobachtet bewegen, war aber keinem Programm unterworfen, das für ihn erstellt wurde, sondern durfte sich anschauen, was ihm wichtig erschien. Am frühen Vormittag des 12. Juli besuchte er die Admiralität in der Nähe des Winterpalais an der Großen Newa, dann die Schiffswerft, wo gerade begonnen wurde, ein Kriegsschiff mit 74 Kanonen zu bauen. Die Magazine bei der Werft erschienen ihm groß und bequem erreichbar, »sonsten aber nicht zum besten und ordentlich geführet«.

Im Gebäude des Senats betrachtete er die Anfänge des neuen Gesetzbuches im Original, das Katharina selbst in russischer Sprache geschrieben hatte. Der weitere Rundgang führte zu ganz verschiedenartigen Anlagen, zunächst zur Seilerei, in der Schiffstaue hergestellt wurden, und zu Magazinen für Bauholz. Wo die Kleine Newa von der Großen abzweigt, so daß die beiden Flußarme sich getrennt in den Finnischen Meerbusen ergießen, stand das Banco-Haus. Hier konnten die kleinen Leute, die zu dem Papiergeld der »Assignaten« kein Vertrauen hatten, dieses in die vertrauten Kupfermünzen umwechseln lassen; Silbermünzen waren ein wenig teurer. Joseph erfuhr, daß an Papiergeld 25 Millionen Rubel im Umlauf seien, und notierte die Zahl, obwohl er wußte, daß er sie nicht überprüfen könne.

Nicht weit vom Gebäude der Bank befand sich jenes der Akademie der Wissenschaften mit reicher Bibliothek, Naturalienkabinett, mathematischen Instrumenten, ausgestopften Tieren, Volkstrachten, persischen und japanischen Handschriften und einem medizinischen Kabinett. Unter den anatomischen Präparaten fielen Joseph besonders die auf, die menschliche Embryonen in verschiedenen Stadien der Entwicklung zeigten. Schließlich betrat er noch die Werkstätte, in der Kupferstiche und Landkarten hergestellt wurden. Nach dem Mittagessen ging er in die große Apotheke, dann fuhr er in einem Boot zur Peter-Pauls-Festung und holte nach, was er beim ersten Besuch dort nicht gesehen hatte: das Münzhaus. Eine Maschine, die von Pferden angetrieben wurde, schnitt Metall und prägte Münzen.

Darauf besichtigte Joseph die Kadettenschule der Artillerie. In einem großen, aus Holz gebauten Haus lernten die angehenden Offiziere die Ingenieurkunst, Philosophie, zwei Sprachen, Tanzen und Fechten. Unter ihnen befanden sich 350 Griechen, also eigentlich Untertanen des Sultans zu Konstantinopel. Zu ihrem Lehrplan gehörte es, die eigene Sprache sowie die türkische in Wort und Schrift zu lernen. Das bestätigte Joseph die bei Hofe verbreitete Meinung, Katharina II. plane wieder einen Krieg gegen das Osmanische Reich; die jungen Griechen sollten vermutlich in ihrer Heimat gegen die türkischen Besatzungstruppen kämpfen.

Gleich danach lernte Joseph eine weitere Einrichtung Peters des Großen kennen, die Katharina weiterführte, um damit Forderungen der Gegenwart zu erfüllen und für die Zukunft Erfolge zu sichern: Im »Minencollegium« wurden 30 junge Männer zu Bergbauingenieuren ausgebildet, sowohl theoretisch wie auch praktisch in einem künstlich angelegten Bergwerk. Da der hohe Grundwasserspiegel nicht erlaubte, hier in die Tiefe zu graben, war ein gewaltiger Hügel aufgeschüttet worden, in dem die künftigen Ingenieure die Anlage von Schächten und Stollen lernten und mit den Problemen der Belüftung und des Transportes vertraut gemacht wurden.

Noch am selben Nachmittag besuchte Joseph den Galeerenhof, wo im Trockendock hundert Galeeren gebaut wurden, so zweckmäßig angeordnet, daß jede einzeln ins Wasser gelassen werden konnte, ohne die anderen zu behindern oder von ihnen behindert zu werden. Josephs Tagesleistung ist bewundernswert. Der Bericht darüber im Reisejournal schließt mit den Wor-

ten: »*Hernach gieng ich zur Probe im Hof-Theater, welches ziemlich aufge- putzt, aber nicht besonders war. Hernach gieng ich schlafen.*«
Am frühen Vormittag des 13. Juli besuchte Joseph zum dritten Mal das Kloster Smolnij, die »Communité«. Offenbar interessierte ihn, wie in Sankt Petersburg das schwierige, damals noch selten gelöste Problem der Mädchenbildung behandelt wurde, vielleicht auch hatten ihm einzelne der Mädchen oder alle insgesamt so gefallen, daß er sie wiedersehen wollte. Er besichtigte die ganze Anstalt, die Schlafzimmer und die Lehrsäle, die Wäschekammer und die Küche, fand alles sehr sauber und ordentlich, nur fiel ihm auf, daß die zweihundert Kinder bürgerlicher Abstammung von den adeligen gänzlich abgesondert waren. Sie lernten Zeichnen, Malen und Schreiben, die französische, italienische und ein wenig die deutsche Sprache, Tanzen und Singen, übten sich am Klavier und der Harfe, einige im Drechseln und der Bildhauerei, »*und man sagt, daß sie auch im Kochen und in der Menage* (Hauswirtschaft) *unterrichtet werden*«. Dabei wurden sie in strenger Zucht gehalten und grausam abgehärtet, Joseph blickte voll Mitleid auf die aufgesprungenen Hände der Mädchen.
In der Kirche des Alexander Newskij bewunderte Joseph ein schönes Grabmal aus purem Silber, danach besuchte er den Erzbischof und sah bei ihm den Plan für eine neue Kirche; sie sollte sehr groß und schön werden, die Bauarbeiten hatten schon begonnen. Von dort fuhr Joseph in einem Wagen längs der Newa aufwärts, 58 Werst (fast 62 Kilometer) durch ärmliches, wenig bebautes Land. Dreimal mußte er auf Brücken Wasser- läufe überqueren, auf denen Holz zur Newa geflößt wurde. Nach einigen Stunden Fahrt erreichte er das Ziel des Nachmittags: »*Die Festung Schlüsselburg ist vom Ladoga-See umrungen; sonsten bedeutet sie nicht viel und dient mehr zu einem Staatsgefängniß.*«
Bevor Joseph die letzte große Besichtigung beginnen konnte, mußte er drei Tage lang, vom 14. bis 16. Juli, das Hofleben auf sich nehmen. Katharina führte ihn zu den Jachten, die in der Nähe von Peterhof vor Anker lagen, segelte mit ihm auf das Meer hinaus, fuhr im Wagen mit ihm nach Sankt Petersburg und zeigte ihm im Winterpalais ihr Bad, eine luxuriöse Einrichtung, wie sie Joseph weder in der Hofburg noch in Schloß Schönbrunn besaß. Um niemanden zu übergehen, mußte er auch die Landsitze einiger Fürsten besuchen und ihre Gärten bewundern.

»Endlich gieng ich zum Großfürsten wo ich hätte soupiren sollen, verfüg-
te mich aber nach Hauße schlafen.« Sankt Petersburg liegt an der östlichsten Bucht des Finnischen Meerbusens; über 38 Kilometer weiter westlich sperrte die Festung Kronstadt die
Einfahrt. Feindliche Kriegsschiffe konnten nicht eindringen, allzu große
Handelsschiffe mußten ihre Ladung in Kronstadt löschen und in Booten,
im Winter auf Schlitten nach Sankt Petersburg befördern lassen. Joseph
fuhr am 17. Juli in einer Schaluppe nach Kronstadt und besichtigte zunächst den Kriegshafen auf der Südseite der Insel mit den Kriegsschiffen:
»Viele von selben scheinen etwas alt, und eine starke Verbesserung
höchst nötig zu haben.« Er diktierte alles sehr ausführlich in das Reisejournal und sparte nicht an Kritik bezüglich der Dämme, der Kanonen
und der Magazine.

Der mittlere Hafen war für die Rüstung und Reparatur der Kriegsschiffe
bestimmt, das Dock erschien Joseph kompliziert, aber ganz zweckmäßig
angelegt. Weniger zufrieden war er mit den Gebäuden der Admiralität. Man
führte ihm vor, wie ein kleines Schiff ins Wasser gelassen wurde, aber das
gelang nicht so recht. Zu Fuß ging er über den Platz an den Kasernen vorbei,
warf einen Blick ins Spital und stellte fest, daß 500 Kranke in kleinen,
niedrigen Zimmern lagen. Danach besuchte er das Kadettencorps mit der
Schule, dem Tanz- und dem Fechtboden für 360 Seekadetten.

Im Kaufmannshafen am Westrand der Insel ankerten 110 Schiffe verschiedener Nationen, über die Hälfte stammte aus England und Ostende. Die
Besichtigung dauerte bis in den Nachmittag, dann fuhr Joseph in der Schaluppe nach Peterhof und nahm in seinem Quartier einen Imbiß, aber die
Hofgesellschaft blieb ihm nicht erspart. Er war darauf gefaßt, sonst wäre er
ja nicht hierher, sondern in die Stadt gefahren. Mit der Zarin sah er sich eine
Komödie und ein Ballett an, ging darauf zum Souper beim Großfürsten *»und*
endlich schlafen«. Das sind die letzten Worte, die er am 17. Juli seinem
Adjutanten diktierte. Er dürfte recht erschöpft gewesen sein.

Joseph hatte in Sankt Petersburg viel gesehen und gehört, darunter manches, was zu wissen ihm nützlich sein konnte. Ob er sich weniger oder
noch mehr erhofft hatte, sagt sein Journal nicht. Nun neigte sich sein
Aufenthalt in der Hauptstadt des mächtigen Nachbarstaates dem Ende zu.
Die beiden letzten Tage blieb er in Peterhof, begann sie mit dem Früh-

stück in Monplaisir, einmal mit dem Großfürsten und dessen Frau, einmal mit ihr allein, dann ging er zur Toilette der Zarin. Als er am späten Vormittag des 19. Juli dem Fürsten Potemkin seine letzte Visite abstattete, fand er auch ihn noch nicht angezogen. Den Abend verbrachte er bei der Zarin; er traf sie, wie üblich, beim Kartenspiel.

»*Nach dem Spiel gieng ich zu Ihr ins Zimmer, sprach noch eine Weile mit Ihr allein, nahm Abschied, gieng sodann zum Großfürsten soupiren, nahm da auch Abschied und verfügte mich nach Hauß, kleidete mich zur Reiße an und fuhr über Krasnoe Selo nach Petschina, dann über Narwa, dann in zweimal 24 Stunden nach Riga.*« Das heißt, daß Joseph mindestens drei Nächte im Wagen verbrachte, ohne sich längere Rast zu gönnen. Als er am 23. Juli nach Riga kam, fertigte er gleich einen Kurier nach Wien ab.

Riga war eine alte Hansestadt und noch fast zur Hälfte von Deutschen bewohnt, seit 60 Jahren unter russischer Herrschaft und nach Sankt Petersburg die wichtigste Seehandelsstadt der russischen Ostseeprovinzen. Hier residierte der Generalgouverneur von Estland und Livland. Dieses Amt, sehr zum Vorteil des Gebietes, hatte seit Jahrzehnten Graf Georg von Browne inne, ein Ehrenmann irischer Abstammung von 82 Jahren. Er hatte mehrmals an der Seite der österreichischen Truppen gekämpft, war im Siebenjährigen Krieg 1758 bei Zorndorf schwer verwundet worden; Joseph achtete ihn sehr und hatte ihn in den Reichsgrafenstand erhoben.

Am 24. Juli fuhren sie zusammen in einem Wagen längs eines Dammes die Düna abwärts nach Norden und dann in einem Boot nach Dünamünde, einem Hafenort, der zum Schutz von Riga stark befestigt war. An die 50 Handelsschiffe lagen hier vor Anker, vorwiegend solche mit größerem Tiefgang, die nicht flußaufwärts bis Riga fahren konnten. Joseph besichtigte an diesem Tag die Reede, die Werft und die Magazine sehr genau, am nächsten Vormittag das Militärspital. Am Nachmittag machte er einige Besuche und hörte sich im großen Bürgersaal ein Konzert an, bei dem kein besoldetes Orchester spielte, sondern Liebhaber der Musik aus dem baltischen Landadel und der Bürgerschaft von Riga.

Noch an diesem Abend bestiegen Joseph und seine Begleiter wieder die Kutschen und fuhren über Olai, die letzte Stadt in Livland und damit im Zarenreich, nach Mitau, die Hauptstadt von Kurland. Im 13. Jahrhundert hatte hier der Deutsche Ritterorden eine Burg erbaut, seit dem 16. war sie

Residenz der Herzoge von Kurland; die Bevölkerung der Stadt bestand zur Hälfte aus Deutschen, an zweiter Stelle kamen die Juden, erst an dritter die slawische Bevölkerung des Umlandes. Joseph sah nichts von der Stadt, denn er blieb im Wagen und stellte sich schlafend, um sich keiner großen Begrüßung auszusetzen. Herzog Peter von Kurland kam zum Wagen, ging um ihn herum, spähte durch die Fenster, wagte aber nicht, den Kaiser in seiner Ruhe zu stören.

Kurland war kein großer Staat, Joseph passierte bald die Grenze gegen das Großfürstentum Litauen, das zu jener Zeit mit dem Königreich Polen vereinigt war. Er traf am 27. Juli in Kowno ein, fuhr am 28. die Memel aufwärts, die er zweimal überqueren mußte, und diktierte am Abend im Städtchen Olita: *»Der Weg ist durchaus schlecht, viele Waldung, die Felder aber gut bebaut und stehen die Früchte sehr schön.«* Schon um vier Uhr früh brach er von Olita auf und legte, weiterhin in südlicher Richtung, die Strecke bis Grodno, gute 100 Kilometer, an einem Tag zurück.

In der alten litauischen Stadt Grodno verweilte Joseph fast einen Tag lang, hörte die Frühmesse bei den Franziskanern und freute sich über die schöne Kirchenmusik. Am Nachmittag besuchte er weder das alte Schloß, das früher dem Deutschen Ritterorden gehört hatte, noch das neuere Schloß, ihn interessierte mehr das Fabriksdorf, in dem ein deutscher Unternehmer namens Diezenhauscn vielfältige Industrie aufgebaut hatte. Joseph bezeichnete im Reisejournal die Anlage als eine, *»wo ex omnibus aliquid ex toto aber nihil ist«* (»wo von allem etwas, insgesamt aber nichts ist«). Die Fabriksarbeiter *»sind lauter Unterthanen beiderley Geschlechts die entweder lebenslänglich* (als Strafgefangene) *oder gegen schlechten Lohn zu arbeiten gezwungen sind«.*

Den polnischen Thron hatte seit 16 Jahren Stanislaus Poniatowski inne, einst ein Liebhaber der Zarin; ihre Gunst hatte den Grafen zum König Stanislaus II. August gemacht. Er wußte selbstverständlich, daß der Graf von Falkenstein, der da eilig durch das Land reiste, der römische Kaiser war, achtete aber das Inkognito und ersparte damit sich und Joseph lästige Formalitäten. Es genügte, daß er einen Würdenträger seines Hofes, den Grafen Mokranowski, zur Begrüßung schickte. In Bialystok trafen die Herren am 31. Juli 1780 zusammen.

Die Kuriere, die Joseph immer wieder nach Wien schickte und unterwegs von dort empfing, hatten nicht nur Schriftstücke zu überbringen, sondern mußten auch Berichte über die nächste Reisestrecke geben, über den Straßenzustand, die vorhandenen Brücken und die Möglichkeit, Quartier und frische Pferde zu bekommen. In dem Bericht, den Joseph in Bialystok erhielt, steht der Hinweis: *»Hier müssen Theils wegen starckem Sand, Theils wegen etwas weither ermangelndt bequemeren Orth die Pferdte gewechselt und zwar Landt-Pferdte von dem Orth Plischcsell besorget werden. Fahls aber in Plischcsell nicht vor die doppelte Bespannung der ganzen Suite gutte Pferdte hinlänglich genug zusamb zu bringen seyn sollten, so kann der Überrest auch in der Stadt Vizokj von den Juden aufgebracht werden.«* Das Transportwesen in Polen lag damals zum guten Teil in den Händen der Juden.

Noch gut 300 Kilometer, drei Tage lang, dauerte die Fahrt durch Polen immer südwärts der Grenze zu. Joseph erreichte sie am 3. August. Menschen und Pferde waren erschöpft und fanden Ruhe in der ersten Siedlung von Österreichisch-Galizien, dem stark befestigten Städtchen Zamosce (Samostje). In diesem neu erworbenen Teil des Habsburgerreiches besaßen die Magnaten noch größere Macht und noch größeren Einfluß als sogar in Ungarn und waren kaum weniger reich. Grundbesitzer in dieser Gegend war Graf Zamoyski. Joseph besuchte ihn gleich am ersten Tag seines Aufenthaltes und fand bei ihm viele vornehme Herren und Damen versammelt, die offensichtlich schon auf ihn gewartet hatten.

Für die beiden nächsten Tage waren Audienzen und Besprechungen angesetzt; hier trat Joseph nicht mehr inkognito auf, sondern als Kaiser und Mitregent der habsburgischen Länder. Er empfing den Fürst-Marschall Lubomirski, den Bischof Kochnowski, Herren vom alten einheimischen Adel, und den Feldmarschall-Leutnant Schroeder, ließ sich Wünsche und Beschwerden vortragen. Davon gab es genug, die neuen politischen Verhältnisse hatten sich noch nicht eingespielt. Außerdem hatte Joseph Akten zu erledigen, eingelangte Post aufzuarbeiten. Auch aus anderen Gebieten waren Schreiben angekommen; Grundbesitzer in der Walachei beklagten sich in kunstvoller Kalligraphie, daß deutsche und andere fremde Offiziere und Verwaltungsbeamte nicht die Sprache und die Sitten des Landes verstünden, und ein Erfinder bot eine neuartige Geschützlafette an, die alles übertreffen würde, was in der k. k. Artillerie bisher gebräuchlich sei.

Nach einem zweiten Besuch beim Grafen Zamoyski brach Joseph am 7. August von Zamosce auf, immer noch im Reisewagen. Erst am 13. August stieg er wieder in den Sattel und ritt an die Weichsel, um die Grenze zwischen Österreichisch- und Preußisch-Schlesien zu inspizieren. An diesem Tag gelangte er noch bis Mährisch-Ostrau, am nächsten kam er um zehn Uhr vormittags in Troppau an, gab Audienzen und rekognoszierte die Gegend; der letzte Krieg gegen Preußen hatte erst im Vorjahr geendet, ein nächster war durchaus möglich. Am 15. August schrieb Joseph schon um fünf Uhr früh einen Brief an die Großfürstin Dorothea Auguste, denn er war für sieben Uhr mit ihrem Bruder Prinz Eugen von Württemberg verabredet. Sie trafen einander an der Grenze, Joseph gab ihm den Brief mit; so würde der Brief schneller und sicherer als mit der Post, unauffälliger als mit einem Kurier nach Sankt Petersburg gelangen. Danach erst ging Joseph zum Hochamt in die ehemalige Jesuitenkirche von Troppau und setzte dann die Reise über Sternberg nach Olmütz fort.

Olmütz war vom strategischen Standpunkt aus der wichtigste Platz in Mähren. Joseph besichtigte die neuen Festungswerke, die Pulvermagazine und den Schießplatz der Artillerie. Am selben Tag fuhr er noch über Proßnitz und Wischau nach Brünn, über 80 Kilometer, aber auf den guten Straßen und mit geregeltem Pferdewechsel war das harmlos im Vergleich zu den Fahrten in Rußland und Polen. Der 18. August war ein Gedenktag: 15 Jahre zuvor war Kaiser Franz I. Stephan gestorben. Joseph ließ ein Seelenamt für ihn lesen, bevor er die neuen Pulvermagazine und die Schuppen für die Artillerie besichtigte. »*Endlich besahe ich das Waißenhauß in welchem 180 Kinder sind, welche nicht luftig genug bewohnt sind und zu selten an die Luft kommen, weil sie für den Grafen Blümegen in der Fabrik spinnen müssen.*«

Josephs II. Art des Reisens unterschied sich sehr von der seiner Vorgänger auf dem Kaiserthron. Seine Anspruchslosigkeit wurde allgemein gerühmt, man redete über seine Härte gegen sich selbst und seine Begleiter, wertvoller aber war sein Blick für alles nur einigermaßen Wichtige, für politische, ökonomische und verkehrstechnische Angaben, große Probleme der Strategie und kleine in der Ausbildung der Truppen oder soziale Fragen wie in diesem letzten Falle. Auch wer den Maßnahmen Kaiser Josephs II. kritisch gegenübersteht, muß seinen persönlichen Einsatz anerkennen.

DIE ZWEITE REISE NACH RUSSLAND

Kaiser Joseph II. 1787

Die guten Beziehungen zwischen dem Kaiser und der Zarin hatten Österreich als Gewinn die Bukowina gebracht, Katharina II. aber besetzte die Krim und hatte damit die Halbinsel als Ausgangsposition für ihr großes Ziel, die Türken aus Europa zu vertreiben. Joseph wußte, daß das Osmanische Reich im Westen Verbündete finden konnte und ihm als Verbündeten Rußlands daraus große Schwierigkeiten erwachsen würden; ihm lag daran, den Frieden aufrechtzuerhalten. Als ihn Katharina 1786 zu einer zweiten Zusammenkunft einlud, ging er darauf ein, einerseits um zu versuchen, sie vielleicht doch noch von ihren Kriegsabsichten abzubringen, andererseits um festzustellen, wie weit ihre Vorbereitungen für den Krieg gediehen seien.

Als Ort der Begegnung wurde Cherson gewählt, die Stadt und Festung, die Fürst Potemkin erst vor acht Jahren am Dnjepr angelegt hatte, 30 Kilometer oberhalb von dessen Mündung ins Schwarze Meer. Joseph ließ die Reiseroute ausarbeiten, und zwar mehrere Möglichkeiten und auch mit verschiedenen Tagesstrecken für gutes oder schlechtes Wetter. Schon 1752 hatte Maria Theresia österreichische Konsulate in der Levante errichtet, nun war auch Cherson ein interessanter Posten geworden. Der österreichische Konsul in Cherson, ein Herr Rosarowitz, war kein Berufsdiplomat, sondern ein einheimischer Geschäftsmann. Zu seinen Amtspflichten gehörte es, fleißig Bericht zu erstatten. Das Haus-, Hof- und Staatsarchiv zu Wien bewahrt eine ausführliche

Information, die Rosarowitz zur Sicherheit nicht mit der russischen Post schickte, sondern per Schiff an den österreichischen Internuntius (Geschäftsträger) in Konstantinopel. Auf acht Seiten schrieb er mit Datum vom 30. Juni 1786 nicht viel Gutes über die Krim und ihre Bewohner, der *»nur zum Müßiggang und zur Verwüstung geneigten Tartarischen Nazion«*. Die Hafenstadt an der Landenge zwischen dem Festland und der Halbinsel mit dem altgriechischen Namen Taphros, tatarisch Orkapu (Goldenes Tor), russisch Perekop, schilderte er kurz: *»Perecop an sich selbst ist wie alle türkische Schlösser ein elender Steinhaufen.«* Von Sewastopol dagegen berichtete er, in diesem vorher völlig vergessenen Hafen seien unter russischer Herrschaft Magazine, Kasernen, Spitäler und 300 Wohnhäuser gebaut worden.

Ende Oktober 1786 kamen Erzherzog Ferdinand und seine Gemahlin Maria Beatrix von Este zur Hubertusjagd nach Wien und erzählten begeistert von ihrem Aufenthalt in England. Daraufhin schrieb Joseph an seinen Bruder Leopold, er würde viel lieber nach England fahren und sich der Reise nach Rußland entziehen. Aber sie blieb ihm nicht erspart, am 11. April 1787 brach er von Wien auf. Für die Übernachtungen waren Quartiere vorher zu besorgen, und zwar:

»1. Ein Zimmer für den Graf Falkenstein. 2. Ein daran stoßendes, das wenn es seyn kann mit dem ersten eine Communication hätte, für desselben Bediente. 3. Ein Zimmer für den Generalen Grafen Kinski. 4. Eines für die zween H. Secretairs. 5. Eines für den Leib-Chyrurgus Brambilla und den Geistlichen mitsammen. 6. Eines für den Koch und alle übrigen Bediente mitsammen. 7. Eines für die zween Garde Officiers. 8. Eine Küche. Die Zimmer können in verschiedene Häuser, Bauer- oder Juden-Häuser wie es kommt genommen werden . . . in Cherson, wo, wann das Haus des Consuls Rosarowich nicht gar zu weit vom Hof entfernt und auch geräumig genug um in selben die Wohnung zu nehmen, auch auf ein Zimmer für die Kanzley der Bedacht genommen werden muß, so wie auch auf einen Miethwagen, wenn einer zu haben ist, damit der Graf Falkenstein mit solchen nach Hof fahren und zurückfahren könne . . .«

Der Koch sollte mit dem Küchenwagen immer die Nacht hindurch vorausfahren, um rechtzeitig eine Mahlzeit bereiten zu können. Auf jeder Station waren 52 Pferde als frischer Vorspann nötig; wären sie nicht aufzutreiben, müßte die Wagenkolonne in zwei Abteilungen mit einem Abstand von einem halben oder einem ganzen Tag fahren. Auf österreichischem Gebiet war das nicht schwierig zu besorgen, ab Brody aber mußten die beiden Offiziere, die den Kaiser begleiteten, immer vorausreiten, um für Quartier und ausgeruhte Pferde zu sorgen. Rittmeister Sooky und Leutnant Barcsay von der Ungarischen Garde übernahmen damit keine leichte Aufgabe, zudem sollten sie als Kuriere dienen. Joseph fuhr über Lemberg und Brody. Auf der Weiterreise traf er mit dem König von Polen, Stanislaus Poniatowsky, zusammen und versicherte ihm, daß die engere Bindung zwischen Österreich und Rußland nicht gegen Polen gerichtet sei. Bei der Ankunft in Cherson am 14. Mai begrüßten ihn im Namen der Zarin der Sohn des berühmten Feldmarschalls Romanzow und der Graf Schuwatow; auch der k. k. Internuntius zu Konstantinopel, Baron von Herbert, war schon eingetroffen. Darüber berichtete Joseph schriftlich dem Fürsten Kaunitz. An seinen Bruder Leopold schrieb er:

»Bei meiner Ankunft hier beeile ich mich, Ihnen diese wenigen Zeilen zu schreiben, um Ihnen zu versichern, daß es mir mit meinem ganzen Gefolge wunderbar geht und unsere Reise sehr glücklich war, ohne Unfall, schönes Wetter, gute Straße, ziemlich annehmbare Nachtquartiere ... Die Zarin, in der Fahrt zu Schiff durch widrigen Wind aufgehalten, wird erst in einigen Tagen ankommen. Ich breche sogleich in kleiner Gesellschaft auf, um ihr entgegen zu fahren.«

Die nächsten Ereignisse sind in vielen Geschichten reich ausgeschmückt überliefert. Die Zarin soll von Kiew her mit einer ganzen Flotte den Dnjepr abwärts gefahren sein, 22 Schiffe mit zusammen 1 000 Mann Besatzung, sie selbst im Flaggschiff. Noch im Jahre 1967 fand ein Biograph Josephs (beziehungsweise seine Übersetzerin) die blumigen Worte: *»Von ihrer vergoldeten Kabine aus, wo sie lässig auf weichen Pfühlen lag, betrachtete sie die elenden Dörfer und Städtchen am Ufer, in denen ihr zu Ehren Salut geschossen wurde.«*

In ihrem Gefolge befanden sich Fürst Potemkin, Graf Cobenzl, kaiserlicher Botschafter in Sankt Petersburg, die Botschafter oder Gesandten des französischen, englischen und neapolitanischen Hofes, der Fürst de Ligne und ein Prinz von Nassau, schließlich Herr von Bulgakow, russischer

Gesandter zu Konstantinopel. Joseph wollte die Zarin damit überraschen, daß er ihr entgegenfuhr, Fürst Potemkin aber gab ihr davon Nachricht, und sie beeilte sich zu landen und ihrerseits ihm in einem Wagen entgegenzukommen.

In einem einfachen Kosakenhaus sollen sie einander begegnet sein, seit ihrer ersten Bekanntschaft recht gealtert. Es waren nur sieben Jahre seither, aber diese hatten beiden arg mitgespielt: Katharina war dick geworden, Joseph sehr hager, sie verdeckte die Falten im Gesicht mit viel Puder, sein Kopf war unter der Perücke kahl, die Wangen waren bei beiden schlaff geworden. Trotzdem machten sie einander Komplimente.

In Cherson gab die Zarin prachtvolle Feste, führte aber mit Joseph auch ernste Gespräche, die ihm Sorge bereiteten. Sie wollte die Türken aus Europa vertreiben, doch wenn ihr das gelänge, wäre Rußland ein minde-

Zusammenkunft Josephs II. mit Katharina II. 1787.
Stich von Hieronymus Löschenkohl

stens ebenso gefährlicher Nachbar für Österreich, wenn schon nicht im Augenblick, so doch in künftigen Jahrzehnten, wie es bisher das Osmanische Reich war. Um nicht die ganze Balkanhalbinsel den Russen zu überlassen, müßte Joseph an den Siegen über die Türken teilhaben – aber würden sich die Siege wirklich einstellen?

Was Joseph in Cherson sah, war nicht geeignet, sein Vertrauen in die künftig verbündete Armee der Zarin zu festigen. Darüber unterhielt er sich mit dem französischen Gesandten Graf Ludwig Philipp Ségur und dem Fürsten de Ligne. Sie teilten seine Zweifel angesichts der Bastionen von Cherson; die waren nur aus Sand errichtet, der nicht genug Halt geben würde, Kanonen abzufeuern, einige der Schiffe schienen Attrappen zu sein, die man nach der Abreise der hohen Gäste wieder zerlegen würde wie die Kulissen von Häusern, die in der unbewohnten Steppe Dörfer vortäuschen sollten. Aber wer hatte das alles inszeniert? Fürst Potemkin, um die Zarin zu täuschen, oder diese selbst, um dem Kaiser eine Stärke vorzuspiegeln, die gar nicht vorhanden war?

Südgebiete des europäischen Rußland 1787

Das war eine ernste Frage. Eine mehr spielerische brachte Fürst Karl Joseph de Ligne vor. Er war für geistreiche Unterhaltung berühmt, allerdings auch als tapferer Offizier, hatte sich bei Kolin, Leuthen und Hochkirch ausgezeichnet, war von Maria Theresia zum Generalleutnant, von Katharina II. zum Feldmarschall ernannt worden. Hier in Cherson fragte er während eines Schaumanövers, bei dem die tatarische Leibgarde der Zarin Reiterkunststücke vorführte: »Wäre es nicht ein sonderbares Ereignis, wenn diese 1 200 Tataren uns plötzlich überfielen, in einen benachbarten Hafen schleppten, in Schiffe brächten und als Gefangene dem Sultan auslieferten?« Diese Gefahr bestand nicht ernstlich. Khasim Gherai, der letzte Herrscher der Krimtataren, hatte sich dem Zarenreich unterworfen, trug nun eine schöne russische Uniform und erfreute sich einer ansehnlichen Pension.

In Cherson bestiegen die Zarin und Joseph mit ihrem Gefolge russische Schiffe und fuhren ein Stück den Dnjepr aufwärts nach Osten bis Berislawl. Der Fürst de Ligne, den keine politischen Sorgen quälten, empfand die Fahrt als angenehm, denn die Kabinen waren nobel eingerichtet, die Tafel immer reich bestellt, nichts fehlte zur Bequemlichkeit. Joseph dagegen war mißmutig, denn er merkte, daß die Zarin von ihren Kriegsplänen nicht abzubringen war.

Als die Flotte am 1. Juni nach Berislawl kam, zeigte sich arger Mangel an Oganisation. Für Wagen war nicht vorgesorgt, die kaiserlichen konnten nicht so schnell aus den Schiffen geladen werden, und Zugpferde waren überhaupt nicht vorhanden. Man mußte aus den Dörfern Bauernpferde und Bauernwagen zusammenholen, aber solch eine Kibitka mit Dach aus Matten oder eine Teljega ohne jegliches Verdeck war wenig geeignet, das Gepäck zu befördern; manche zerbrach unter der Last, viele Gerätschaften blieben in der Steppe liegen. Die Wege waren schlecht, über der Kolonne der Fahrzeuge lag eine Staubwolke, die Verpflegung unterwegs war ausgiebig, aber nicht gut zubereitet. So ging die Reise nach Süden bis Perekop und dann weiter auf der Krim landeinwärts.

In einem Talkessel liegt, mit Wasser versorgt und gegen den Wind geschützt, Bachtschi-Saray, die frühere Residenz des Khans der Krimtataren. Niedrige Gebäude mit wenig geneigten Dächern, von Minaretten und Schornsteinen überragt, umgeben einen großen Hof; in den Häusern

Im Hof des Palastes Bachtschi-Saray

herrscht orientalische Pracht: Sie sind als Museum eingerichtet, sollen Touristen anlocken. Damals war der Hof noch nicht gärtnerisch gepflegt, sondern zeigte sich mit Roßäpfeln, Schafdung und Hundekot mit Fliegenschwärmen. Von den vielfältigen Gerüchen waren jene nach Zwiebel und Knoblauch noch die angenehmsten. Die Zarin bezog den Palast des Khans, Fürst Potemkin und die anderen Herren wohnten im ehemaligen Harem, Joseph in dem Palast, der dem Bruder des Khans gehört hatte.

Um sich von trüben Gedanken abzulenken, unternahm Joseph einen Ausflug in die Umgebung und entdeckte eine Siedlung der Charaiten oder Karäer, einer eigenartigen jüdischen Sekte, welche die Traditionen von Mischna und Talmud ablehnte und sich nur auf die Thora berief. Ihre Blütezeit hatte mit dem Hochmittelalter geendet, hier aber und in anderen entlegenen Gegenden hielt sie sich noch, allerdings von tatarischen Sitten beeinflußt. Joseph fand unter ihnen sowohl reiche Kaufleute wie einfache Bauern. *»Sie müssen«*, schrieb er in einem Brief, *»sich mit einer einzigen Frau begnügen, so lange bis diese häßlich wird oder ihre Augen schwach werden, in welchen beiden Fällen sie eine andere heiraten dürfen. Wenn dieses Gesetz bei uns in Wien eingeführt wäre, würden viele Frauen Augengläser tragen, um sich ihrer Männer zu entledigen.«*

Als der Kaiser mit der Zarin einige Tage danach in der Hafenstadt Sewastopol eintraf, fand er böse Nachricht vor: In den habsburgischen Niederlanden war ein Aufstand ausgebrochen! Das war nun eine dringendere Sorge als die Kriegspläne der Zarin. Am 16. Juni war Joseph bereits wieder in Cherson und schrieb von dort an seinen Bruder Leopold:

»Hier bin ich von meiner Rundfahrt in der Krim mit der Zarin zurückgekehrt. Eben habe ich sie verlassen; sie fährt nach Moskau und ich bin hiehergekommen, um mein Gefolge aufzulesen, das ich zurückgelassen hatte, und ich reise morgen nach Kamienec ab, entlang der türkischen Grenze . . . Ich bin sehr befriedigt, diese Rundfahrt gemacht zu haben, ich habe unendlich merkwürdige und interessante Dinge gesehen. Das Wetter war uns sehr günstig, keine zu arge Hitze und immer schön. Es geht mir ausgezeichnet; ich war mit der Freundlichkeit der Zarin sehr zufrieden und sie, glaube ich, mit mir. Ich werde Ihnen meine Notizen zeigen oder schicken, die ganz verwirrt sind, weil ich weder Zeit hatte noch Sekretäre bei mir. Alles was man sagen kann, ist, daß es ein schönes Land ist, das

nur auf Hände wartet, um es zu Geltung zu bringen, aber auf diese Art wird nichts daraus. Ich habe mehrere ausländische Siedler und Arbeiter aus der Toskana gefunden, einen Gärtner aus Pisa und eine Frau aus Livorno, die dort noch ihre Brüder und ihre Besitzungen hat und danach seufzt, bald dorthin zurückzukehren.«

Dieser Brief besagt, daß Joseph sich über die vielen neuen Eindrücke freute, die ihm die Reise beschert hatte. Vielleicht aber wollte er nur den Bruder und sich selbst trösten, denn er sah ein, daß er die Zarin nicht von ihren Kriegsplänen abhalten konnte. Am 30. Juni 1787 war er wieder in Wien, im nächsten Jahr begann der Krieg. Joseph nahm persönlich daran teil. Der Feldzug brachte Verluste, hohe Kosten und erschütterte Josephs Gesundheit, die ohnehin schon schwach war. Er hatte nicht mehr lang zu leben.

GLANZ UND TRAUER

Kaiser Franz I. 1815/16

Auf Joseph II. folgte sein Bruder Leopold II., und als dieser viel zu früh gestorben war, mußte dessen ältester Sohn als Franz II. im Alter von 24 Jahren den Kaiserthron besteigen. 23 Jahre lang hatte er sich mit den Schwierigkeiten auseinanderzusetzen, die ihn von Frankreich her bedrängten, endlich, am 10. Juli 1815, konnte er zusammen mit Zar Alexander I. von Rußland und König Friedrich Wilhelm III. von Preußen als Sieger in Paris einziehen, jedoch nicht mehr als römisch-deutscher Kaiser Franz II., sondern als Franz I., Kaiser von Österreich.

Für die Rückkehr nach Wien im Herbst 1815 nahm er nicht den kürzesten Weg, sondern begab sich in die Provinzen Norditaliens, die nun zurückgewonnen waren. Seine Gemahlin Maria Ludovica war ihm von Wien her entgegengereist, zu Allerheiligen fuhren sie beide mit großem Gefolge von Mestre nach Venedig.

»Das Wetter war prächtig«, schrieb die Kaiserin darüber an ihre Mutter, *»mehr als 600 Barken kamen uns entgegen, die Fenster der Häuser waren alle voll von Menschen, die ihre Befriedigung ausdrückten. Wir fuhren durch die drei Krümmungen des Canal grande und stiegen auf der Piazzetta aus, von da ging es zu Fuß in die Markuskirche und von da wieder zu Fuß in die Procurazien, wo wir wohnen; die ganze Piazza war voll von Menschen und vom Balkon aus war es ein herrlicher Anblick. Alle waren bezaubert, ich wäre viel lieber in einem Grab gelegen, dort hätte ich doch Ruhe gehabt.«*

Venedig war nach dem Ende der alten Republik, einer kurzen habsburgischen und einer französischen Herrschaft nun wieder habsburgisch geworden, bildete aber zusammen mit der Lombardei ein eigenes Königreich. Franz I. empfing gleich am 1. November die kaiserlichen und die
königlichen Beamten und Offiziere, am folgenden Tag besuchte er die
Spitäler, Waisenhäuser und andere Wohlfahrtseinrichtungen, danach inspizierte er das Arsenal. Dieses erschien ihm wichtig für die Ausrüstung
der k. k. Marine; bei einem zweiten Besuch nahm er seinen jüngeren
Bruder Ferdinand III., Großherzog der Toskana, als fachkundigen Berater
mit, bei dem dritten Besuch am 7. November auch seine Gemahlin; es
wurde ein festlicher Akt.

Der Kaiser war vielseitig interessiert, besichtigte sowohl die berühmte
Biblioteca Marciana, die Akademie der schönen Künste und die »Zecca«,
die Münzstätte aus dem 16. Jahrhundert, aber auch Klöster, Kerker, Fabriken. Dazwischen gab es Aufführungen im Teatro La Fenice, Konzerte der
Militärmusik, nächtlichen Corso und Regatta auf dem Canal grande, eine

Venedig, Palast der Alten Bibliothek.
Radierung von Canaletto

175

Prozession zur Madonna della Salute und immer wieder Audienzen, bis zu 40 am Tag. So gelang es dem Kaiser, die Venezianer zu überzeugen, daß für sie – da die Freiheit der Republik unwiederbringlich verloren war – die österreichische Herrschaft doch das kleinere Übel war als die der Franzosen. Dazu trug der Charme seiner Gemahlin Maria Ludovica einiges bei, ebenso die Tatsache, daß beide von Kindheit an mit der italienischen Sprache aufgewachsen waren – und schließlich raubten die Österreicher keine Kunstschätze, wie es die Franzosen getan hatten. Die Weihnachtstage verbrachte das Herrscherpaar in Mantua, am Silvestertag fuhr es in Mailand ein. Die Bewohner der Stadt jubelten der Kaiserin zu, die hier ihre Jugendjahre verbracht hatte. Dem Kaiser gelang es weniger, sich Sympathien zu erringen, denn im Interesse des Gesamtstaates konnte er den Mailändern nur wenig von dem gewähren, was sie an Zugeständnissen verlangten. Sechs Wochen lang blieb das Kaiserpaar in der Hauptstadt der Lombardei, dann trat es die Heimreise an, langsam und in kleinen Etappen aus Rücksicht auf die schwache Gesundheit der Kaiserin, über Pavia, Bergamo und Brescia nach Verona.

Hier verschlimmerte sich das Lungenleiden dermaßen, daß ein längerer Aufenthalt nötig wurde, aber die Ruhe half nicht mehr. Am 28. März 1816 empfing Maria Ludovica die Sterbesakramente. Als sich ihr Zustand wieder besserte, konnte Franz I. nach Vicenza abreisen, aber eine Woche später mußte er eilig zurückkehren, um fortan an ihrem Krankenlager zu wachen. Am Palmsonntag, dem 7. April 1816, starb sie an Tuberkulose. Der Kaiser war vom stolzen Sieger über Napoleon zum trauernden Witwer geworden. Am 26. April traf er mit dem Sarg seiner geliebten Gemahlin in Wien ein.

EINE BILDUNGSREISE
NACH ROM UND NEAPEL

Kaiser Franz I. und
Erzherzogin Carolina Ferdinanda 1819

Manche Zeitgenossen spotteten über Franz I. und nannten ihn einen Bücherwurm, der sich durch Akten wühle, aber damit erfaßten sie nur eine Seite seiner pflichtbewußten Arbeit als Herrscher. Er war viel unterwegs, um die Verhältnisse seiner Länder durch Augenschein kennenzulernen und zu überprüfen, wie seine Anordnungen ausgeführt würden. Nicht lange nach dem Tode von Maria Ludovica, noch im Jahre 1816, reiste er wieder über Innsbruck nach Venedig und Mailand, auf der Rückfahrt besuchte er Görz und Triest, das Gestüt von Lipizza, Istrien, Fiume und Laibach, fuhr über den Wurzenpaß nach Villach, Innsbruck und Salzburg. Zwei Jahre später, 1818, war er wieder in Triest und Fiume. Maria Ludovica war die dritte Gemahlin des Kaisers gewesen und hatte keine Kinder geboren, war aber den Kindern aus der vorigen Ehe des Kaisers keine Stiefmutter, sondern eine verständnisvolle, herzlich zugeneigte Freundin – sie war ja nur vier Jahre älter als Maria Louise! Maria Louise mußte Napoleon heiraten und erhielt später das Herzogtum Parma, ihre Schwester Leopoldine wurde Kaiserin von Brasilien. Beide haben in ihren Ländern Gutes getan, man gedenkt ihrer heute noch in Dankbarkeit. Ihre jüngere Schwester Carolina Ferdinanda wurde zwar auch standesgemäß verheiratet, spielte aber in der Politik keine Rolle, hatte weder Kinder noch Affären und ist somit viel weniger bekannt. Deshalb soll immerhin von ihrer Reise nach Italien erzählt werden.

Genau genommen war es nicht i h r e Reise allein, sie durfte nur ihren

Vater und dessen vierte Gemahlin Karoline Auguste von Bayern auf der Fahrt begleiten. Franz I. nahm sie mit, um sie noch eine kurze Weile um sich zu haben, bevor er sie aus dem Hause gab, für sie war die Reise eine Art Abschiedsgeschenk, eine Bildungsreise, etwa das, was für einen jungen Adeligen die »Kavalierstour« war mit dem Kontakt mit anderen Ländern, mit ihren Menschen, ihren Kunstwerken und Naturschönheiten, nur selbstverständlich mit den Einschränkungen, die einem jungen männlichen Reisenden nicht unbedingt auferlegt waren. Der durfte unterwegs Abenteuer erleben, sie sich nicht verlieben, denn sie sollte ja die Frau des sächsischen Thronfolgers werden.

Die Reise begann schon im Februar 1819 bei nicht gerade günstigem Wetter, mußte aber frühzeitig angetreten werden, denn sie sollte weit nach Süden führen. In Klagenfurt hielt der Abt des Benediktinerklosters Sankt Paul im Lavanttal am 12. Februar ein Hochamt mit Tedeum zu Ehren des Geburtstagsfestes des Kaisers. »*Abends nach halb sechs Uhr hatten wir das schon lange angekündigte und sehnsuchtsvoll erwartete Glück, das hohe erlauchte Herrscherpaar, Ihre Majestäten unsern allergnädigsten Landesvater und Landesmutter, Franz und Caroline, nebst der Prinzessin Carolina Ferdinanda kaiserliche Hoheit auf Allerhöchstihrer Reise nach Italien, unter dem lauten und freudigen Jubel der getreuen Einwohner hier zu begrüßen. Ihre Majestäten geruhten das Absteig-Quartier in der ständischen Burg zu nehmen*«, berichtete der Klagenfurter Korrespondent der »Wiener Zeitung«.

Der Kaiser war eben 51 Jahre alt geworden. Seine Tochter Carolina Ferdinanda liebte ihn, denn er war gütig und innerhalb der Familie von keinem Zeremoniell belastet, und sie verstand sich gut mit ihrer zweiten Stiefmutter. Karoline Auguste war eine sehr fromme, dabei charmante und intelligente Dame von 27 Jahren.

Die Reise war, wie zu erwarten, mit vielen offiziellen Zeremonien verbunden. In Klagenfurt kamen der Gouverneur von Steiermark und Kärnten und jener von Illyrien, der Bischof und Deputierte von Laibach zur Begrüßung, bei der Ankunft in Venedig am frühen Nachmittag des 17. Februar donnerten die Kanonen und läuteten die Glocken aller Kirchen. Nach dem Gebet im Markusdom gingen die Majestäten und die Erzherzogin in den k. k. Palast an der südlichen Längsseite des Platzes, die heutigen Procuratie nuove, und zeigten sich am Fenster, während unten das Volk jubelte.

Am Abend des 18. Februar begegnete Carolina Ferdinanda lieben Verwandten, ihrer älteren Schwester Maria Louise, Herzogin von Parma, Piacenza und Guastalla, und ihrem Onkel Rainer, Vizekönig des lombardisch-venetischen Königreiches. Die Familie hielt sich eine ganze Woche lang in Venedig auf, ihre vielfältigen Verpflichtungen waren zumindest zum Teil erfreulich und interessant. Die Kaiserin empfing die höchsten Damen von Venedig, gab aber auch freie Audienzen, der Kaiser besuchte Kirchen, eine Erziehungsanstalt und das Marine-Arsenal, wo in seiner Gegenwart ein Schiff vom Stapel gelassen wurde, besichtigte die Kunst- und Industrieausstellung im ehemaligen Dogenpalast und die Bibliothek.

Von links: Erzherzog Josef, Palatin von Ungarn, Erzherzog Rainer d. Ä.,
Vizekönig von Lombardo-Venetien, Erzherzog Karl, der Sieger
gegen Napoleon, und Kaiser Franz I.
Ausschnitt aus Peter Fendi: Die kaiserliche Familie 1834

Den Abend des 19. Februar verbrachte die Familie im Teatro San Beneto, den nächsten im Teatro Vendramin bei Santa Lucia. Die junge Erzherzogin genoß die Aufführungen sehr, als Habsburgerin war sie von Kindheit an mit Schauspiel und Musik vertraut. Eine Überraschung erlebte sie dagegen am 25. Februar: ein großes Boot, das nicht gerudert, sondern mit einer Dampfmaschine betrieben wurde! Zögernd, doch neugierig stieg sie mit den anderen ein, mußte sich aber nicht fürchten. Die Bootsleute waren sich ihrer Verantwortung bewußt und fuhren nicht in die Lagune oder gar ins offene Meer hinaus, sondern nur ein Stück weit durch den Canal grande. Ein Ballfest im Teatro La Fenice schloß diesen Abend ab. Als die kaiserliche Familie am 27. Februar 1819 von Venedig aufbrach, hatte sie noch zwei größere Städte des Habsburgerreiches vor sich, Padua und Rovigo, mit den üblichen Begrüßungen, Jubel und Besichtigungen. Eine gute Fahrstunde südlich von Rovigo, jenseits des Po, begann der Kirchenstaat, die erste wichtige Stadt dort war Ferrara mit einem malerischen, durch Wassergräben geschützten Kastell und dem ehemaligen Residenzschloß der Familie Este. Auch hier erwies man alle Ehre, ebenso am 5. März in Bologna. Päpstliche Carabinieri zu Pferd und Dragoner warteten vor dem Tor und begleiteten in die Stadt, die ganze Garnison war angetreten.

Franz I. reiste mit weniger Gefolge und Troß als 80 Jahre vor ihm seine Großeltern Maria Theresia und Franz Stephan, aber der Apenninübergang im Winter wurde auch für ihn mühsam. Auf halbem Wege zwischen den schwierigen Pässen Raticosa und Futa, bereits in der Toskana, erwartete ihn sein Bruder Großherzog Ferdinand III. Nach dem gemeinsamen Mittagmahl fuhren der Kaiser, seine Gemahlin, die Töchter Maria Louise und Carolina Ferdinanda und sein Bruder zusammen in einem Wagen weiter; sie hatten einander ja viel zu erzählen. Ferdinand hatte das Werk seines Vaters fortgesetzt und in zielbewußter Tätigkeit die Toskana zu einem Musterstaat gemacht, sogar das Postwesen funktionierte. Mit dreimaligem Pferdewechsel kamen sie in Florenz an. Soldaten bildeten Spalier von der Porta San Gallo bis zum Palazzo Pitti, die Bürger grüßten laut und froh, vor dem Palast stand ein Bataillon Grenadiere mit Feldmusik. Die Gebäude und Kunstwerke von Florenz entzückten den Kaiser, seine Gemahlin und seine Töchter wie zahllose andere Besucher vor und nach ihnen. Zwischen den Spaziergängen und Besichtigungen gab es Pflichten der Repräsentation. Am 15. März war große Cour bei Hofe angesagt, der Großherzog stellte dem Kaiser den Adel seines Landes vor. An die 500 Personen, auch Stabsoffiziere und hohe Beamte, waren in großer Gala erschienen, die Damen mit Juwelen geschmückt.

Am selben Tag traf eine noch wichtigere Persönlichkeit in der Stadt ein, der Staats- und Konferenz-Minister und Minister der auswärtigen Angelegenheiten Clemens Lothar Wenzel Fürst Metternich. Auch er wußte die Vorfrühlingstage am Arno zu genießen, trat aber schon am 26. März die Reise über Livorno nach Rom an. Der Kaiser wählte für sich und seine Familie die beschwerlichere, aber kürzere und landschaftlich schönere Route über Siena. Hier nahm Herzogin Maria Louise Abschied und kehrte nach Hause zurück.

Mit fast drei Wochen Verspätung brachte die »Wiener Zeitung« einen Bericht des »Diario di Roma« über die Ankunft der Majestäten in der Ewigen Stadt. Sie waren am frühen Morgen von Viterbo aufgebrochen und hatten die 85 Kilometer auf der guten, seit der Antike bekannten Via Cassia so schnell zurückgelegt, daß sie um drei Uhr nachmittags an der berühmten Milvischen Brücke nördlich der Stadt ankamen. Wahrscheinlich tat es ihnen gut, sich vor den Feierlichkeiten noch außerhalb der Stadtmauern ein wenig ausruhen zu können; dazu war ein Zelt errichtet worden.

Der Kardinal-Staatssekretär Ercole Consalvi, einer der großen Männer jener Zeit, kannte den Kaiser vom Wiener Kongreß her. Er kam ihm nun bis zu dem Zelt in seiner Staatskarosse entgegen und brachte für die hohen Gäste acht ebenso ansehnliche Karossen mit. Damit wurde der Einzug in Rom zu einem großartigen Schauspiel, während abwechselnd von der Torre del Ponte, vom Monte Pincio und der Engelsburg Kanonenschüsse donnerten.

Die Spitze des Zuges bildeten vier päpstliche Läufer, ihnen folgten Carabinieri und Dragoner, Pikenträger und Herren der Nobelgarde. Vor der Karosse des Kaisers fuhren Fürst Kaunitz und alle anderen zur k. k. Gesandtschaft gehörigen Personen, mit dem Kaiser zusammen die Gemahlin, die Tochter und der Kardinal-Staatssekretär. Daneben und dahinter ritt die Nobelgarde, dann erst kamen die anderen Wagen und wieder päpstliche Kavallerie. An allen Straßen standen Soldaten und Bürgerwachen. An der Stiege des Quirinalpalastes hatte sich die hohe Geistlichkeit zum Empfang versammelt, daneben warteten die römischen Prinzen und Prinzessinnen, die dazu bestimmt waren, bei den Majestäten Dienst zu machen.

Der Kaiser, die Kaiserin und die Erzherzogin begaben sich samt ihrem Gefolge zu den Wohngemächern des Papstes, wo schon Fürst Metternich, Gesandter Fürst Kaunitz und andere hohe Herren warteten. *»Seine päpstliche Heiligkeit«* berichtete der *»Diario di Roma«, »gingen auf erhaltene Nachricht von der Ankunft Ihrer kaiserlich-königlichen Majestäten Allerhöchstdenselben bis in die Ante-Kammern des Palastes entgegen. Das Zusammentreffen von beiden Seiten gewährte einen rührenden herzerhebenden Anblick.«* Papst Pius VII. stand schon im 77. Lebensjahr, er hatte unter Napoleon viel zu leiden gehabt und fühlte sich dadurch dem Kaiser verbunden.

Da Joseph II. 1783 inkognito nach Rom gekommen war, mußte man bis 1536 zurückzählen, um einen Besuch eines Kaisers im vollen Glanz seiner Würde zu finden. In jenem Jahr war Karl V. auf der Rückkehr vom Kriegszug nach Tunis bei Papst Paul III. gewesen, sogar fast zur selben Jahreszeit. Diesmal waren zur Osterwoche an die 30 000 Fremde nach Rom gekommen, vorwiegend Pilger, aber auch hohe Herrschaften, die den Kaiser sehen und nach Möglichkeit ihre Aufwartung machen wollten. Am 3. April ließ Franz I. das in Rom residierende Diplomatische Corps zur Audienz vor. Herzog Karl Ludwig von Lucca mit seinen Kindern und der Herzog von Chablais, ein entfernter Vetter des Kaisers, statteten Besuche ab und mußten mit einem Gegenbesuch beehrt werden. Am Abend kamen noch andere Verwandte an, ein Prinz und eine Prinzessin von Sachsen mit ihrer Nichte Prinzessin Amalie, die recht neugierig waren, Carolina Ferdinanda zu sehen, und Erzherzog Joseph Anton, ein Bruder des Kaisers, Palatin von Ungarn. Sie alle suchten schon an diesem ersten Abend in Rom den Papst und den Kaiser auf.

Am Palmsonntag, dem 4. April 1819, wurde die traditionelle Palmweihe in der Kapelle des Quirinalpalastes gefeiert, am Nachmittag fuhren die Herrschaften zur Peterskirche und dem Vatikan. Für den nächsten Tag standen die Bibliothek und das Museum des Vatikans auf dem Programm, am Abend stattete Großfürst Michael von Rußland seinen Besuch ab, am

Die Peterskirche und der Petersplatz in Rom

Rom, Quirinalpalast. Stich von Piranesi

6. April der Erbprinz von Toskana, Leopold, ein sympathischer, aber etwas schüchterner Herr von 22 Jahren, Neffe des Kaisers und somit Vetter von Carolina Ferdinanda. Franz I. leistete alles, was Etikette und Zeremoniell ihm auferlegten, geduldig und pflichtbewußt, aber nicht gerade begeistert. Er wollte die Stadt Rom kennenlernen, wie es 1776 seiner Tante Marie Christine und ihrem Gemahl Herzog Albert von Sachsen-Teschen und vielen anderen Reisenden aus deutschen Landen vergönnt gewesen war. Man kennt die Schilderungen Goethes und Wilhelm Müllers und die des Ferdinand Gregorovius wenige Jahrzehnte später. Von den Tagebüchern des Kaisers sind zwischen vielen Heften von 1825 leider nur zwei von 1819 im Haus-, Hof- und Staatsarchiv zu Wien im handschriftlichen Original erhalten.

Vor rund 270 Jahren hatte Kaiser Friedrich III. gesehen, daß die Stadt Rom nur einen Teil des Raumes erfüllte, den die Mauern des Altertums umschlossen. Auch Franz I. sah einige der berühmten sieben Hügel mit Weingärten bepflanzt und dazwischen Viehweiden, aber aus dem Gras ragten überall die Trümmer früherer Größe empor.

Im Tagebuch vom 14. April hielt der Kaiser fest, wie er auf der Fahrt von seinem Wohnsitz im Quirinalpalast bald in wenig bewohnte Gegenden kam und dann nur mehr Gärten sah, die von Mauern umschlossen waren, und in einiger Entfernung Villen, bis er durch die Porta San Lorenzo im Osten die alte, mit Türmen bewehrte Stadtmauer passierte. Ein gepflasterter Weg, die antike Via Tiburtina, führte durch Felder, an Gärten und einzelnen Häusern vorbei, in einem Weingarten stand eine Säule aus dem Altertum, dann zeigten sich Obstbäume und wieder Weinstöcke, ein Tal mit sanften Hängen und ein Hohlweg waren zu durchfahren. Das Tagebuch erwähnt auch *»einen Fluß mit ziemlich viel Wasser wie die halbe Wienn breit über eine Brücke«*.

Nach drei Stunden Fahrt rastete der Kaiser bei dem Fürsten Santa Croce und notierte darüber: *»Das Haus 2 Stock hoh ganz hübsch mit vielen nicht besonders eingerichteten Zimmern im 2ten Stock. Die Aussicht davon herrlich über die Straße weg gegen Rom und seine Gegend.«* Von dort fuhr er zum Städtchen Tivoli und der prächtigen Villa Este, Eigentum seiner Tante Erzherzogin Maria Beatrix. Die Besitzung umfaßte Terrassen mit Gartenanlagen, einen Wald von hohen Zypressen und viele Reste der

Villa Adriana, eines Sommersitzes des Kaisers Hadrian. Damals trugen die Ruinen phantasievolle Namen wie »Tempel der Vesta«, »Tempel der Sibylle« und »Grotte des Neptun«. Der Kaiser vermerkte das alles in seinem Tagebuch, auch das schlechte Trinkwasser in Tivoli und die Forellen im Fluß Aniene.

Das Forum Romanum und die Kaiserfora, über die heutzutage mehr oder minder verständnisvolle Touristenherden ziehen, war damals noch unter Schutt und Erde begraben, Rinder, Ziegen und Schafe weideten dort, aber die Archäologen hatten schon mit der Arbeit begonnen. Schon am nächsten Morgen fuhr Franz I. mit Gemahlin und Tochter hin und betrachtete, was vom Forum des Kaisers Trajan noch erhalten war und Kleinbürgern als Wohnstätte diente. Sie sahen die Treppe, die vor 2 000 Jahren zum Kapitol hinaufgeführt hatte und erst kürzlich wieder freigelegt worden war, besichtigten die neuen Ausgrabungen auf dem Forum Romanum, die Phokassäule und den Titusbogen. Die Aufzeichnungen im Tagebuch bezeugen, daß Franz I. die damals neuesten Erkenntnisse der Archäologie aufmerksam studiert hatte.

Die Gelehrten freuten sich natürlich über das Interesse des Kaisers, vielleicht hatten sie es gar nicht erwartet. Die Maler und Bildhauer aus Deutschland und anderen Staaten, die in Rom viel Anregung für ihre Werke fanden, hatten dagegen schon wochenlang mit seinem Besuch gerechnet und eine Ausstellung in einem Saal des Palazzo Cassarelli auf dem Kapitol vorbereitet, denn eine Anerkennung für ihre Werke aus seinem Munde mußte ihr Ansehen heben, womöglich würde er gar eines der Stücke für seine Kunstsammlung ankaufen!

Tatsächlich besuchte Franz I. nicht nur die Ausstellung, sondern auch die Künstler selbst; eine Zeitung rühmte, daß die Majestäten viel Zeit dafür aufbrächten, »die Werkstätten der Künstler in Augenschein zu nehmen, und jeden derselben mit der huldvollsten Leutseligkeit zu beglücken«. Für Carolina Ferdinanda mag es ein großes Erlebnis gewesen sein, die Meister so nahe zu sehen und reden zu hören, Franz I. lobte sie höflich und freundlich, wie es seinem Wesen entsprach, aber die antiken Statuen machten stärkeren Eindruck auf ihn als die der Künstler seiner Zeit. Das Tagebuch erwähnt Fundstücke aus der Etruskerstadt Veji und Bildwerke, die in Rom ausgegraben worden waren, doch die hatte schon der Kronprinz von Bayern angekauft: »*Mehrere 3 bis 4 Schuh hohe Statuen vorzügliche Körper meist nackend.*«

Am Abend des 20. April gab der Stadtrat von Rom zu Ehren des Kaisers ein großes Fest auf dem Kapitol, alle Fenster des Konservatorenpalastes waren erleuchtet, 2000 Personen dazu eingeladen, auf den Straßen und dem Platz unterhalb des Kapitols drängten sich die Zuschauer, Militärmusik spielte. Der Palast selbst, die Kunstwerke darin und auch der Gartenhof gefielen Franz I. sehr, ebenso am nächsten Tag die Villa des Fürsten Pamphili, westlich außerhalb der Stadtmauern mit ihren reichen Kunstschätzen und dem Belvedere. Von diesem aus genoß er einen prachtvollen Blick auf die Peterskirche und den Monte Mario.

Am selben Tag besuchte die kaiserliche Familie noch den Palazzo Corsini am rechten Tiberufer. Fürst Tommaso Corsini, seit einem Jahr Senator von Rom, freute sich, so hohen Gästen seinen Besitz an Kunstwerken zu zeigen und sie durch die Säulenhöfe und in den prachtvollen Garten zu führen. Franz I. rühmte im Gespräch mit dem Fürsten und abends in seinem Tagebuch die Bilder, die Statuen und die Bibliothek.

Rom, Villa Doria Pamphili. Stich von W. L. Leitch

Auch das Collegium de propaganda fide, in dem Missionare ausgebildet wurden, war dem Kaiser eines Besuches wert, und zusammen mit Gemahlin und Tochter fuhr er zur Akademie der Schönen Künste zu San Apollinare. Beide Majestäten ließen sich als Mitglieder einschreiben. Dann verpflichtete sie die bevorstehende Abreise zu Abschiedsbesuchen bei den höchsten Herrschaften, die zur Osterzeit nach Rom gekommen waren. Am Sonntag, den 25. April begannen sie den Tag mit einer Visite bei Viktor Emanuel I., König von Sardinien-Piemont, und beendeten ihn bei der verwitweten Herzogin von Württemberg.

Tags darauf verließ die kaiserliche Familie – Fürst Metternich war schon vorausgefahren – frühzeitig die Ewige Stadt und legte bis zum Abend 150 Kilometer zurück. Sie übernachtete in Mola di Gaëta (Formia), einem Städtchen in entzückender Lage am Golf von Gaëta. Hier hatten einst viele vornehme Römer ihre Landsitze gehabt, auch Cicero, von dessen Formianum Reste in der königlichen Villa Rubino verbaut waren.

Bis hieher fuhren den Majestäten Ferdinand I., König beider Sizilien, und andere Verwandte entgegen, am Abend des 27. April 1819 hielten sie alle feierlichen Einzug in Neapel: *»Eine unzählbare Menge Volkes bedeckte die Straßen und Plätze der Hauptstadt und bezeugte laut ihre Freude über die Ankunft der erlauchten Kaiser-Familie«,* lautete der Zeitungsbericht. Wie jeder kunstverständige Fremde, der nach Neapel kommt, besuchte Franz I. gleich am ersten Tag seines Aufenthaltes das Museum, am nächsten gab er einen Empfang für die königlichen Stabsoffiziere und Staatsräte, Hofdamen und Hofkavaliere, das Diplomatische Corps und die in Neapel anwesenden vornehmen Gäste.

Neapel bietet unendlich viel an landschaftlich Schönem und kulturhistorisch Bewundernswertem. Die kaiserliche Familie erfreute sich daran Tag für Tag, aber am 6. Mai waren die beiden Damen ganz froh, einmal nicht mitfahren zu müssen, denn da besuchte Franz I. in Aversa, eine gute Fahrstunde nordwestlich der Stadt, ein Irrenhaus. Was er am Abend davon erzählte, klang jedoch gar nicht schaurig, sondern vielmehr interessant. Der Direktor, ein Herr von Linguiti, hatte nämlich Erfolg bei seinen Versuchen, die Unglücklichen nicht nur zu verwahren oder sie gar anzuketten wie in früheren Zeiten, sondern ihnen zu helfen. Fenstergitter waren zwar nötig, aber sie bestanden nicht aus nackten Eisenstäben, sondern hatten die Form von Blumenstöcken und waren bemalt. Als beste Methode der Heilung erschienen dem Direktor mäßige Arbeit und angenehme Zerstreuung; je nach ihren Fähigkeiten waren die Insassen mit Wollarbeit, in der Landwirtschaft oder in einer Buchdruckerei beschäftigt, übersetzten aus fremden Sprachen ins Italienische, machten Musik, und alle hielten sich viel im Freien auf. Neben dem Gebäude lag ein eigenes Landgut.

Im Teatro San Carlo wurde am 9. Mai eine allegorische Kantate mit Ballett aufgeführt, das Thema war die Rolandsage. Bei der Szene, in der Karl der Große den Eid seiner Getreuen entgegennimmt, stimmte das Orchester Haydns Hymne »Gott erhalte Franz den Kaiser« an, alle Anwesenden standen auf, schauten zur Kaiserloge hin und brachen am Ende des Liedes in Jubel aus. Es war ja erst vier Jahre her, daß österreichische Husaren und Dragoner nach dem Ende der französischen Herrschaft in Neapel die beginnende Anarchie verhindert und Ruhe und Ordnung wiederhergestellt hatten.

Man wußte also, was man dem Kaiser und seinen Truppen verdankte, und handelte dementsprechend. Als Franz I. mit den Damen und kleinem Gefolge am 13. Mai nach Pompeji fuhr, setzte man für diesen Tag die Ausgrabungen fort, um die Art und Weise der archäologischen Arbeit zu zeigen. Selbstverständlich war vorgesorgt worden, daß auch etwas Besonderes zutage komme: Man fand in einem Zimmer eines Wohnhauses zwei Skelette von Opfern der Katastrophe des Jahres 79, als die Stadt verschüttet wurde, in einem anderen Zimmer Vasen und Hausgeräte.

Leider hatte zu dieser Zeit die Regierung in Neapel auch ernstere Sorgen. Aus Sizilien kamen Nachrichten von Unruhen und Widerstand gegen die neuen Gesetze. Die Zeitungen versuchten, die Bevölkerung zu beruhigen: *»Der Aufschub der Reise des Königs nach Sizilien, sowie dorthin gesandte Truppenverstärkungen unter General Carascosa, stehen mit jenen Ereignissen in keiner Verbindung. Ebenso ist es unrichtig, daß Herr J. v. Rothschild, der eine Vergnügungsreise hierher gemacht hat, mit unserer Regierung in Finanzarrangements getreten sei.«* Daraus konnte jeder Leser sich leicht seine Meinung bilden. Bezeichnend für die dubiosen Verhältnisse im Königreich war auch der Fall des Herrn Barbaja: Er hatte die Lizenz für Glücksspiele in Neapel gepachtet, nun erhielt er die Erlaubnis, das Privileg auch in Palermo auszuüben. Dafür verpflichtete er sich, auf eigene Kosten die Straße zwischen Palermo und Messina zu vollenden. Vereinbarungen dieser Art haben in jenen Gegenden also schon einige Tradition.

Die vorgesehene Zeit des Aufenthalts in Neapel näherte sich dem Ende, deshalb war noch ein besonderes Unternehmen geplant, ein Ausflug auf den Vesuv. Gegen Abend des 20. Mai brachen die Majestäten mit Carolina Ferdinanda dorthin auf, die Prinzessin Amalie von Sachsen und der Herzog von Salerno schlossen sich an, als Führer diente der Gelehrte Duca della Torre Filomarina, als ebenfalls fachkundiger Begleiter der Chevalier de Gimbernat, Gesandtschaftsrat des Königs von Bayern.

Noch vor Mitternacht erreichten sie die Wohnstätte eines Eremiten, von da bis zum Rand des Kraters gingen sie zu Fuß. Der schmale Lavastrom, der von dort dauernd herabgeflossen war, hatte zwei Tage zuvor ausgesetzt, aber auch ohne ihn bot sich ein schaurig-schöner Anblick: Die Dunkelheit ringsum verstärkte den Glanz der Flammen, die aus dem Krater aufstiegen, Explosionen waren zu hören, glühende Steine flogen hoch in die Luft. Nach einigen Stunden wechselte das Schauspiel, die ersten Sonnenstrahlen erhellten die Landschaft um den Golf von Neapel und glitzerten auf dem Meer. Um neun Uhr vormittags war die Reisegesellschaft wieder in Neapel, überwältigt von den Eindrücken und ehrlich müde.

Zwei Tage später gab König Ferdinand I. seinen erlauchten Gästen ein Fest in der Villa La Floridiana, einem Landhaus mit bezauberndem Park am Hang des Vomero, das der Herzogin von Florida gehörte; Florida war damals noch spanischer Besitz. Der nächste feierliche Empfang fand am 24. Mai in Caserta statt, in einem prachtvollen Barockschloß mehr als zwei Fahrstunden nördlich von Neapel. Es war der Königspalast, mit dem die spanischen Bourbonen mit Versailles und Schönbrunn wetteifern wollten. Der Kaiser lobte als höflicher Mann das Gebäude und die Gartenanlage, ebenso die Soldaten, die bei einer Truppenschau aufmarschierten.

König Ferdinand I. hatte allen Grund, sich um den Kaiser zu bemühen als den einzigen, der bereit und imstande war, seinen Thron zu stützen. Franz I. wiederum mußte sich für die Gastfreundschaft dankbar erweisen und konnte nicht schon am 26. Mai aufbrechen, wie er vorgehabt hatte, sondern blieb noch bis zum Namenstag des Königs am 30. Mai. Danach endlich machte er sich mit Familie und Gefolge auf den Weg und traf am 1. Juni in Rom ein. Er wollte nur einige Tage bleiben und nützte sie gut, bestieg den Glockenturm des Senatorenpalastes auf dem Kapitol, freute sich an der Aussicht über Stadt und Landschaft bis zum Meer und besuchte noch Museen. Seine Tochter Carolina Ferdinanda ging immer brav mit und nahm auch an allen familiären Begegnungen teil. Gleichzeitig mit ihnen war auch hier in Rom, wie vorher in Neapel, Prinz Anton von Sachsen anwesend, zusammen mit seiner Gemahlin Maria Theresia, der ältesten Schwester des Kaisers. Carolina Ferdinanda küßte der Tante ehrerbietig die Hand.

Es waren keine leichten Tage für die junge Erzherzogin. Immer mußte sie freundlich, höflich und dankbar erscheinen, interessiert an allem, was der Vater ihr zeigte, und wünschte sich doch nichts als ein Bett in einem halbdunklen Zimmer. Ob es das zweifelhafte Trinkwasser war, die ungewohnte Nahrung oder nur das frühsommerliche Klima, sie fühlte sich jedenfalls schwach und war froh, am Morgen des 10. Juni von Rom abreisen zu dürfen, hinauf ins kühlere Bergland der Abruzzen.

Der Kaiser blieb mit seiner Gemahlin noch in Rom, sie nahmen an der Fronleichnamsprozession teil und machten danach die Abschiedsbesuche, zuletzt bei Papst Pius VII. Carolina hatte sich nicht nur das erspart, sondern auch die Zeremonien der Abfahrt aus Rom. Der Kardinal-Staatssekretär, der Obersthofmeister und der Oberstkämmerer des Papstes geleiteten die Majestäten vom Quirinalpalast zu ihrem Wagen, wie bei der ersten Ankunft hallten von der Engelsburg und dem Monte Pincio her Kanonenschüsse, Carabinieri ritten neben der Wagenkolonne. Das war nicht nur eine Geste der Höflichkeit, sondern auch der Vorsicht, denn unter den vielen Räuberbanden des Kirchenstaates galten jene aus den Abruzzen als die gefährlichsten.

In Terni besuchte Franz I. den Dom mit der Krypta aus dem 10. Jahrhundert, mehr noch fesselte ihn das Naturschauspiel der Wasserfälle östlich außerhalb der Stadt: Hier stürzte der Velino in drei Kaskaden, die mittlere von 100 Metern Höhe, lotrecht in die Nerva ab. Seine Tochter war leider schon abgereist. Als er sie in Perugia endlich antraf, sah er ein blasses, krankes Mädchen und ratlose Ärzte. Die Versuche, sie durch Aderlaß zu kurieren, hatten sie nur noch schwächer gemacht. Also war es nötig, die Reise zu unterbrechen. Erst nach über einer Woche, als sich der Zustand der Erzherzogin ein wenig gebessert hatte, ging es am 5. Juli weiter bis Arezzo, nach einem Rasttag dann bis Florenz. Auch hier litt Carolina unter der Hitze: Um 3 Uhr nachmittags zeigte das Thermometer 28,5 Grad Reaumur (nach Celsius 35,6 Grad).

Genaueres ist über die Krankheit der Erzherzogin nicht bekannt, denn das Tagebuch des Kaisers von jenem Abschnitt der Reise ist nicht erhalten, und die Zeitungen beschäftigten sich nicht mit diesem Thema, sondern einem pikanten Skandal: Die Prinzessin von Wales hatte sich mit Gefolge in Pesaro aufgehalten und war von dort ganz unvermittelt und heimlich nicht mit dem eigenen Reisepaß, sondern dem ihrer Kammerfrau in Richtung Bologna aufgebrochen, ihr Stallmeister Baron Franchino Pergami war ihr gefolgt.

In Pisa wurde alljährlich das Fest Luminara mit Pferderennen gefeiert. Die Majestäten wollten zuschauen, fuhren am 12. Juli zusammen mit

Romantische Darstellung der Abruzzen-Räuber

Großherzog Ferdinand III. hin und trafen dort mit der Herzogin von Lucca und ihren Kindern zusammen. Nach einem Abstecher in die Hafenstadt Livorno waren sie am 17. Juli wieder in Florenz. Endlich, am 3. August 1819, war in der »Wiener Zeitung« zu lesen: *»Ihre Majestäten der Kaiser und die Kaiserin, nebst ihrer kaiserl. Hoheit der Erzherzogin Carolina, sind gestern Nachmittags von Ihrer nach Italien unternommenen Reise, in erwünschtestem Wohlseyn zu Schönbrunn angekommen.«*

DIE FLUCHT NACH OLMÜTZ

Kaiser Ferdinand I. 1848

Carolina Ferdinanda starb jung, gerade erst 31 Jahre alt, in Dresden, noch vor ihrem Vater. Als 1835 Kaiser Franz I. aus dem Leben schied, bestieg nach dem unerbittlichen Gesetz der Erbfolge sein ältester Sohn Ferdinand den österreichischen Thron. Er war Epileptiker und geistig etwas zurückgeblieben, aber als freundlicher, grundgütiger Mensch bei seinen Völkern beliebt.

Schon als Kronprinz hatte er ab 1810 mehrmals Reisen durch die Monarchie unternommen, 1838 machte er sich als Kaiser auf den Weg, um die Erbhuldigung des Landes Tirol entgegenzunehmen und sich in Mailand die Krone des Lombardisch-Venetischen Königreiches aufs Haupt setzen zu lassen. Hier verlief alles in gewohnten Bahnen, am 1. September feierlicher Einzug in die Stadt, am 4. die Huldigung, am 6. die Krönung. Ein guter Teil der einheimischen Bevölkerung jubelte wie üblich, ein anderer Teil wartete gespannt, ob der Kaiser eine Amnestie für politische Verbrecher erlassen werde, denn deren gab es schon viele. Die Hoffnung wurde nicht völlig enttäuscht, Ferdinand war immer geneigt zu verzeihen, soweit es auf ihn ankam.

Die weitere Reise glich fast einem Triumphzug von Stadt zu Stadt auf altbekannter Route, über Pavia, Verona und Padua nach Venedig. Auch hier unterschied sich der Empfang kaum von dem, was für seinen Vater veranstaltet worden war, Fürstin Mélanie Metternich schrieb in ihrem Tagebuch von einem *»feenhaften Schauspiel«*. Die Festlichkeiten in Ve-

Die Ankunft Kaiser Ferdinands I. am 12. August 1848 in Nußdorf
bei Wien. Lithographie von J. Baur

nedig dauerten 30 Tage lang, der Markusplatz war beleuchtet, im Gedränge der Volksmenge bewegten sich sowohl der Kaiser wie Fürst Metternich ohne Sorge vor einem Attentat oder auch nur einer Rempelei. Die Reisen dagegen, die Ferdinand I. zehn Jahre später machen mußte, wären eher als Flucht zu bezeichnen. In Wien herrschte wie in vielen anderen europäischen Städten die Revolution, der Kaiser begab sich deshalb mit seiner Familie im Mai 1848 nach Innsbruck und kehrte erst, als die Lage ruhiger schien, wieder zurück. Im Oktober aber brachen in Wien neue Wirren aus, die Revolutionäre ermordeten den greisen Kriegsminister Graf Latour, hetzten Anhänger Metternichs durch die Straßen und erschlugen sie im Stephansdom, wo sie Zuflucht gesucht hatten. Am Kaiser hätte sich wohl niemand vergriffen, aber man hätte ihm vielleicht Zugeständnisse abgezwungen – da hielten es seine Ratgeber für besser, ihn in der Festung Olmütz in Sicherheit zu bringen. Am 7. Oktober verließ er Schönbrunn. Mit ihm reisten seine Gemahlin Maria Anna, Tochter des Königs Viktor Emanuel von Sardinien-Piemont, eine stille, fromme, ungemein fürsorgliche Frau, sein Bruder Franz Karl, dessen Gemahlin Sophie und ihre vier Söhne; der älteste, Franz Joseph, zählte 18 Jahre. Die Aufsicht über die Wagenkolonne führte der neue Generaladjutant des Kaisers, Fürst Joseph Lobkowitz. Die Fahrt ging zunächst nach Westen bis in die Marktgemeinde Sieghartskirchen im Tullnerfeld. Das Kaiserpaar stieg im Pfarrhaus ab, der Bischof von Sankt Pölten kam hin, begrüßte und lud zum Abendessen ein, aber Maria Anna war zu müde für ein Gespräch und speiste allein in ihrem Zimmer. Erzherzog Franz Karl und seine Familie logierten im Posthaus. Sieghartskirchen liegt nur 30 Kilometer von Wien entfernt. Daß die Reise so langsam voranging, war teils durch die starke Steigung des Riederberges bedingt, mehr aber durch die militärische Bedeckung. In aller Eile waren Soldaten zusammengeholt worden, Jäger, Infanterie und Kürassiere, unter denen sich eben erst einberufene Rekruten befanden, die noch recht unsicher im Sattel saßen, 80 der Pferde hatte man sich von anderen Regimentern ausleihen müssen. Das alles verzögerte den Marsch, auch die zweite Tagesstrecke bis Herzogenburg betrug nur ungefähr 30 Kilometer. Angesichts der vielen Soldaten bestand im friedlichen Bauernland keine Gefahr für den Kaiser; trotzdem ritt noch in der Nacht vom 8. auf den 9. Oktober eine Eskadron Kürassiere ab, um die Donaubrücke bei Stein zu besetzen, begleitet von einer Kompanie des Jägerbataillons Nr. 12 auf Wagen.

Die kaiserliche Familie hatte im Augustiner-Chorherren-Stift schöne Zimmer mit Blick auf den Garten bezogen und ein Hochamt in der Stiftskirche besucht. In der Marktgemeinde Herzogenburg war nichts von revolutionärer Stimmung zu bemerken, die Bürger begrüßten den Kaiser mit allen Zeichen ehrlicher Ergebenheit. Am Morgen des 9. Oktober las der Prälat schon um halb sechs Uhr eine stille Messe, man brach zeitig auf. In Walpersdorf gab es nur kurze Rast bei dem prächtigen Schloß der Grafen Colloredo-Wallsee, um so größeren Empfang am Nachmittag im Benediktinerstift Göttweig. Auch jenseits der Donau in Krems wurde der Kaiser begeistert begrüßt – so schrieb er es jedenfalls in sein Tagebuch. Er log gewiß nicht, bemerkte nur nicht, daß es vielleicht auch andere Stimmen gab. Die Zeitungen schrieben darüber verschieden, je nach ihrer Parteilinie.

Die Militäreskorte schlug elf Kilometer nordöstlich von Krems ein Biwak auf; die Rekruten und überzähligen Pferde waren schon von Herzogenburg aus nach Sankt Pölten geschickt worden. Das Kaiserpaar wohnte in einem Haus am Hauptplatz von Hadersdorf am Kamp, Erzherzog Franz Karl mit Familie in einem anderen Bürgerhaus. In einem Gasthof nahmen sie das Abendessen ein. Am nächsten Tag erreichte man um sechs Uhr abends die Marktgemeinde Pulkau; von da ging es über Retz und die mährische Grenze nach Znaim.

Auch in dieser Stadt hatten Revolutionäre große Reden gehalten und eine Nationalgarde errichtet, aber die Stimmung war nur gegen Metternich gerichtet, nicht gegen den Kaiser. Ihm waren die Bürger treu ergeben und dankbar dafür, daß er erst zwei Jahre vorher erlaubt hatte, aus der alten Schützengesellschaft ein uniformiertes, bewaffnetes Bürgercorps zu errichten. An diesem Abend kam der Magistrat der Stadt Brünn, um den Kaiser in Mähren willkommen zu heißen. Ferdinand I. wohnte mit seiner Familie außerhalb von Znaim jenseits der Granitzschlucht in der Propstei der Kreuzherren auf dem Pöltenberg, das Gefolge im Gasthof »Weißes Roß«.

Die begleitenden Soldaten hatten einen Ruhetag verdient. Die Jäger und

Infanteristen blieben vorläufig in Znaim zurück, nur zwei Eskadronen Kürassiere ritten mit der kaiserlichen Familie weiter. Diese gönnte sich unterwegs keine längere Rast, sondern fuhr von Znaim zwölf Stunden lang bis Seelowitz (Židlochovice), dem schönen Renaissanceschloß, das Erzherzog Karl wenige Jahre vorher geerbt hatte. Die weitere Fahrt ging in nordöstlicher Richtung über Austerlitz (Slavkov u Brna) und Wischau (Vyškov) bis Olmütz, dem Ziel der Reise.

In der Stadt, einer der stärksten Festungen der Monarchie und Sitz eines Fürsterzbischofs, gab es damals noch eine Universität. Ihre Studenten verhielten sich ähnlich wie die in Wien, trugen Bärte und auf den wallenden Locken breitkrempige Hüte, die nach dem Vorbild der Verschwörer in Kalabrien »Kalabreser« genannt wurden, viele hatten Säbel umgeschnallt, und alle gebärdeten sich sehr aufgeregt. Ihr Grimm richtete sich nicht gegen den Kaiser selbst, sondern gegen das k. k. Militär, aber ihre Reihen zerstoben, als die Trompeten der Kürassiere zur Attacke bliesen. Als Ferdinand I. in Olmütz einzog, merkte er nichts von dem, was kurz vorher vorgefallen war, und hörte sich geduldig, sogar erfreut die Begrüßungsrede an, die der mährisch-schlesische Gubernialpräsident Leopold Graf Lažansky formvollendet vortrug.

Was in den folgenden Wochen in Olmütz geschah, ist hinreichend bekannt: Ferdinand I. verzichtete auf den Thron, desgleichen der nächste Anwärter, sein Bruder Franz Karl; neuer Kaiser wurde der älteste Sohn Franz Karls, der achtzehnjährige Franz Joseph.

Die Flucht nach Olmütz war die letzte wichtigere Reise, die ein Habsburger in der Karosse unternahm. Die politische und militärische Lage hatte es ratsam erscheinen lassen, in jenen Oktobertagen 1848 nicht die Eisenbahnlinie nach Brünn zu benützen, die doch den Namen »Kaiser-Ferdinand-Nordbahn« führte. Die Lage änderte sich, die Eisenbahn blieb, neue Linien wurden gebaut. Künftig fuhren die Habsburger wohl kürzere Strecken wie bisher im Wagen, den zwei bis sechs Pferde zogen, für größere Entfernungen dienten ihnen die Dampflokomotive oder das Dampfschiff.

JUGENDTRAUM IN GRIECHENLAND

Erzherzog Maximilian 1850

Kaiser Franz Joseph I. hatte in den ersten Jahren seiner Regierung keine Zeit für eine Reise nach eigenem Geschmack, eine »Lustreise«, wie man es immer noch nannte. Seinem jüngeren Bruder aber gönnte er das Vergnügen. Erzherzog Ferdinand Maximilian, gewöhnlich nur »Max« genannt, hatte im Alter von 18 Jahren seine Studienzeit nahezu beendet, bald sollte er seinem eigenen Wunsch gemäß in die k. k. Kriegsmarine eintreten. Dazwischen aber wollte er Griechenland kennenlernen. Der kaiserliche Bruder und die Eltern erteilten die Erlaubnis. Die Reisegesellschaft bestand aus ihm und seinem jüngeren Bruder Carl Ludwig, dem Fürsten Jablonowsky, dem Grafen Coudenhove, dem Baron Koller, dem Archivar Kaltenbeck und dem Leibarzt Dr. Fritsch samt der nötigen Dienerschaft. Die Reise begann am 3. September 1850 im Hafen von Triest. Der Raddampfer »Vulcan« hatte noch Masten und Segel, denn die Kraft der Dampfmaschinen war bescheiden, die Kohle nahm viel Laderaum ein; man sparte sie, wenn günstiger Wind die Segel füllte. *»Mein Gefühl, als der Hafen unseren Blicken entschwand, war das eines Siegers; denn mein liebster Wunsch ward in diesem Augenblick erfüllt. Tausend Pläne und Hoffnungen durchkreuzten unsere Köpfe, so daß dieser Abschied einer von den heitersten war, die ich je erlebte.«* Diese Worte voll romantischer Gefühle und Erwartungen schrieb Erzherzog Max in sein Tagebuch, das er später zur Grundlage eines literarischen Berichtes von seiner Reise machte.

Fünf Tage später, bald nach Sonnenaufgang des 8. September, ankerte der Dampfer etwa 200 Schritt vor der Stadt Patras. Einige Formalitäten waren zu erfüllen, bis am frühen Nachmittag die beiden Erzherzoge mit ihren Begleitern an Land gerudert wurden. Die ersten Eindrücke begeisterten alle. Noch war überall die malerische griechische Nationaltracht zu sehen, aber kein Klassenunterschied festzustellen, die Vegetation war südlich üppig, von der Höhe der alten Burg bot sich ein prächtiger Ausblick auf Land und Meer.

Der k. k. Konsul hatte einen Mann besorgt, der Reitpferde und Packtiere für die Weiterreise zu Land vermietete und selbst als Führer dienen sollte. Am nächsten Morgen brach die Karawane schon vor sieben Uhr auf. Die Dienerschaft bis auf einen und der größte Teil des Gepäcks blieben auf dem Dampfer zurück, aber einheimische Pferdeknechte ritten mit, zur Sicherheit auch Gendarmen, Griechen, die in Uniformen nach bayerischem Vorbild gekleidet – oder eher verkleidet – waren. Die Vorsorge war offenbar nicht unnötig, denn alle Landbewohner, denen sie begegneten, waren ebenfalls bewaffnet. Im Laufe des Tages bekamen die Reisenden viele Schauergeschichten von Räubern zu hören: Diese hatten heldenhaft gegen die Türken gekämpft, mancher ihrer Anführer war zu hohen Ehren bei Hofe gekommen und schützte nun seine alten Kameraden, wenn sie weiterhin ihrem Gewerbe nachgingen und dabei von der Gendarmerie gefangen wurden.

Die Reisenden aus Österreich sorgten sich aber – zumindest tagsüber – nicht, sondern nahmen mit wachen Augen auf, was sich an Schönem und Befremdlichem während des Rittes zeigte. Auf Bergpfaden und dann wieder im Sand des Meeresufers längs des Golfes von Korinth, durch einmündende Bäche und ausgetrocknete Wasserläufe, in denen Oleander wuchs, ging es nach Osten. Zwölf Stunden dauerte der Ritt des ersten Tages, anstrengend für die erfahrenen Reiter, kaum erträglich für die anderen. Das viele Obst, mit dem die Herren ihren Durst stillten, und der Wechsel von Tageshitze zu kühler Nacht wirkten sich auf die Gesundheit ungünstig aus. Die vorgesehenen Nachtquartiere waren überdies so beschaffen, daß die Herren lieber im Freien schliefen. Als sie endlich in Korinth in einem vornehmen Hause Herberge fanden, waren die Kissen gut, die Monogramme der Leintücher mit Goldfäden gestickt, die Wanzen aber blutgierig.

Die Ruinen von Korinth und die Säulen des Poseidontempels machten in der Dämmerung des nächsten Morgens keinen tiefen Eindruck, der Ritt und der anschließende Fußmarsch auf Akrokorinth strengten an, aber der Blick von oben lohnte alle Mühe. Der Isthmos schien als dunkles schmales Band zwischen den beiden Meeren, die wie Spiegelflächen im Morgenlicht erglänzten, im Norden erhoben sich die kahlen Bergketten des Festlandes. Zwölf Soldaten bewachten die halb verfallene Festung. Von den Kanonen aus der Zeit, als die Republik Venedig hier geherrscht hatte, lagen nur mehr einige ohne Lafetten da, aus den anderen bronzenen Kanonenrohren hatte man Münzen geprägt.

Weingärten und nackte Felsen, Piniengruppen und Oleandergebüsch, ödes und bebautes Land wechselten einander ab, Schafe und Ziegen weideten auf den Hängen, Adler kreisten darüber. Zwei von ihnen flogen so nah heran, daß die Herren meinten, jede Feder erkennen zu können, aber bevor sie ihre Gewehre zur Hand genommen und angelegt hatten, waren die Vögel außer Schußweite. Plötzlich zeigte sich eine kleine Schar von Männern mit langen Flinten. Die Reisenden dachten, Räuber vor sich zu haben, aber es war die erste von sieben Feldwachen der Landmiliz, die zu ihrem Schutz hinbeordert waren. In einem der Engpässe war erst am Vortag eine Gruppe von 18 Reisenden überfallen worden – und Engpässe gab es viele, statt einer Straße nur Saumpfade.

Endlich war die Wasserscheide zwischen dem Golf von Korinth und dem von Nauplia überwunden, das Tal erweiterte sich und bot Raum für karge Felder. An seinem Ende breitet sich die Ebene aus, die Bergketten umfassen in weitem Bogen den Golf und enden im Burgfelsen oberhalb von Nauplia. Der Weg führt an den Ruinen von Tiryns vorbei, die damals noch nicht freigelegt und erforscht, aber seit jeher bekannt waren. *»Ihr Ursprung verliert sich in der Zeit der Mythen, und die Mauern scheinen Cyklopen-Arbeit«*, schrieb Erzherzog Max ins Notizbuch.

Von hier führte eine Allee nach Nauplia. Das befestigte Städtchen hatte unter venezianischer Herrschaft »Napoli di Romania« geheißen und bewahrte noch einiges vom italienischen Gepräge. Im Hafen lag der Dampfer »Vulcan«, eine Barke wartete an der Mole und brachte die Herren an Bord. Die weitere Reise gestaltete sich ebenso interessant wie ihr erster Teil, aber weniger anstrengend. Als das Schiff am Morgen des 14. September im Piräus anlegte, warteten schon der Hofmarschall des Königs und ein Hauptmann, der den Erzherzogen für die Dauer ihres Aufenthaltes zugeteilt war. Sie waren eingeladen, mit ihren Begleitern im königlichen Schloß zu wohnen, die Königin hatte sogar eine vierspännige Kalesche geschickt, um sie nach Athen zu bringen.

Die Gegenwart kennt Athen als eine von Smog und schlechter Müllentsorgung gequälte Millionenstadt; als Erzherzog Max hinkam, war es eine Kleinstadt, durchschnitten von einer langen, noch ungepflasterten Straße mit niedrigen, keineswegs ansehnlichen Häusern. Sie gewann erst gegen das Zentrum zu ein richtig städtisches Aussehen; ihren Abschluß bildete der königliche Palast, nur zweistöckig, trotzdem viel zu groß für die junge Stadt und den armen, noch kleinen Staat. Mit einer Urteilskraft, die bei einem Achtzehnjährigen verwundern kann, verzeichnete Max, man merke am Palast »*den leitenden Geist des Königs Ludwig von Bayern, welcher die Bauten nicht dem Bedürfniß anpaßte, sondern sie um ihrer selbst willen hinstellte*«.

Vom heutigen Gesichtspunkt mag es sonderbar erscheinen, daß der erste König Griechenlands aus Bayern kam, aber die führenden einheimischen Familien und Clans rivalisierten dermaßen, daß der erste griechische Präsident 1831 ermordet wurde. Die Großmächte Rußland, Frankreich und England, die den Freiheitskampf der Griechen unterstützt hatten, entschieden sich für den Prinzen Otto von Wittelsbach, den zweiten Sohn des Griechenfreundes König Ludwig I. von Bayern, die Nationalversammlung wählte ihn einstimmig zum König. 1833 landete er in Nauplia, im nächsten Jahr verlegte er seine Residenz nach Athen. Als 1850 Erzherzog Max dorthin kam, war der König gerade abwesend, seine Gemahlin führte an seiner Stelle die Regentschaft. Königin Amalia, eine Oldenburgerin, war sehr beliebt, denn sie hatte die griechische Sprache erlernt und verstand, mit den Leuten umzugehen, nur bedauerten alle, daß sie keinen Sohn zu Welt brachte, der die Dynastie fortgeführt hätte.

Amalia, 32 Jahre alt, empfing die Erzherzoge in geschmackvoller Morgentoilette und entzückte sie durch Anmut und Würde, führte sie nach dem ersten Gespräch in den Thronsaal und lud sie für den Nachmittag zu einem Spazierritt ein. Im scharfen Galopp ging es vom Schloß zum ersten der bedeutenden Reste des Altertums, dem damals sogenannten Theseustempel, weiter zum Turm der Winde, zum Areopag und zur Pnyx, schließlich zum Hadrianstor und dem Tempel des Olympischen Zeus, nach kurzem Verweilen jedesmal wieder im Galopp, oft durch enge Gassen, dann wieder über Promenaden und an Weingärten vorbei. So gewannen die Gäste einen ersten Überblick von den wichtigsten antiken Stätten, soweit sie bereits freigelegt waren.

In den nächsten Tagen lernte Max das königliche Schloß und dessen prachtvollen Park kennen und ließ sich samt den anderen Österreichern in zwei bequemen Wagen zu einem Ausflug führen. Im Kloster Daphni überraschte ihn der Anblick der Bewohnerinnen – er meinte Hexen zu sehen: *»Auf jeden Fall war ihr Äußeres nicht nur abstoßend, sondern sogar unschicklich, und sie scheinen eher eine Rotte roher Bettlerinnen als in sich gekehrte Nonnen.«*

Vom berühmten Heiligtum der Demeter in Eleusis fand er nur Teile von Statuen und Inschriftsteinen, die für den Bau einer orthodoxen Kapelle verwendet worden waren, im benachbarten Dorf einen antiken Mosaikboden im Schweinestall und einen anderen, über den quer eine Hausmauer verlief. Die Frauen und Mädchen des Dorfes bildeten einen Kreis um die Königin, stimmten ein Lied an und tanzten einen Reigen. Interessant wie der Tanz an sich waren die Tracht, die weißen Schleier und der Schmuck, Goldringe mit antiken Kameen und Münzen aus vielen Epochen und Ländern. Während die Königin mit ihren Gästen ein Picknick einnahm, kaltes Fleisch und Eier, Käse, Brot und Wein, sammelten sich die Männer der Umgebung zu einem Tanz, dessen Schrittfolge ähnlich war wie vorhin bei den Frauen, aber nicht so feierlich, sondern lebhafter, fast wild. Die Kinder empfingen aus der Hand der Königin, was vom Mahle übriggeblieben war, dann begleiteten alle, jung und alt, die Besucher zu ihren Wagen und riefen: *»Zito i wasilissa!«* (Es lebe die Königin!).

Seit Touristen nach Athen kommen, ist die Akropolis das wichtigste Ziel und vermittelt auch den stärksten Eindruck. Als Erzherzog Max sie andächtig und begeistert besuchte, war der Ausflug noch sehr mühsam, aber die Befestigungsmauern aus dem Mittelalter und der Türkenzeit zum größten Teil bereits entfernt, der Niketempel und teils auch das Erechtheion aus ihren Bruchstücken neu aufgebaut, im Parthenon die Moschee abgerissen und einige Säulen wieder aufgerichtet. Die Reste von Architektur und Statuen, welche die deutschen Archäologen noch nicht zueinander ordnen konnten, waren neben den Propyläen zusammengetragen. Mit dem naiven Enthusiasmus eines Jünglings klagte Max darüber, daß der griechischen Regierung das Geld, dem Volk das Kunstverständnis fehle, sogleich alles wieder zusammenzufügen.

In den nächsten Tagen erforschte Max die Gebäude näher, die ihm die Königin zu Beginn seines Aufenthaltes kurz gezeigt hatte, an einem Nachmittag führte sie ihn und seine Gefährten zu einem Ausflug nach Nordwesten in die romantische Schluchtenlandschaft des Parnaß. Sie ritt auf den halsbrecherischen Pfaden immer voran, die beiden jungen Erzherzoge folgten ihr tapfer, die vorsichtigeren Herren stiegen ab und führten ihre Pferde hinter sich her. Plötzlich blieb das Pferd der Königin stehen, wollte auf dem kaum mehr erkennbaren Steig zwischen Berglehne und Abgrund nicht mehr weitergehen, der Reiterin erschien es nicht ratsam, das Tier mit der Peitsche anzutreiben, aber der Platz war zu schmal, um zu wenden. So verhielt sie einige Minuten lang, bis der bayerische Stallmeister kam, das Pferd am Zügel faßte und vorwärts zog; da folgten auch die anderen.

Am Ende der Schlucht sperrte eine Mauer den Weg, aber sie hatte eine hölzerne Pforte, und hinter ihr lag ein kleiner Klosterhof mit einem mächtigen Weinstock. Erschöpft, aber beruhigt ließen die Ausflügler sich auf Steinbänken nieder. Ein weißbärtiger, vom Alter gekrümmter Mönch brachte ihnen zur Stärkung alles, was die bescheidene Gemeinschaft bieten konnte, Honig, Brot und Trauben. Erzherzog Max dachte, was für ein Unterschied doch zwischen diesen armseligen, stallähnlichen Wohnstätten und den stolzen Abteien in Österreich bestehe.

Es war schon Nacht, als die Königin mit ihren Gästen nach Athen zurückkam. Sie waren ermüdet von dem Siebenstundenritt in schwierigem Gelände, aber nur körperlich, der Geist war noch wach. Als die Königin zu einer Fahrt im Mondschein einlud, folgten Max und die wenigen Kunstverständigen seiner Suite mit Begeisterung. Dazu kam allerdings auch ein wenig Bosheit, denn einige Herren – Max bezeichnete sie als »Comforthelden« – schienen verzweifelt, noch einmal losziehen zu müssen.

Straßenbau war nicht die Stärke der Griechen, das zeigte sich vor dem Tor der Akropolis. Die Pferde weigerten sich weiterzugehen, der Wagen begann zu rutschen und drohte seitlich abzustürzen, wo kein Geländer Sicherheit bot. Die Königin sprang aus dem Wagen, ihr Hoffräulein fiel in Ohnmacht und wurde von einem Lakaien, einem dicken Bayern, aus dem Wagen gezogen, die Erzherzoge folgten dem Beispiel der Königin und retteten sich durch kühnen Sprung. Da der Wagen von seiner Last befreit war, konnten die Pferde ihn nun halten. Die Herrschaften gingen zu Fuß durch die Propyläen und bewunderten wieder, diesmal im Mondlicht, den zarten Niketempel, den stolzen Parthenon, die Karyatiden des Erechtheion, und blickten auf die Stadt hinunter. Dieses Erlebnis war der Höhepunkt und der Abschluß des Aufenthaltes in Athen.

Der Dampfer brachte den Erzherzog und sein Gefolge über das Ägäische Meer nach Smyrna. Die Moscheen, die anderen Bauten der Stadt und die Landschaft ringsum machten starken Eindruck auf ihn, er sah die Menschen im Bazar und auf dem Sklavenmarkt, die Kamele in den Straßen und lernte ein türkisches Bad kennen. Als Halil Pascha, der Gouverneur von Smyrna, die Österreicher zum Mittagessen einlud, wurde das für sie zu keinem kleineren Abenteuer als der gefährliche Ritt mit Königin Amalia.

Erzherzog Maximilian vor Smyrna. Gemälde von J. N. Geiger

20 Gänge folgten aufeinander, aber nicht nach europäischem Geschmack abgestimmt, sondern nach dem Hammelbraten, der ohne Eßbesteck bewältigt werden mußte, kam gebackener Fisch mit Rosinen auf den Tisch, nach einer guten Mehlspeise wurde Fleisch mit Gemüse aufgetragen, das mit den Fingern und einer Brotschnitte zu essen war, darauf gebratene Fische, dann eine geleeartige Honigspeise, gefolgt von Würsten mit Reis, neuerlich eine Süßigkeit, Lammfleisch, Kalbsragout und zu Brei gestoßene Hühnerbrust. Zwischen Makkaroni mit Käse und gefüllten Kürbissen wurde ein süßes Kompott serviert, schließlich Pilaw und noch einmal Kompott. Als Getränk gab es, wie der Erzherzog bemängelte, während des langen Mahles nur einmal Limonade und zweimal ein wenig Wasser. Champagner wurde erst eingeschenkt, nachdem der Pascha zum Abschluß kräftig gerülpst hatte.

Landeinwärts von Smyrna, am Fuß des Gebirges, hatten Europäer ihre Sommersitze. Am 20. September machten die Österreicher, begleitet von der Garde des Paschas, einen Ausflug dorthin. Sie erfreuten sich an der reichen Vegetation und dem Anblick der Kamel- und Maultierkarawanen und wurden in einigen der Villen empfangen. Ein Bankier aus Triest, ein Armenier, zuletzt ein Engländer zeigten stolz ihre Gärten, die noble Einrichtung ihrer Räume und den Blick auf den Golf, das Tal und das Gebirge.

Auf der Rückreise nach Triest fuhr Max auf der »Vulcan« um die Südspitze Griechenlands, dann die Küste entlang nach Norden und an der Insel Korfu vorbei, die damals unter englischer Herrschaft stand, ohne dort anzulegen. Dafür verweilte er in den Bocche di Cattaro (Kotor) zwei Tage lang und freute sich, wieder die weißen österreichischen Uniformen und grüne Wiesen zu sehen. In seinem Reisebericht spricht er vom *»Staunen, daß man bei uns in der Heimat nicht mehr von dieser herrlichen Gegend wisse. Alles strömt nach Nizza, Florenz und anderen halb südlichen Gegenden, während man nicht ahnt, daß man im eigenen Vaterlande so viel Schönes hat.«*

Das Buch des Erzherzogs schildert noch die schönen Städte Ragusa (Dubrovnik) und Zara (Zadar). Als der Dampfer am Morgen des 4. Oktober von Zara abfuhr, waren alle Wimpel gehißt. Um fünf Uhr nachmittags feierte die Reisegesellschaft den Namenstag des Kaisers, die Matrosen stiegen auf die Rahen, Erzherzog Maximilian brachte einen Toast auf das Wohl des Monarchen aus, die Kanonen wurden abgefeuert. Die Mannschaft jubelte, erhielt eine Sonderration Wein und sang in italienischer Sprache das »Gott erhalte«.

Es war die erste große Reise des Erzherzogs Ferdinand Maximilian. Seine letzte führte ihn als Kaiser nach Mexiko. Die Fregatte »Novara«, auf der er hingefahren war, brachte seinen Leichnam nach Österreich zurück.

ZUR ERÖFFNUNG DES SUEZKANALS

Kaiser Franz Joseph I. 1869

Franz Joseph hatte binnen zweier Jahrzehnte seiner Regierung – nicht ganz ohne eigene Schuld – zwei Kriege verloren, die Lombardei, Venezien und den Einfluß in Deutschland eingebüßt, aber er war Kaiser, als Ehrenmann geachtet und Herrscher über 35 904 435 Untertanen. Im Jahre 1869, in dem diese Zahl genau ermittelt wurde, erhielt er die Einladung, an der Eröffnung des Suezkanals teilzunehmen.

Er wußte, daß die Reise sich mühsam und kostspielig gestalten würde, aber sie konnte helfen, die Beziehungen nach dem Südosten zu erweitern, im schwelenden Konflikt zwischen Konstantinopel und Kairo zu vermitteln, und schließlich war der Kanal wichtig für den österreichisch-ungarischen Handel nach Ostafrika. Die Handelskammern von Wien und Prag, Graz und Triest, aber auch Reichenberg und anderen Städten zeigten sich sehr interessiert, Eisen- und Stahlwaren, Papier, Bier und vieles andere zu exportieren, andererseits Edelhölzer, Kaffee und vielerlei andere Waren bis zu Straußenfedern für die Damenmode bald auf viel kürzerem Wege als bisher einzuführen. Der Österreichische Lloyd beschloß, bereits im nächsten Jahr einen Dampfer nach Bombay zu schicken.

Die Aufregung war groß. Schon am 10. Oktober berichtete die Temesvárer Zeitung, welche Vorbereitungen für die Durchreise Seiner Majestät getroffen würden. Am 25. Oktober gegen fünf Uhr nachmittags betrat Franz Joseph das Vestibül des Staatsbahnhofes von Pest, der Kanzler Graf Beust und der Ministerpräsident Graf Taaffe erwarteten ihn und begleiteten ihn in den Hofsalon. Aus Wien kam der Hofzug mit dem Generaladjutanten Graf Bellegarde und der Suite für die Reise, dazu drei Minister. Noch unmittelbar vor der Abreise wurde am Bahnhof Ministerrat gehalten. Inzwischen kamen Erzherzog Joseph, der Fürstprimas, Diözesanbischöfe, ungarische Minister und Magnaten, um dem Kaiser und König gute Reise zu wünschen. Um sechs Uhr abends fuhr der Hofzug ab. Obwohl Franz Joseph sich jeden offiziellen Empfang verbeten hatte, waren alle Bahnhöfe längs der Strecke voll von Menschen, die den Hofzug, vielleicht sogar den Monarchen sehen wollten. In der Nacht strahlten die Fackeln der Herankommenden und bengalische Lichter an der Bahnlinie über die weite Ebene des Alfölds, die Holzarchitektur der Bahnhöfe war mit Laub umwunden. »Eljén!« riefen die Leute in Cseglèd, Kecskemét und Szegedin, »Eljén« und »Živio« in Kikinda, drei- oder viersprachig waren die Rufe in Temesvár.

Von dort fuhr der Hofzug über Werschetz (Vršac) nach Süden, um fünf Uhr früh hielt er in Baziás. Dieser Name hatte vordem nicht einmal ein Dorf bezeichnet, nur ein orthodoxes Kloster und einen Wachtposten der Grenzmiliz, seit wenigen Jahren hatte er als Endpunkt der südöstlichen Staatsbahn am linken Ufer der Donau Bedeutung gewonnen. Trotz der frühen Morgenstunde war der Bahnhof voll von Menschen, sie säumten auch den kurzen Weg zur Anlegestelle der Donauschiffe.

Der Kaiser bestieg mit dem Obersthofmeister Fürst Hohenlohe, einigen Ministern und dem größten Teil der Suite den festlich geschmückten Dampfer »Rudolf«, das übrige Gefolge den Dampfer »Gisela«. Den gan-

Der kaiserliche Hofzug

zen 26. Oktober über fiel feiner Regen, Nebelschwaden verdeckten die waldigen Uferhöhen, Lehmwände, Wiesen und den Felsen Babakai, der aus dem Strom aufragt. Nicht die Ufer waren gefährlich, sosehr sie auch den Strom einengten, sondern die Strecke der Katarakte dahinter, wo sich im Strombett tückische Klippen verbargen. Bei niedrigem Wasserstand mußten damals die Reisenden ihre Schiffe verlassen und zu Lande in Wagen weiterfahren, in jenen Wochen aber hatte das Hochwasser der Save die Donau anschwellen lassen, so daß der Kaiser und seine Begleiter die Fahrt zu Wasser fortsetzen konnten, allerdings nicht mehr in den Dampfern, sondern in Flachbooten, die unter der Führung von Lotsen von der Strömung über die Klippen des Eisernen Tores hinweggetragen wurden.

Eine halbe Stunde vor Mitternacht trafen die Boote in Alt-Orsowa ein, der Kaiser stieg für einige Minuten aus und empfing den Bischof von Karansebes, die übrige Geistlichkeit und den Oberst der Grenztruppen. Das rechte (südliche) Donauufer gehörte zu Serbien, das linke bis hierher zu Ungarn, aber bald hinter Orsowa begann das Staatsgebiet von Rumänien. Im Grenzort Virciorova stand ein Jägerbataillon angetreten, als der Kaiser aus dem Boot stieg und sich an Bord des Dampfschiffes »Sophie« begab. Dort empfing er drei Herren, die in aller Eile angereist waren, ihn zu begrüßen, den rumänischen Minister Cogolniceanu, den k. u. k. Generalkonsul in Rumänien, Baron Pattenburg, und jenen in Bulgarien, Karl Ritter von Wolfarth. Die beiden österreichischen Herren galten als Ehrenmänner, von dem Rumänen hieß es, sein Ruf sei löcherig wie sein Vermögen. Franz Joseph begrüßte alle drei sehr freundlich und lud sie ein, mit ihm auf der »Sophie« zu reisen. Der größere Teil des Gefolges fuhr auf den Dampfbooten »Friedrich« und »Tokaj«.

Franz Joseph beklagte sich nie über eine Strapaze, aber diesmal sah man ihm an, daß die vielen Zeremonien ihn ermüdet hatten und die unaufhörlichen Salutschüsse von den Ufern her ihm allmählich lästig wurden. Zudem war sein linkes Auge entzündet, offenbar durch den scharfen Herbstwind, dem er sich aussetzte, denn er blieb die meiste Zeit auf dem mittleren Verdeck. Am Abend während des Diners blieb er einsilbig, um so mehr redete Cogolniceanu.

In Turnu Severin mischten sich mit dem Donner der begrüßenden Salven die Jubelrufe der Bevölkerung und der Arbeiter der österreichischen Schiffswerft. Als die Nacht hereinbrach, erreichten die Schiffe die Stelle, wo auf dem rechten Ufer das Fürstentum Serbien, das dem Sultan tributpflichtig war, an Bulgarien grenzte, das noch zum Osmanischen Reich gehörte. Auf dem linken, dem rumänischen Ufer zeigte sich die Stadt Calafat glänzend beleuchtet, von der Festung und den Strandbatterien blitzte Mündungsfeuer auf, bevor noch die Schüsse zu hören waren. Auch gegenüber donnerten die Kanonen, leuchtende Raketen flogen in die Luft, die ganze Festungsstadt Vidin erstrahlte in Lichterglanz, die Minaretts und Kuppeln der Moscheen und alle Rampen der Stadtmauern waren mit Lampen übersät. Franz Joseph hatte sich schon in seine Kajüte zurückgezogen, kam aber noch einmal kurz an Deck, sich das Schauspiel anzuschauen.

Er erfuhr wahrscheinlich nicht, daß einige ungarische Revolutionäre, die 1849 ins Osmanische Reich geflohen und noch immer verbissene Feinde der Habsburgerherrschaft waren, in Turnu Severin und Vidin Demonstrationen gegen ihn geplant hatten. Ritter von Wolfarth hatte sie rechtzeitig verhindert und sorgte auch weiterhin für Sicherheit. Am nächsten Morgen war er der erste an Deck neben dem Kapitän, dann erst kam der Kaiser herauf, allmählich auch die Adjutanten und anderen Herren. Franz Joseph bemerkte eine große Schar Enten im Ufergewässer, ließ ein Gewehr holen, ein Adjutant feuerte zwei Schüsse ab. Die Entfernung war zu groß, um die Enten zu treffen, aber sie flogen auf, so dicht, als ob sich eine Wolke vom Wasser erhoben hätte, es dürften ihrer mehrere tausend gewesen sein. Nach einem kurzen, heftigen Regenguß lag Nebel über dem Strom; als die Sonne durchbrach, leuchtete das Herbstlaub der Bäume am Ufer in bezaubernden Farben.

Die ganze Nacht hindurch ertönten Salutschüsse und ihr Echo, der Lärm von Pauken und Zinken von beiden Seiten des Stromes. Um sechs Uhr früh stieg der Kaiser wieder an Deck und erkundigte sich nach der umgebenden Landschaft und ihren Bewohnern. In bestimmten Abständen zeigten sich Schiffe der türkischen Donauflotte, die Mannschaft stand auf den Rahen und rief: »Padischah tschok juscha!« (Dem Kaiser viele Jahre!) Im Handelshafen von Rustschuk (Ruse) lagen über 20 Schiffe vor Anker, alle in festlichem Flaggenschmuck, gegenüber am linken Ufer einige kleine,

ganz neue türkische Kriegsschiffe, ferner Zollkutter und Schleppdampfer. Das Tagebuch des Ritters von Wolfarth hat sich im Familienbesitz erhalten; es schildert ausführlich die Szene. Dem Kaiser bot sich ein farbenfroher Anblick, von allen Häusern am Donaukai wehten Fahnen, am schönsten vom k. u. k. Konsulatsgebäude. Über der Landungsbrücke war ein Triumphbogen errichtet. Dort warteten der Großwesir Mehmed Emin Ali Pascha, der k. u. k. Botschafter Feldzeugmeister Anton Freiherr von Prokesch-Osten, der rumänische Ministerpräsident Fürst Demeter Glyka und der ruhmreiche türkische Feldherr Omer Pascha, der einst als Michael Latas Kadett in einem kroatischen Grenzregiment gewesen war. Viele Konsuln und Deputationen begrüßten den Kaiser, am meisten aber erfreute ihn ein Telegramm seiner Gemahlin. Mit dem Großwesir bestieg er eine sechsspännige Hofequipage, die der Sultan geschickt hatte; auf der einen Seite ritt der k. u. k. Generalkonsul, auf der anderen ein Adjutant des Sultans, die Begleiter des Kaisers folgten in Fiakern und den wenigen Equipagen der Stadt.

Franz Joseph war nicht erfreut, in einem engen, gedeckten Wagen zu sitzen, lieber hätte er aus einem offenen Wagen den unzähligen Leuten, die von weit herbeigeströmt waren, dankend zugewinkt. In rascher Fahrt ging es hinauf in die Stadt, vorbei an den Kindern der österreichisch-ungarischen Kolonie, welche das »Gott erhalte« sangen, und an vielen Deputationen geradewegs zum Bahnhof, nicht zum Konak, dem Wohn- und Amtssitz der türkischen Behörde, wo die orthodoxe Geistlichkeit wartete. Das war kein Irrtum, sondern Absicht des Großwesirs: Der Kaiser sollte möglichst wenige Christen zu Gesicht bekommen und Rustschuk für eine vorwiegend türkische Stadt halten. Die Täuschung gelang nicht ganz, denn so leer der Bahnhof auch war, hatte man doch davor eine Ehrenpforte errichtet, rechts stand die bulgarische Schuljugend aufgestellt, links die türkische. »Die letztere stach durch die Mangelhaftigkeit ihrer Bekleidung sehr unvorteilhaft gegen die erstere ab«, schrieb der Korrespondent der »Wiener Zeitung«.

Der Rabbiner der sephardischen Judengemeinde segnete den Kaiser in spanischer Sprache und kniete vor ihm nieder. Inzwischen liefen vom Konak her die Leute, die dort vergeblich gewartet hatten, Deputationen aus vielen Orten, auch aus Bukarest und Giurgevo. Während sie sich herandrängten, warteten die Mädchen der österreichischen Kolonie von Rustschuk bescheiden und geduldig. Atemlos vom schnellen Lauf standen sie in ihren weißen Kleidern da und winkten. Nach drei Viertelstunden, als der Kaiser schon den Zug bestieg, konnte ihm die Tochter eines Tiroler Wirtes doch noch ihr Blumensträußchen überreichen.

Die Bahnverbindung von Rustschuk nach Varna am Schwarzen Meer bestand seit drei Jahren, sie ersparte Franz Joseph die weitere Fahrt auf der Donau bis zur Mündung. Beiderseits der Bahngeleise standen Soldaten der türkischen Landwehr. Sie schossen eifrig in die Luft, sowohl zu Ehren des Kaisers wie auch, um die Büffel zu vertreiben, die ringsum weideten und vielleicht den Zug gefährdet hätten. Schafherden waren zu sehen, nur wenige Dörfer, aber in jeder Station standen Menschengruppen da und schauten in stummer Ehrfurcht. Wegen des schlechten Unterbaues und scharfer Kurven fuhr der Zug nur langsam, für die 210 Kilometer brauchte er fünf Stunden.

In Varna sah der Kaiser wieder einmal prachtvolle Illumination und Garben von Raketen, die in der Luft zerknallten; sie wurden in der Stadt abgefeuert, von der Hafenbefestigung, von den Kriegsschiffen, die dort ankerten, und auch von einer österreichischen Flottille. Am Bahnhof begrüßte der Kaiser zwischen dem orthodoxen Bischof und den Stadtbehörden erfreut den Helden von Lissa, Vizeadmiral Wilhelm Freiherr von Tegetthoff, entließ mit freundlichem Dank den Generalkonsul von Wolfarth, der ihn bis hieher geleitet hatte, und begab sich zum Hafen. Dort warteten außer vier österreichisch-ungarischen Schiffen unter Tegetthoffs Kommando auch die Dampfjacht »Sultanieh« des Sultans Abd ul-Aziz, die eigens für Franz Joseph hergefahren war.

Während die »Sultanieh« im Schwarzen Meer die Küste entlang südwärts fuhr, kamen ihr sechs Dampfer des Österreichischen Lloyd entgegen, festlich mit Flaggen und Wimpeln geschmückt, immer mehr Schiffe verschiedener Nationen folgten. Von der Einfahrt in den Bosporus an waren Soldaten am Ufer aufgestellt, die türkische Schiffsartillerie und die Strandbatterien schossen Salut. Als die Jacht bei der alten, malerischen Festung Rumeli Hissar ankam, zogen alle Schiffe im Bosporus die österreichisch-ungarische Flagge auf, die preußischen gaben die erste Salve ab, die anderen folgten. Die ganze Wasserstraße war in Pulverdampf gehüllt.

Die Kanonen schwiegen erst, als die Jacht Anker warf. Sultan Abd ul-Aziz kam an Bord. Er trug einen kurzen Bart, hatte regelmäßige Gesichtszüge, in seinen Augen soll aber schon der Wahnsinn erkennbar gewesen sein, dessentwegen er sieben Jahre später abgesetzt wurde. Auf der Höhe der Schiffstreppe kam ihm Franz Joseph entgegen und drückte ihm herzlich die Hand. Die beiden Herrscher waren gleich alt. Jeder hatte die hohe Auszeichnung angelegt, die ihm der andere verliehen hatte, Franz Joseph den Osmanieh-Orden in Brillanten, Abd ul-Aziz das Großkreuz des Sankt-Stephans-Ordens. Zusammen mit dem Großwesir bestiegen sie die Sultans-Kaik, das kaiserliche Gefolge andere Boote. Nun krachten wieder die Salven der Geschütze.

Der Sultan residierte nicht im altehrwürdigen Topkapi-Serail, sondern am westlichen Ufer des Bosporus in dem Palast Dolma Bachtsche, der erst 1853 an der Stelle eines verfallenen Schlosses erbaut worden war; die Fassade ist 650 Meter lang und gemahnt in ihrem überladenen Stilgemisch an Tempel- oder gar Theaterbauten. Am Marmorkai vor dem Palast empfingen türkische und österreichische Würdenträger die Monarchen unter dem Klang der österreichischen Hymne. Der Sultan begleitete den Kaiser in die ihm zubestimmten Appartements.

Nach dem Frühstück erfreute sich Franz Joseph an einer Rundfahrt im Kaik inkognito mit wenigen Begleitern. Das Diner nahm er gemeinsam mit Kronprinz Friedrich Wilhelm von Preußen ein; dieser war ebenfalls zum Suezkanal unterwegs, war in Wien empfangen worden und über Brindisi nach Konstantinopel gereist. Drei Jahre nach der Schlacht von Königgrätz unterhielten sich die Herren so höflich, fast freundlich, wie es den Umgangsformen entsprach. Abends war der ganze Bosporus hell erleuchtet, die Paläste und alle Schiffe, es war ein Bild wie aus Tausendundeiner Nacht.

Am 29. Oktober 1869 genoß Franz Joseph nach dem Frühstück ein großartiges Schauspiel, den Auszug des Sultans zum Freitagsgebet. Voran ritt eine Schwadron Kavallerie, ihr folgten zwölf Paschas zu Pferd, dahinter der Sultan in Generaluniform nach europäischem Zuschnitt auf einem prachtvollen arabischen Schimmel, zum Abschluß wieder Kavallerie. Danach fuhr der Kaiser mit dem Obersthofmeister und dem Generaladjutanten im reichverzierten Kaik des Sultans vom Palast Dolma Bachtsche nach Konstantinopel, die übrige Suite folgte in anderen Kaiks. In rascher Fahrt ging es bis zur Serailspitze. Die Boote legten an, die Herren stiegen aus und besichtigten die Schätze des Serails, dann die Hagia Sophia, die Irenenkirche, die als Waffensammlung diente, und das Seraskierat (Kriegsministerium), ein neues, noch nicht vollendetes Gebäude. Dessen schlanker, hoher Turm stammte aus viel früheren Zeiten, oben besaß er eine Galerie mit Feuerwachen.

Wie jenseits des Goldenen Horns vom Galataturm, so beobachteten von hier aus Wächter bei Tag und Nacht die ganze Stadt, denn diese war zum größten Teil aus Holz erbaut; das schützte zwar bei Erdbeben, aber jeder Brand konnte zur Katastrophe werden. Franz Joseph scheute nicht die Mühe, unzählige Stufen hinaufzusteigen, und wurde dafür durch einen bezaubernden Ausblick über die Stadt belohnt. Danach fuhr er über die Galatabrücke, eine hölzerne Pontonbrücke, über das Goldene Horn auf die nördliche, die »fränkische« (europäische) Seite der Stadt, besuchte dort eine Meierei des Sultans und dann dessen Privatmenagerie mit

Blick auf Konstantinopel. Aus einem Reiseführer von 1870

Tigern, Löwen und Giraffen. Die Käfige waren schön verziert – von artgerechter Tierhaltung wußte man hier so wenig wie damals in Schönbrunn.

Für den folgenden Tag, den 30. Oktober 1869, hatte der Sultan eine Militär-Revue vorbereiten lassen, und zwar auf der asiatischen Seite des Bosporus an einer breiteren Bucht nördlich der alten Festung Anadoli Hissar, wo das hübsche waldige Tal Unkjar Eskelessi einmündet. Von der Küste steigt das Gelände wie im Halbrund eines antiken Theaters an. Oben auf dem Höhenrücken standen die weißen und grünen Zelte der Soldaten, die an den Monarchen vorbeimarschieren sollten, ihre Zahl schwankte in den Zeitungsberichten zwischen 16000 und 30000. Franz Joseph hörte interessiert zu, als Abd ul-Aziz die neuen englischen Hinterladegewehre seiner Fußtruppen rühmte, und dachte vermutlich beklommen an den Tag von Königgrätz, an dem er seine Armee noch mit Vorderladern in den Kampf geschickt hatte. Die Geschütze waren mit Pferden aus Ungarn bespannt, die kräftiger erschienen als die kleinen asiatischen der Kavallerie. Diese imponierte dem Kaiser überhaupt wenig; die Tscherkessen ritten fern aller europäischen Disziplin im Trab oder kurzen Galopp, wie es jedem paßte, und eher in Rudeln als geordneten Abteilungen. Um fünf Uhr nachmittags war die Revue beendet, eine Stunde später bewirtete der Sultan seine Gäste im Unkjar Eskelessi (Hünkar Iskelessi). Die Rückfahrt zum Palast Dolma Bachtsche glich einem Triumphzug zur See, alle Schiffe im Bosporus und die Häuser am Ufer waren erleuchtet, Kanonen schossen Salut, das Gewehrfeuer dauerte eine halbe Stunde. Der nächste Tag war ein Sonntag. Der Kaiser fuhr mit seinem Gefolge in höchster Gala in neun Wagen zur Marienkirche im »fränkischen« Stadtteil Pera. Alle Häuser, besonders die der Österreicher, waren beflaggt, vor der Kirche bildeten Matrosen ein Spalier. In der Kirche stand im Sanktissimum ein Thronsessel für den Kaiser. Ein französischer Bischof zelebrierte das Hochamt. Das anschließende Déjeuner nahm Franz Joseph bei seinem Botschafter ein, danach besuchte er das österreichische Spital und spendete dafür 37500 Piaster (3356 Gulden). Am Nachmittag fuhr er über den Bosporus nach Skutari und zu den Süßen Wassern Asiens, einem lieblichen Tal und beliebten Ausflugsort, am Abend gab der Sultan ein Diner mit vorwiegend türkischen Speisen wie Pilaw und Kebab.

Am letzten Tag des Aufenthaltes in Konstantinopel, dem Allerheiligentag 1869, ließ Franz Joseph sich in den Bazar führen, besichtigte das Artillerie-Arsenal und unternahm einen Ausflug an den Bosporus nach Büjükdere und zu den berühmten Wasserspeichern im Belgrader Wald. Nach einem Abschiedsdiner begleitete Abd ul-Aziz seinen hohen Gast bis an Bord der kaiserlichen Jacht »Greif«.

Die Nacht über fuhr die österreichisch-ungarische Flottille durch das Marmarameer, in der Morgendämmerung lief sie in die Dardanellen ein. Die kleine Hafenstadt Gallipoli mit ihrem Leuchtturm und die Festungen an beiden Ufern hatten alle Fahnen aufgezogen und schossen Salut. Am Ausgang der Meerenge warteten die Panzerfregatte »Ferdinand Max« und das Kanonenboot »Kerka«, um sich der Flottille anzuschließen. Bald nach Sonnenaufgang kam das griechische Festland in Sicht, um halb zehn Uhr war die Einfahrt in den Piräus erreicht.

In den 19 Jahren, seit Franz Josephs Bruder Ferdinand Max hier gewesen war, hatte Athen sich sehr ausgebreitet, die archäologischen Grabungen und Restaurierungen hatten Fortschritte gemacht, aber nicht mehr der Wittelsbacher Otto I. war König, sondern Georg I. aus dem Hause Schleswig-Holstein-Sonderburg-Glücksburg, ein junger Mann von 24 Jahren. Er kam zur Begrüßung an Bord der »Greif«, Franz Joseph fuhr mit ihm im königlichen Boot ans Ufer, schritt durch drei Triumphbogen und gelangte mit der Eisenbahn in weniger als einer Viertelstunde nach Athen. Nach dem Schmutz der Straßen von Konstantinopel fiel hier die Sauberkeit angenehm auf. Beim feierlichen Empfang im Schloß erschien Königin Olga, eine Nichte des Zaren Alexander II., in einem dunkelvioletten Samtkleid, strahlend in Schönheit und der Anmut ihrer 18 Jahre. Am Nachmittag unternahmen der Kaiser und sein königlicher Gastgeber mit kleinem Gefolge einen Spazierritt auf die Akropolis und zum Theseustempel. Der Bibliothekar Professor Köppen, der seit 30 Jahren in Athen lebte, erläuterte alles. Zum Diner um sieben Uhr abends spielte die Tafelmusik beide Hymnen, wurde aber bald munterer und brachte Melodien aus Offenbachs Operette »Die schöne Helena«.

Der zweite Tag in Athen war von schlechtem Wetter beeinträchtigt. Zum Festdiner waren die ganze Suite des Kaisers und würdige Herrschaften aus Athen eingeladen, an die 150 Personen. Franz Joseph trug zur Uniform eines Husarenobersten das blaue Band des griechischen Erlöserordens, König Georg das Großkreuz des ungarischen Stephansordens, Königin Olga zeigte sich in einem rosa Schleppkleid, ihr kastanienfarbenes Haar fiel in reichen Locken über die Schultern. Nach dem Diner wurde Cercle gehalten. Franz Joseph verteilte zum Abschied Auszeichnungen an Herren des griechischen Hofes und 10 000 Francs an die Dienerschaft. Der König begleitete ihn bis zum Piräus. Eine Stunde vor Mitternacht lichtete die »Greif« die Anker.

Das nächste Ziel waren die Stätten des Heiligen Landes. Während der Fahrt herrschte schönes Wetter, aber die Wellen gingen hoch, viele Passagiere wurden seekrank. Franz Joseph hielt sich gut und lachte über die Flaggensignale. Vom Dampfer »Elisabeth« her kam als Botschaft der Gruß der todgeweihten römischen Gladiatoren »Ave Caesar, morituri te salutant«, von der »Greif« die Antwort »Requiescant in pace«. Die Schiffe ankerten am Vormittag des 8. November vor Jaffa, der uralten Stadt, die von fern romantisch, fast schön anzuschauen war, umgeben von Pal-

Blick auf Jaffa. Aus einem Reiseführer von 1870

men- und Olivenhainen und dem frischen Grün der Orangen- und Zitro-
nenplantagen.

Trotz starker Brandung brachten Boote den Kaiser und sein Gefolge ohne
größere Schwierigkeiten an Land, aber dort kostete die Begrüßung viel
Zeit, und nachher mußte er noch mit dem Obersthofmeister, dem Generaladjutanten und türkischen Würdenträgern eine Front von Kamelreitern
entlangtraben und ein Scheingefecht anschauen. Eine Stunde verging, bis
die Karawane zum Aufbruch geordnet war; es sollen an die 1 000 Reiter
gewesen sein. Nicht weit von der Stadt kam eine Reiterschar entgegen:
Der Kronprinz von Preußen kehrte von Jerusalem zurück.

Der Weg führte anfangs durch fruchtbare Gegend, doch allmählich zeigte
sich die Landschaft immer kahler. Nach zweieinhalb Stunden war die
erste Rast vorgesehen, dann ging es bei arger Hitze steiler bergan durch
ödes Gebirge, nach weiteren sechs Stunden war das Tagesziel erreicht,
das Städtchen Kurjab El Enab, das nach einem Räuber, der einst hier
hauste, gewöhnlich Abu Gosch genannt wurde. Außerhalb davon hatte
der türkische Gouverneur große Zelte errichten und Nahrungsmittel her-
anschaffen lassen, sogar Bordeauxwein und Champagner – oder was sich
dortzulande so nannte. Die ganze Nacht über brannten ringsum Wacht-
feuer.

Am nächsten Morgen brach die Karawane um acht Uhr auf. Nach zweieinhalb Stunden machte sie in einer Talmulde halt, um sich auf den
Einzug in Jerusalem vorzubereiten, Franz Joseph legte die Marschallsuniform an, weißen Waffenrock und rote Hose. Auf dem letzten Höhenrük-
ken vor der Stadt kam ihm die erste Deputation entgegen, ungarische
Juden, dann folgte eine auf die andere. Bei dem ersten Triumphbogen,
noch außerhalb der Stadt, wartete ein Teil der christlichen Geistlichkeit.
Franz Joseph stieg ab, kniete nieder und küßte den heiligen Boden, bei
dem zweiten Triumphbogen vor dem Stadttor stiegen alle von den Reittie-
ren und zogen zu Fuß ein.

Türkische Wachen hielten die andrängende Menge ab, katholische Geist-
liche begrüßten den Kaiser und geleiteten ihn in feierlicher Prozession zur
Grabeskirche. Die erste ihrer drei Abteilungen umschloß nach der damals
geltenden Tradition die Begräbnisstätte Christi, die zweite den Hügel
Golgatha, die dritte den Ort, wo Kaiserin Helena, die Mutter Konstantins

des Großen, die Kreuze Christi und der Schächer fand. Am Nachmittag ritt Franz Joseph zum Ölberg, am Abend fand er Ruhe im Palast des Gouverneurs. Einem anderen Bericht zufolge wohnte der Kaiser im Europäischen Hospiz.

Am Vormittag des nächsten Tages, des 10. November, besuchte der Kaiser noch einmal die Grabeskirche, danach Spitäler und Klöster, am Nachmittag machte er sich nach Bethlehem auf. Der Ritt dorthin – wo das Gelände es erlaubte, im Galopp – nahm fast zwei Stunden in Anspruch. Das Städtchen liegt hübsch auf einem Hügelvorsprung, dessen Seiten mit Obstbäumen und Wein bepflanzt waren, die 3 000 Einwohner waren fast durchwegs Christen, die den Kaiser mit großem Jubel begrüßten und unter einem Thronhimmel zur Helenenkirche geleiteten, der – nach der Grabeskirche in Jerusalem – schönsten in Palästina. Franz Joseph stieg auf einer Treppe neben dem Altar in die Höhle hinab, die als Geburtsstätte Christi gilt.

Von der Plattform des Franziskanerklosters in Bethlehem genoß der Kaiser eine schöne Aussicht über die Berge der Umgebung und das Tote Meer, im Refektorium boten die Mönche Erfrischungen an. Ihre Schüler lasen Ansprachen in kroatischer und italienischer Sprache. Auf dem Ritt

Blick auf Jerusalem. Aus einem Reiseführer von 1870

zurück nach Jerusalem besuchte Franz Joseph südöstlich des Klosters die Grotte, in der sich Maria vor der Flucht nach Ägypten verborgen haben soll. In der Nähe des Altars zeigte man ihm Spuren der Tropfen der Milch, die Maria während des Stillens verloren hatte. Um sechs Uhr abends war der Kaiser wieder in Jerusalem, ritt noch ein Stück die Stadtmauer entlang und durch das Zionstor hinein.

Nicht alle Herren ertrugen das Reiten bei arger Hitze in standesgemäßer Kleidung so gut wie der Kaiser. Als er am folgenden Tag nach Jericho und ans Tote Meer aufbrach, begleitete ihn nur mehr ein Teil der Suite. Kanzler Graf Beust und Minister von Plener waren schon am Vortag nicht mit nach Bethlehem geritten, nun fuhren sie im Wagen dorthin und freuten sich zu hören, das habe seit König Salomon niemand mehr getan; die Fahrstraße war erst für den Kaiserbesuch angelegt worden.

Am Morgen des 13. November trat Franz Joseph die Rückreise an. Die Karawane rastete in Abu Gosch, zur Übernachtung war Ramleh vorgesehen, einst eine blühende Stadt, nun verarmt mit kaum mehr als 3000 Einwohnern. Die Suite war erschöpft von dem neunstündigen Ritt bei Hitze und Staubwolken; sie verteilte sich auf drei Klöster, ein lateinisches, ein griechisches, ein armenisches, die zur Aufnahme von Pilgern

Blick auf Bethlehem. Aus einem Reiseführer von 1870

221

gut eingerichtet waren. Für Franz Joseph war ein großes grünes Zelt aufgestellt worden, auf freier Höhe, die guten Ausblick gewährte. Die Stadt, überragt von Minaretts und Palmen, bot im Mondlicht ein phantastisches Bild, Kakteenhecken säumten die Ebene, vom Meer her kam milde, feuchte Luft. Drusen und Beduinen waren von weither, sogar von Damaskus angeritten, um den Kaiser zu sehen, und führten vor ihm Tänze und Kampfspiele auf. Vor dem Zelt brannten Pechpfannen auf hohen Ständern.

Um acht Uhr morgens brach die Karawane von Ramleh auf, um die letzte Strecke bis Jaffa zurückzulegen. Es ging langsam vorwärts; Franz Joseph nützte die Zeit zur Jagd und erlegte einen Wanderfalken, am Vortag hatte er zwei Steinhühner und eine Gabelweihe getroffen. Während der Nacht hatte das Wetter umgeschlagen, ein Gewitterregen war niedergegangen; nun während des Rittes durch trostlose Sand- und Steinwüste war ein kühlender Wind vom Meer her willkommen, zugleich aber Vorbote der Schwierigkeiten bei der Einschiffung.

Das Meer war sehr unruhig, die Brandung stark, zwischen den Brechern zeigten sich die gefährlichen Riffe der Hafeneinfahrt. Türkische Würdenträger versicherten, nur einheimische Bootsleute könnten zu den Schiffen hinausrudern. Franz Joseph glaubte ihnen, bestieg ein Araberboot, aber die Fahrt dauerte eine halbe Stunde lang. Des hohen Seeganges wegen konnte von der Jacht »Greif« nicht das Fallreep ausgelegt werden, man mußte mit einem Kran eine Sitzbank herunterlassen, der Kaiser kletterte vom schwankenden Boot auf die Bank, gurtete sich an und wurde so an Bord gehoben. Dazu riß auch noch die Ankerkette der »Greif«! Als Franz Joseph glücklich an Bord war, wurde die schwarzgelbe Kaiserflagge auf dem Großmast gehißt, die Jacht fuhr allein nach Port Said ab. Da die Araber sich geweigert hatten, das Wagnis noch einmal zu unternehmen, mußten die anderen Herren am Ufer bleiben, die Schiffe des Gefolges konnten erst am nächsten Morgen ablegen.

Der Hafen von Port Said war trotz großer Wellenbrecher dauernd versandet und daher für Schiffe mit größerem Tiefgang nicht geeignet. Alle, die zur Eröffnung des Suezkanals gekommen waren, ankerten in einiger Entfernung von den Uferkais. Am nächsten bei der Mündung des Kanals lag die Dampfjacht des Khediven, des Vizekönigs von Ägypten, daneben Kriegsschiffe aus England, Frankreich, Norddeutschland, Italien, Spanien und den skandinavischen Staaten, österreichische Lloyd-Dampfer, Handelsschiffe aus Frankreich und Rußland, schließlich ägyptische Fregatten. Am 14. November 1869 kam der österreichisch-ungarische Botschafter Freiherr von Prokesch-Osten aus Konstantinopel an, am Morgen des 15. Kaiser Franz Joseph aus Palästina.

Die internationale Höflichkeit begnügte sich nicht mit Salutschüssen, auf dem französischen Linienschiff »Themis« erklang die Melodie des »Gott erhalte«. Die Kapelle der »Greif« dankte mit dem Lied »Partant pour la Syrie«. Das war keine offizielle Hymne, aber das Lied der Bonapartisten: Königin Hortense, die Mutter Napoleons III., hatte den Text gedichtet – die blutrünstige Marseillaise wäre weder nach dem Geschmack des französischen noch des österreichischen Kaiserreiches gewesen.

Franz Joseph in großer Marschallsuniform empfing an Deck den k. u. k. Botschafter und das Konsularkorps. Sobald die »Greif« neben der Jacht des Vizekönigs vor Anker gegangen war, kam dieser mit seinen beiden Söhnen und großer Suite an Bord, um den Kaiser in Ägypten willkommen zu heißen, ihm folgte Prinz Heinrich der Niederlande. Franz Joseph erwiderte beide Begrüßungen mit entsprechendem Besuch auf den Schiffen und nahm die Aufwartung des Vicomte Ferdinand de Lesseps entgegen, der in zehnjähriger Arbeit den Schiffskanal vom Mittelmeer ins Rote Meer gebaut hatte. Franz Joseph wußte, daß der Kanal zum guten Teil nach den Plänen des Österreichers Alois Negrelli Ritter von Moldelbe angelegt worden war, dessen Verdienste niemand erwähnte, doch das Taktgefühl verbot ihm, an diesem Tag davon zu sprechen. Nach Lesseps empfing der Kaiser die Direktoren des Österreichischen Lloyd und Delegationen der österreichischen Kolonie in Alexandrien.

Als weitere Ehrengäste zur Eröffnung des Kanals kamen am 16. November Kaiserin Eugénie von Frankreich, Kronprinz Friedrich Wilhelm von Preußen, der englische und der russische Botschafter in Konstantinopel. Die gegenseitigen Besuche und Erwiderungen nahmen viel Zeit in Anspruch und hielten die Mannschaft der Schiffe in Atem, immer wieder mußte sie zu einer Begrüßung antreten.

Die Einweihung des Kanals war an diesem Tag für drei Uhr angesetzt.

Die höchsten Herrschaften ließen sich von ihren Schiffen zum Landungssteg rudern und ordneten sich dort dem Range nach. Franz Joseph stand es zu, den Zug zu eröffnen, ritterlich bot er der Kaiserin Eugénie den Arm. Sie trug ein perlgraues Seidenkleid mit Volants und ein schwarzes Hütchen nach der neuesten Pariser Mode. Vor ihnen gingen Arbeiter aus Dalmatien mit einer großen österreichischen Fahne, einige sogar mit Flinten; sie hatten erklärt, ihren Kaiser beschützen zu wollen.

Der Uferkai von Port Said war der Landkarte nach 4,52 Kilometer lang, aber nur zum geringen Teil gemauert wie in europäischen Häfen, zumeist zeigte er sich als einfacher Erdaufwurf. An diesem Tag war er voll von Offizieren und eleganten Damen, Journalisten und anderen Neugierigen; ägyptische Lanzenreiter auf Schimmeln bemühten sich, die Maultierkarawanen abzulenken und die Bettler zu vertreiben. Auf einer Düne nahe der Mündung des Kanals war eine Tribüne errichtet, zu beiden Seiten stand je ein Zelt für den islamischen und den katholischen Kultus.

Während eine ägyptische Kapelle die österreichische Hymne spielte, nahmen in der ersten Sitzreihe der Tribüne die allerhöchsten Herrschaften Platz, in der zweiten die Söhne des Vizekönigs, die Botschafter, der Vicomte de Lesseps, der österreichische Kanzler Graf Beust und andere hohe Herren. Besonderes Aufsehen erregte der Emir Abd el-Kader in einem weiten weißen Mantel; viele Ordenssterne schmückten die Brust des alten Wüstenkriegers und gefeierten Helden. Viele Einheimische drängten sich heran, wateten durch Sand und Tümpel, durchbrachen die Absperrungen, um das große Schauspiel mitzuerleben, überhaupt drohte Mangel an Ordnung die Feierlichkeit zu beeinträchtigen.

Kanonendonner und schmetternde Fanfaren verkündeten den Beginn der Zeremonien. Scheich el-Zakha las zehn Minuten lang Gebete aus dem Koran, dann betrat der Erzbischof von Sinai und apostolische Vikar von Zentralafrika, Monsignore Ciurcia, das Zelt, wo auf einem Altar ein großes Kruzifix stand, und nahm die Einweihung des Kanals vor. Nach weiteren Kanonenschüssen hielt der berühmte Abbé Bauer in französischer Sprache eine Rede an die Versammlung, würdigte die vielfältige Bedeutung des Kanals und dankte Kaiser Franz Joseph für sein Erscheinen als Zeichen der Sympathie.

Als am 17. November die ersten Schiffe durch den Kanal fuhren, war die

»Aigle« mit Kaiserin Eugénie an Bord an der Spitze, ihr folgten drei österreichische Schiffe, die »Greif« mit Franz Joseph auf dem Deck, die »Elisabeth« und die »Gargnano«, dann die preußische »Grille«, auf welcher Kronprinz Friedrich Wilhelm fuhr. Insgesamt waren es 120 Schiffe, ein imposanter Anblick. Die Landschaft dagegen zeigte sich öde, zuweilen eine schmutzige Lagune neben dem Kanal, sonst nur Sanddünen, wenige Hügel mit dürftigem Grün, aber kein Busch, kein Baum; nur Flamingos in den Tümpeln belebten das Bild. Um so bunter gestaltete sich der Abend, als die Schiffe festlich beleuchtet waren und von überall her Musik erklang. Zur Feier des Namenstages der Kaiserin Elisabeth am 19. November gab Franz Joseph auf seiner Jacht ein Diner, während die Schiffe durch die Bitterseen fuhren. Am 20. warfen die Schiffe in Suez Anker. Die Durchfahrt hatte alle Erwartungen übertroffen.

Es dauerte freilich noch einige Zeit, bis der Kanal die Hoffnungen erfüllte, die man auf ihn gesetzt hatte. Ein Dampfer des Österreichischen Lloyd fuhr zwar wirklich, wie angekündigt war, im Juni 1870 mit einer Waren-

Erste Fahrt durch den Suezkanal 1869

225

ladung nach Bombay, aber in diesem ganzen Jahr waren es nur 486 Schiffe mit einer Tonnage von nicht ganz einer halben Million. 1876 waren es bereits 1457 Schiffe mit über drei Millionen Tonnen, wobei nach den Kolonialmächten England, Frankreich und Niederlande an vierter Stelle die österreichischen Schiffe kamen.

Der Kanal war also eröffnet und durchfahren, eine Rückkehr nach Port Said wäre nicht interessant gewesen. Franz Joseph verließ Suez am 20. November um drei Uhr nachmittags. Ein Separatzug brachte ihn mit seiner Suite auf dem Damm längs der Bitterseen nordwärts nach Ismailia und dann in östlicher Richtung durch die Wüste. Erst als die Bahnlinie nach Südosten abbog und sich dem Nildelta näherte, erschien die Landschaft anmutiger und belebter; die Strecke führte über zahllose kleine Kanäle, durch fruchtbare Äcker und Palmenhaine, an Landhäusern vorbei. Vor Kairo glich die Ebene einem weiten Garten mit Wäldern von Palmen und Akazien, Tamarisken und Sykomoren.

Als der Zug am späten Abend in Kairo ankam, bildeten Soldaten am Bahnhof ein Spalier, Trompeten schmetterten. Die österreichische Kolonie hatte schon zwei Wochen vorher begonnen, eine Ehrenpforte mit den Fahnen und Wappen aller Königreiche und Kronländer der Habsburgermonarchie zu errichten. Ein vierspänniger Wagen brachte Franz Joseph zum Khedivenpalast Kasr el Nil, ein Dampfboot weiter zum Palast Gesireh. Es war ein prachtvoller Bau hart am Ufer, von dort über eine Freitreppe zu erreichen, ein säulengetragenes Portal öffnete sich auf der anderen Seite gegen den Garten mit subtropischer Vegetation und einer Menagerie. Eine Treppe aus weißem Marmor führte in das erste Stockwerk, wo der Kaiser wohnen sollte, die Suite fand Quartier im Harem – allerdings ohne Damen. Alles war mit größtem Luxus ausgestattet, auch die Dienerschaft reich gekleidet.

Der erste Tag in Kairo, der 21. November, war ein Sonntag. Franz Joseph hörte die Messe in der zierlichen, sauberen Kirche der katholischen Kopten. Kairo hatte damals etwa 40000 Einwohner und dabei die beachtliche Anzahl von 410 Moscheen. Franz Joseph suchte zuerst die Moschee Gama el Hazer auf, die 969 erbaut worden und ein altberühmter Sitz der Gelehrsamkeit war. Ihr Vorhof glich einem Markt, die Polizei mußte dem Gast einen Weg durch die Menge bahnen und war dabei nicht gerade rücksichtsvoll. Die Imams aber, mit großen, golddurchwirkten Turbanen ausgezeichnet, empfingen Franz Joseph mit gemessener Würde und geleiteten ihn durch die Moschee. Die Sultan-Hassan-Moschee dagegen, das bedeutendste Werk arabischer Baukunst in Ägypten aus dem 14. Jahrhundert mit großer Kuppel, eindrucksvollem Hauptportal und hohem Minarett, war damals halb verfallen. Die Zitadelle Ashar, eine Bergfestung, war im 12. Jahrhundert aus Pyramidensteinen erbaut worden; sie gewährte einen herrlichen Blick über die Stadt bis zu den Pyramiden. Hier sah Franz Joseph die Alabastermoschee mit dem Grab des Khediven Mehmed Ali, dem Ägypten alles verdankte, was es an moderner Zivilisation aufgenommen hatte.

Nach dem Besuch der sogenannten Kalifengräber und weiterer Moscheen wurden die Pferde gewechselt, ein prächtiges Viergespann des Khediven brachte Franz Joseph durch einen neuen Stadtteil nach Gubbah, dem fürstlichen Landsitz des Khediven. Der Bau war noch nicht vollendet, wohl aber der Garten; die Rosensträucher standen in voller Blüte. In einem großen Kioskzelt war ein Déjeuner vorbereitet. Der Khedive erschien in schwarzem Anzug nach europäischem Schnitt. Seine Gastfreundschaft erstreckte sich auch auf die Suite des Kaisers und die Journalisten. Die Speisenfolge steigerte sich raffiniert von Genuß zu Genuß. Franz Joseph machte sich nicht allzuviel daraus, aber es interessierte ihn, die nächsten Berater des Vizekönigs von Ägypten kennenzulernen, Scherif Pascha und den Außenminister Nubar Pascha, einen schlauen Armenier. Weiter ging die Fahrt zum Marienbaum, eine uralte Sykomore, wo die heilige Maria auf ihrer Flucht ausgeruht haben soll, und nach Heliopolis, die »Sonnenstadt«, von der man vermutete, sie sei die allererste Hauptstadt von Ägypten gewesen, schließlich zurück zum Palast Gesireh. Der Khedive Ismail Pascha hatte schon die wichtigsten Städte Europas bereist, von seinem Aufenthalt in Wien her bestand gutes Einvernehmen mit ihm. Das war einer der Gründe seiner großzügigen Gastfreundschaft und machte es dem Kaiser leicht, zusammen mit Graf Beust politische Gespräche zu führen; sie sollten den Khediven dazu bewegen, ein beiderseits erträgliches Verhältnis zum Sultan herzustellen. Solange Ägypten, wenn auch nur nominell, zum Osmanischen Reich gehörte, war die Lage überschaubar. Den Großmächten, zu denen auch Österreich-Ungarn zählte, lag sehr daran, daß in diesem Gebiet Frieden herrsche, und Franz Joseph zeigte der Welt durch seinen Besuch in Kairo, daß er an den Frieden glaubte.

Franz Joseph I. hatte die Reise aus diesen politischen Gründen unternommen und wohl auch, um zu zeigen, daß Österreich trotz Königgrätz seine Rolle im Weltgeschehen habe; daß er dabei auch Ägypten kennenlernte, war ihm zwar nicht so wichtig, aber es freute ihn. Von der Stadt Kairo sah er wenig, vermerkte nur im Vorbeifahren den Gegensatz zwischen der dumpfen, schmutzigen Altstadt und den eleganten Bauten am Nilufer, wo aus freundlichen Gärten Kioske und Villen mit breiten Veranden schimmerten. Auch Ausländer hatten sich hier niedergelassen, der Herzog von Aumont besaß eine ganze Insel. Von seinen Begleitern erfuhr Franz Joseph, daß an europäischen Waren die aus Frankreich vorherrschten; die aus Norddeutschland und vom Rhein begannen bekannt zu werden, Österreich-Ungarn hatte sich noch nicht durchgesetzt. Insgesamt zeigte Kairo sich fortschrittlicher als Konstantinopel, vor allem im Straßenbau, aber interessanter als das moderne Ägypten war doch das alte. Am 23. November ließ Franz Joseph sich von dem berühmten Ägyptologen Professor Heinrich Karl Brugsch durch das ägyptische Museum führen.

Der letzte Tag in Kairo, Mittwoch, der 24. November 1869, war für einen Ausflug zu den Pyramiden bestimmt. Der Khedive stellte eines seiner Dampfschiffe zur Verfügung, einen schwimmenden Palastkiosk mit allem Komfort und Luxus, dessen Möbel mit violettem Samt bezogen waren. Die lehmreichen Fluten des Nils wirkten wie ein gelbes Meer, im Westen zeigten sich die Pyramiden von Gizeh vor dem tiefblauen wolkenlosen Horizont.

Als das Schiff nach einer Fahrt von einer Stunde gegenüber von Turan anlegte, warteten schon die Reittiere, die der Khedive hergeschickt hatte. Vizeadmiral Tegetthoff, Oberst Beck und drei andere Herren wagten es, Dromedare zu besteigen, Graf Beust setzte sich auf einen Esel. Der Kaiser ritt auf einem prachtvoll geschirrten Pferd des Khediven nach Westen voran, erst durch die Palmenwälder des antiken Memphis, dann unvermittelt in die Wüste, zwischen Pyramiden durch zum Serapeion mit den Grüften der Apisstiere und zur Stufen-Mastaba von Sakkara.

Hier waren Rast und Mahlzeit vorgesehen, aber die Speisen, die der

Khedive hergeschickt hatte, waren noch nicht angekommen. Die Herren mußten sich mit dem begnügen, was in der Gegend aufzutreiben war, Fladenbrot, Topfenkäse und Datteln. Nach diesem primitiven Imbiß ritten sie nach Norden durch trostlosen Sand, nur manchmal mit einem schönen Ausblick nach rechts auf das Niltal und seine Palmenwälder.

Als sie nach drei Stunden bei den Pyramiden von Gizeh angelangt waren, hatten sie eine weitere Anstrengung vor sich, den Aufstieg auf die Cheopspyramide. Da ihr die Mantelbekleidung fehlt, waren Stufen von einem Meter Höhe zu bewältigen. Araber halfen dabei nachdrücklicher, als willkommen war, zerrten an den Händen, schoben, stießen und drängten schreiend von rückwärts. Auf zwei Drittel der Höhe gab es kurze Rast. Franz Joseph war immer voran gewesen, aber die Art der Beförderung sagte ihm nicht zu, ärgerlich fragte er einen Beamten des Konsulats, ob die Mühe sich denn lohne.»Lohnen?« soll die Antwort gelautet haben, »das vielleicht nicht, aber seit Friedrich Barbarossa hat kein deutscher Kaiser die Pyramide bestiegen.«

Friedrich Barbarossa hat die Pyramide nie bestiegen, und der Titel »deutscher Kaiser« paßte nicht richtig für den Kaiser von Österreich, aber Franz Joseph wußte, daß er im ganzen Vorderen Orient als »Padischah aleman« bezeichnet wurde, nur war es ihm in diesem Augenblick gar nicht wichtig. Seine Würde verbot ihm, jetzt nachzugeben, wieder stieg er den anderen weiter voran. Der Ausblick von oben, so weit und schön er war, übertraf nicht den, den die Zitadelle von Kairo geboten hatte. Franz Joseph verweilte nicht lange. Der Abstieg war noch mühsamer und verlangte schwindelfrei zu sein; Franz Joseph hatte jedoch schon auf vielen Jagden im Gebirge bewiesen, daß er es war.

Als Trost für die Anstrengungen war in einem Kiosk in der Nähe ein Diner vorbereitet. Der Khedive war als Gastgeber zugegen und ließ während des Mahles die Cheopspyramide beleuchten. Weiße, rote und blaue bengalische Flammen flackerten, Raketen flogen in den tiefdunklen Himmel. Die Nacht war früh hereingebrochen, wie es der letzten Novemberwoche entsprach, Franz Joseph aber hielt sich an die Uhrzeit und stellte fest, man könne noch das Innere der Pyramide anschauen. Das strengte noch mehr an als der Aufstieg außen, die Herren mußten durch Schächte rutschen, über glatte Granitplatten aufwärts klimmen, alles bei heißer, dumpfer Luft. In der Grabkammer tanzten Araber eine wilde Fantasia – ein starker Widerspruch zum Zweck des Baues: Die ungeheuren Steinmassen sollten die Ruhe des Grabes schützen! Im Wagen des Khediven fuhr der Kaiser durch die sternblinkende Nacht zurück nach Kairo zum Palast Gesireh.

Nach diesen starken Eindrücken in Ägypten war Alexandria kein lohnendes Ziel, nur eine reizlose, typisch levantinische Handelsstadt mit 168 000 Einwohnern, also mehr, als damals Wien oder Berlin besaßen. Hier lebten viele Europäer; die einfachen Leute und die Beduinen, die herkamen, um Touristen alte Münzen zu verkaufen, trugen noch ihre traditionelle Kleidung. Moderne Bauten beherrschten das Stadtbild, die Börse, Theater, Restaurants und Cafés chantants, Gärten und Springbrunnen. In der Oper spielte man »Die Afrikanerin« von Meyerbeer. Der Hafen war voll von Handelsschiffen sowie türkischen, englischen, französischen und italienischen Kriegsschiffen. Auch die k. u. k. Flottille ankerte hier – das war für den Kaiser überhaupt erst der Grund gewesen, nach Alexandria zu fahren. Am 25. November brachte ihn ein Sonderzug dorthin. Die österreichisch-ungarische Kolonie in Alexandria hatte sich schon lange vorher darauf gefreut und sich bemüht, das Geld für ein prächtiges Ballfest zusammenzubringen.

Ursprünglich hatte der Plan bestanden, von Alexandria an die Küste Süditaliens zu fahren und in Brindisi mit König Viktor Emanuel II. zusammenzutreffen, aber dieser hatte sich auf einer Wildschweinjagd am 31. Oktober erkältet; die folgende Lungenentzündung wurde so schlimm, daß er die Sterbesakramente empfing. Seither hatte sich sein Zustand gebessert, aber noch nicht so, daß er imstande gewesen wäre, die Mühen eines großen Besuches auf sich zu nehmen. Vermutlich war weder er noch Franz Joseph sehr betrübt, daß die Begegnung in Brindisi unterblieb.

Auch ohne den Abstecher an die italienische Küste wurde die Seefahrt schwierig, Scirocco und Bora wühlten das Meer auf, besonders arg war es bei Korfu. Die Fahrt dauerte eine ganze Woche, zuletzt zerstreute der Sturm die Flottille. Am späten Abend des 2. Dezember erreichte die »Greif« den Hafen der istrischen Küstenstadt Pirano, der Dampfer »Elisabeth« lief in Triest ein, die Panzerfregatten »Ferdinand Max« und »Habsburg« in den Kriegshafen von Pola, die »Gargnano« schloß sich ihnen an. Am folgenden Morgen um sieben Uhr kam auch die »Greif« nach Triest, der Statthalter Feldmarschall-Leutnant Möring und der k. u. k. Truppenkommandant Baron Wetzlar samt dem Präsidenten des Stadtrates empfingen den Kaiser ehrfurchtsvoll. Trotz der frühen Stunde hatten sich viele Bürger eingefunden, nur Kaiserin Elisabeth fehlte. Ihr Zug hatte wegen Schneeverwehung große Verspätung, in Adelsberg (Postojna) blieb er stecken, die Kaiserin mußte dort übernachten. Am 4. Dezember hielt Franz Joseph eine Revue aller in und um Triest garnisonierenden Truppen ab, am 5. vor sechs Uhr früh bestieg er den Zug nach Wien.

Der Kommandant der »Greif«, Linienschiffskapitän Johann Pauer von Budahegy, wurde mit dem Ritterkreuz des Leopoldordens ausgezeichnet, kam aber noch nicht zur Ruhe. Er mußte die Kaiserin von Triest nach Ancona bringen, Vizeadmiral von Tegetthoff begleitete sie auf der Fahrt und in Ancona bis zum Bahnhof, wo sie in einem Separatzug nach Rom Platz nahm.

ERZHERZOGE AUF REISEN

Kronprinz Rudolf

Die Mitglieder der kaiserlichen Familie waren viel unterwegs, sowohl aus diplomatischen oder militärischen Gründen wie aus wissenschaftlichem Interesse oder bloß zum Vergnügen. Etliche von ihnen schrieben selbst darüber, wie es schon Erzherzog Ferdinand Max 1850 getan hatte, und auch die Reisen der anderen sind so bekannt, daß sie hier nur zum Teil und jedenfalls nur kurz zu erwähnen sind.

Kronprinz Rudolf war noch nicht 20 Jahre alt, als er am Ostermontag des Jahres 1878 in Wien den Zug bestieg. Bis Pest fuhr er mit der Eisenbahn, von dort auf einem Dampfer die Donau abwärts. Mit ihm reisten sein Schwager Prinz Leopold von Bayern, ein leidenschaftlicher Jäger, der Obersthofmeister Charles Albert Graf von Bombelles und drei Ornithologen, unter ihnen der berühmte Alfred Brehm. Die Fahrt diente vorwiegend zoologischen Studien, besonders der reichen Vogelwelt im Augebiet beiderseits des Stromes und an seinen Nebengewässern, brachte aber auch schöne Eindrücke von der Landschaft und Jägerfreuden. Rudolf schilderte dies alles in seinem Buch »Fünfzehn Tage auf der Donau«.

Drei Jahre später erschien sein Buch »Eine Orientreise«. Sie hatte ihn von Triest auf dem Dampfer »Miramar« nach Ägypten, dann nach Palästina geführt. Er wollte fremde Länder und ihre Bewohner kennenlernen, ein wenig diplomatisch repräsentieren, hauptsächlich aber jagen. Deshalb umfaßte die Reisegesellschaft außer noblen Herren, Künstlern und einem Arzt auch einen Tierpräparator. Sogar Jagdhunde nahm Rudolf mit.

Partie aus der Obedska bara mit dem Denkmal für Weiland Kronprinz Rudolf.

Karl Stephan

Wenige Jahre vorher hatte Erzherzog Karl Stephan an einer viel längeren Seefahrt mit wesentlich ernsterer Aufgabe teilgenommen. Er war ein Enkel des berühmten Erzherzogs Karl, des Siegers von Aspern, erst 19 Jahre alt und daher in der militärischen Karriere, die für alle Erzherzoge vorgeschrieben war, noch nicht sehr weit gekommen. Nachdem er die Marine-Akademie in Fiume erfolgreich beendet hatte, wurde er als Linienschiffsfähnrich auf der Korvette »Saida« eingeteilt. Dieses Schiff besaß zwar eine Dampfmaschine, aber auch, wie es damals üblich war, noch die volle Takelage, um bei einigermaßen günstigem Wind zu segeln und so Kohle zu sparen.

Am 15. Oktober 1879 verließ die »Saida« den Kriegshafen Pola, berührte die Insel Lissa (Vis), dann Messina; nach zwei Wochen Fahrt ankerte sie im Hafen von Gibraltar. Österreich-Ungarn und England standen in gutem Einvernehmen, der Gouverneur von Gibraltar erlaubte, die Festungswerke und Geschützstellungen in den Felsen zu besichtigen. Die Offiziere und Mannschaften genossen einige Tage leichteren Dienstes, während das Schiff überholt wurde, denn nun stand die schwierige Aufgabe bevor, spät im Jahr den Atlantik zu überqueren.

Nach 43 Tagen landete die »Saida« im geräumigen Hafen der brasilianischen Stadt Bahia, ergänzte ihre Vorräte und wollte nach Rio de Janeiro weiterfahren, aber von dort wurde Gelbfieber gemeldet. Also ging die Fahrt ohne Zwischenlandung über den Ozean, am 29. Januar 1880 um elf Uhr vormittags warf die »Saida« in Kapstadt Anker. Es sollte erprobt werden, wie seetüchtig die neue Korvette sei; das stellte an die Offiziere samt dem jungen Erzherzog und die Mannschaft hohe Anforderungen: vier Wochen Fahrt bei Sturm und schwerem Seegang, nach zehn Tagen nach Nordwesten neuerlich auf den Atlantik hinaus. An Bord erkrankte ein Mann an den Masern, deshalb mußte die »Saida« am 20. Februar den Hafen der Insel Sankt Helena wieder verlassen, ohne daß jemand an Land gehen durfte.

Der Nordostpassat erleichterte die weitere Fahrt ein wenig, die Korvette konnte die 5500 Seemeilen von Kapstadt nach Fort Royal auf Martinique in 34 Tagen zumeist unter Segeln zurücklegen. Dann blieb sie zwei Wochen lang im Hafen von Fort Royal. Mit den französischen Seeoffizieren ergab sich kameradschaftlicher Verkehr; da sie sich für die modernen österreichischen Schiffsgeschütze interessierten, kamen sie oft zu Besuch an Bord. Die Österreicher dagegen erkundeten auf einigen Ausflügen das Innere der Antilleninsel mit seiner starken Vegetation, die fast bis zu den Berggipfeln hinaufreicht. Das entschädigte Karl Stephan und seine Gefährten für die Mühen der letzten Wochen.

Die Mühen setzten jedoch bald wieder ein. Bis zum Hafen von Kingston auf Jamaika segelte die Korvette noch plangemäß, in den Hafen von Havanna lief sie aber nicht ein, denn dort herrschten Gelbfieber und Blattern. In der Nacht vom 29. auf den 30. April geriet sie vor Kap Hatteras (Nordkarolina) in einen Tornado, nichts Ungewöhnliches an der Ostküste von Nordamerika. Als die »Saida« glücklich durchgekommen war und am 3. Mai 1880 in der Mündung des Hudson vor New York ankerte, war die Takelage so beschädigt, daß die Reparatur drei Wochen in Anspruch nahm. Man hatte es allerdings nicht eilig, die Stadt New

York und das See-Arsenal waren interessant und boten hinreichend Gelegenheit, die Zeit auszufüllen.

Am 25. Mai endlich trat die Korvette die Rückreise an, zum vierten Mal über den Atlantik, ziemlich genau am 40. Breitengrad ostwärts. Nach der Landung in Lissabon erhielt der Linienschiffsfähnrich eine Ausnahme zugestanden: Als k. u. k. Hoheit durfte er landeinwärts reisen, Madrid und Sevilla besuchen, und brauchte erst wieder an Bord zu gehen, als die Korvette in den Hafen von Cádiz eingelaufen war, der uralten Hafenstadt und Seefestung nordwestlich von Gibraltar.

Die Seereise endete am 23. Juli 1880 in Pola. Die »Saida« hatte sich auf einer Fahrt von 24800 Seemeilen vorzüglich bewährt, ebenso der Linienschiffsfähnrich Erzherzog Karl Stephan. Sein rasches Avancement in der Marine verdankte er vorwiegend seiner hohen Geburt, aber er rechtfertigte es durch seine Leistung. 1891 war er im Alter von 31 Jahren Linienschiffskapitän, elf Jahre später Admiral.

New York: Straßenbild aus dem Jahr 1880

Leopold Ferdinand Salvator

Es ist zu bedauern, aber völlig verständlich, daß nicht alle Erzherzoge sich gleichermaßen tadellos verhielten. Erzherzog Leopold Ferdinand Salvator aus dem toskanischen Zweig des Erzhauses hatte ebenfalls die Marineakademie in Fiume besucht und bereits den Rang eines Linienschiffsleutnants erreicht, als er 1892 im Alter von eben 24 Jahren an der Weltreise des Thronfolgers Franz Ferdinand auf der »Kaiserin Elisabeth« als diensttuender Offizier teilnehmen sollte. Er machte aber nur die erste Hälfte der Reise mit. Die offizielle Version lautete, er sei erkrankt und habe deswegen in Sydney das Schiff verlassen. Friedrich Wallisch wollte in seinem interessanten Werk »Die Flagge Rot-Weiß-Rot« einen Habsburger nicht bloßstellen, obwohl das 1942 längst möglich, ja erwünscht gewesen wäre, und schrieb nur von einer Insubordination, doch tatsächlich war die Verfehlung des Erzherzogs ärger.

Es war aufgefallen, daß er sich oft in seiner Kabine einschloß, aber nicht allein, sondern zusammen mit einem Mitglied der Besatzung. Als man nachforschte, wer dieser bevorzugte junge Mann denn sei, stellte sich heraus, daß es gar kein Mann war, sondern ein Mädchen, das Leopold Ferdinand Salvator verkleidet an Bord geschmuggelt hatte. Das war freilich Grund genug, den Erzherzog von der weiteren Reise auszuschließen. Seine Karriere bei der Marine war damit beendet, nach weiteren peinlichen Affären schied er aus dem Haus Habsburg aus. Sein restliches Leben unter dem Namen Leopold Wölfling war keineswegs rühmlich.

Franz Ferdinand

Die Episode mit dem Linienschiffsleutnant Erzherzog Leopold Ferdinand Salvator hatte keinen Einfluß auf die Weltreise Franz Ferdinands, eines ernst zu nehmenden, für die Wissenschaft sehr ergiebigen Unternehmens. Nach dem tragischen Tode des Kronprinzen Rudolf war korrekterweise der Bruder des Kaisers, Erzherzog Karl Ludwig, nunmehr

Thronfolger, aber da er nur um drei Jahre jünger war, rechnete man allgemein nicht mit ihm, sondern seinem ältesten Sohn Franz Ferdinand als nächstem Kaiser. Dieser war bereit, dereinst die Würde zu übernehmen, wußte aber um ihre Last und hegte den berechtigten Wunsch, vorher die Welt kennenzulernen, die fremden Erdteile, andere Kulturen und Staatsformen mit eigenen Augen zu sehen.

Dazu benützte er zunächst eines der modernsten Schiffe der k. u. k. Kriegsmarine, den Torpedo-Rammkreuzer »Kaiserin Elisabeth«. Die Taktik, ein feindliches Schiff zu rammen, hatte sich 1866 in der Seeschlacht bei Lissa bewährt; die »Kaiserin Elisabeth« mit ihrem Rumpf aus Stahl war dazu hervorragend geeignet, ihre Torpedorohre entsprachen der neuesten Technik. Das Schiff hatte 4000 Bruttoregistertonnen und verfügte über zwei Maschinen, deren Stärke verschieden, zumeist mit zusammen 9000 Pferdestärken angegeben wurde. Ebenso vorzüglich war für die Verhältnisse jener Zeit die Schiffsartillerie.

Der Vater, die Stiefmutter und die Geschwister begleiteten Franz Ferdinand nach Triest. Am 15. Dezember 1892 um zwei Uhr nachmittags lief das Schiff aus, drei Stunden später schrieb Franz Ferdinand den ersten Brief an seine Eltern. Danach benützte er den Schreibtisch in seiner Kajüte noch jeden Tag, er führte ein genaues Tagebuch, das er später veröffentlichte.

Der Kreuzer fuhr die dalmatinische Küste entlang, am 18. Dezember feierte Franz Ferdinand seinen 29. Geburtstag, am 20. landete das Schiff in Port Said. Nach einem erfreulichen Jagdausflug ging die Fahrt weiter durch den Suezkanal und das Rote Meer, den Heiligen Abend feierte Franz Ferdinand auf hoher See. So gut die Kameradschaft an Bord war, vertraute er doch seinem Tagebuch an, wie sehr er den Kreis seiner Familie vermisse. Er hatte einen Christbaum aus den heimischen Wäldern mitgenommen, aber bei einer Temperatur von 40 Grad war es ein befremdliches Weihnachtsfest.

In Colombo auf der Insel Ceylon hatten die Behörden auf Weisung des Prinzen von Wales sich schon monatelang auf den Besuch des österreichischen Thronfolgers vorbereitet. Als er am 5. Januar 1893 dort landete, verlief alles nach Programm; er besichtigte die Stadt mit ihren Museen und begab sich danach ins Landesinnere. In Kandy erlebte er ein religiöses Fest mit, eine nächtliche Prozession, zu der alle Vornehmen der Insel gekommen waren. Im Fackelschein glitzerte das goldene, edelsteinbesetzte Geschirr der Reitelefanten.

Der eigentliche Zweck des Ausfluges war eine Elefantenjagd, ein anstrengendes Unternehmen. Dickicht und Dornsträucher, Moskitos und anderes lästiges Getier und tropische Regengüsse erschwerten den Marsch. Am 10. Januar bekam eine Herde äsender Elefanten zu früh Witterung und machte sich davon, am folgenden Tag aber gelang es Franz Ferdinand mit wenigen Begleitern, sich an einen kapitalen Elefanten heranzupirschen. Mit einem Kernschuß ins Ohr brachte er ihn zu Fall, aber im nächsten Augenblick stürmte ein anderer Bulle auf ihn los. Auf sechs Schritt Entfernung traf Franz Ferdinand ihn zwischen Auge und Ohr.

Von Colombo ging die Fahrt weiter, drei Tage bei wechselndem Wetter, bis zur Landung in Bombay am 17. Januar. Auch hier wurde der Erzherzog vom Gouverneur feierlich empfangen, besichtigte die Stadt und sah die Licht- und Schattenseiten des Orients, blühende Vegetation, Lärm, Schmutz und Gestank, jammervolle Armut unmittelbar neben prunkendem Reichtum. Die Mehrzahl der Bevölkerung waren Hindu, dazwischen lebten Parsen, indische und arabische Muslims, Afghanen und Bettelmönche aus Tibet. Zu seiner Freude bemerkte Franz Ferdinand in den Kaufläden viele Produkte aus Österreich-Ungarn, Papier- und Glaswaren, Wolldecken, Fez aus Strakonitz in Böhmen, sogar österreichisches Eau de Cologne, das die Einheimischen tranken, da Schnaps ihnen verboten war.

Zum Galadiner in der Residenz des britischen Gouverneurs legten Franz Ferdinand und die österreichischen Offiziere Paradeuniform an. Alle hohen Beamten der Stadt waren geladen, eine Parsi-Dame mit glitzernden Juwelen, die Konsularvertreter und die Kommandanten der im Hafen liegenden Kriegsschiffe. »Die Tafel war«, schrieb Franz Ferdinand, »sehr geschmackvoll mit Blumen, schwarz-gelben Bändern und silbernen Aufsätzen geschmückt.« Einige Schwierigkeit ergab sich jedoch daraus, daß er zwar etliche Sprachen beherrschte, die englische aber nur sehr unvollkommen. Das brachte auch beim nächsten Besuch Probleme.

Von Bombay ging es mit der Eisenbahn südostwärts nach Haiderabad. Der Nisam, der dort unter britischer Kontrolle regierte, ein schmächtiger

Herr von 28 Jahren, empfing den Erzherzog in europäischem Gehrock und Turban mit vollendeter Höflichkeit. Er zeigte dem Gast alles, was ihm in seiner Stadt sehenswert schien, war aber so unvorsichtig, ihn zu einem Wettschießen einzuladen; er hielt sich für den besten Schützen von Indien und hatte gehört, daß Franz Ferdinand unter den europäischen Fürsten als hervorragender Schütze galt. Es wurde also nicht ein Wettkampf zwischen zwei Herren, sondern zwischen zwei Kulturen, da durfte Franz Ferdinand nicht aus Höflichkeit gegen den Gastgeber absichtlich verlieren. Die Einzelbewerbe begannen verhältnismäßig leicht, steigerten sich in der Schwierigkeit, jedesmal gewann Franz Ferdinand. Als zuletzt Münzen in die Luft geworfen wurden, schoß der Erzherzog drei von ihnen herab, der Nisam nur eine. Er zeigte sich aber als guter Verlierer, man schied in Freundschaft voneinander.

Auf diesem Abschnitt der Reise erlebte Franz Ferdinand noch viele großartige Eindrücke. Von Dardschiling in 2180 Metern Höhe hatte er einen Blick auf die Gipfel des Himalaja, wenig später sah er den Tadsch Mahal, das berühmteste Bauwerk Indiens, auf der Jagd schoß er einen Tiger, der

Franz Ferdinand auf Tigerjagd in Nepal

gegen ihn ansprang, und in Nepal ritt er zu einer großzügigen Jagdexpedition mit 1 223 Mann und 202 Elefanten. Am 29. März bestieg er in Kalkutta wieder sein Schiff »Kaiserin Elisabeth«.

Bei prachtvollem Wetter fuhr Franz Ferdinand nach Singapur, einer schon damals modernen Stadt mit buntem Gemisch aller Menschenrassen, weiter nach Java, wo er 18 Tage verweilte, über Borneo zurück nach Singapur und nach Hongkong, das bereits zu den wichtigsten Handelsplätzen der Welt zählte und als drittgrößter Hafen galt. Von den Städten Chinas sah er nur Kanton, am 2. August wurde er in Japan offiziell begrüßt, eine Eskadron der Garde-Lanciers geleitete ihn durch ein Truppenspalier zu einem kaiserlichen Lustschloß.

Um Japan kennenzulernen, benützte Franz Ferdinand mehrmals die Eisenbahn, gelegentlich eine Rikscha und immer wieder das Schiff. Am 18. August feierte die Besatzung der »Kaiserin Elisabeth« den Geburtstag des Kaisers Franz Joseph, am nächsten Tag wurde in Tokio zu Ehren Franz Ferdinands eine Militärparade abgehalten. Am 24. August verab-

Große Flaggengala anläßlich des Geburtstages von
Kaiser Franz Joseph am 18. August im Hafen von Yokohama

schiedete er sich von dem Schiff. Es war ihm ein Stück Heimat gewesen, in der Kameradschaft der Seeoffiziere hatte er sich wohl gefühlt.

Als er mit seiner kleinen Suite die Reise auf dem Passagierdampfer »Empress of China« fortsetzte, mußte er sich in ein völlig anderes Bordleben eingewöhnen. Er konnte sich nicht mehr so frei bewegen, mußte sich einem anderen Lebensstil anpassen. Obwohl er in Zivil nicht so gut aussah wie in Uniform, fanden sich doch zwei Amerikanerinnen, denen es Freude bereitete, mit zwei europäischen Hocharistokraten, dem Erzherzog-Thronfolger und dem Kämmerer Graf Clam-Martinic, an Bord Tennis zu spielen. Die Fahrt von Yokohama über den Stillen Ozean nach Vancouver dauerte fast zwei Wochen.

Der Aufenthalt in Kanada begann mit einer schwierigen Bergtour in die Rocky Mountains, dann ging es in die USA, in den Yellowstone-Nationalpark. Weitere Stationen waren die Weltausstellung in Chicago, die Niagarafälle, New York. Alles brachte interessante, anregende, zum Teil schöne Eindrücke, aber Franz Ferdinand verbrachte nur einen Monat in Amerika, er sehnte sich schon nach der Rückkehr.

Am 7. Oktober trat der Erzherzog mit dem Passagierschiff »Bretagne« die Fahrt nach Le Havre an, mit der Eisenbahn fuhr er über Paris und Stuttgart nach Österreich. Die Eltern und Geschwister kamen ihm bis Sankt Pölten entgegen, er feierte ein frohes Wiedersehen mit ihnen und traf am 18. Oktober in Wien ein. *»Wohlbehalten bin ich von der langen Fahrt um die Erde heimgekehrt. Dankbarkeit gegen die Vorsehung im Herzen, begrüßte ich sie nach Jahresfrist wieder – die alte, ewig junge Kaiserstadt.«*

Karl Ludwig

Franz Ferdinands Vater Erzherzog Karl Ludwig war von Kindheit an im Schatten seiner Brüder Franz Joseph und Ferdinand Maximilian gestanden, war weniger begabt, weniger tatkräftig als sie, aber ebenfalls sehr fromm und ein Ehrenmann von untadeligem Auftreten. Der Kaiser ließ sich gern von ihm vertreten, wenn eine Ausstellung eröffnet, ein

Bauwerk eingeweiht wurde oder eine anzuerkennende Gesellschaft einen hohen Protektor brauchte. Das war auch der Grund für etliche weite Reisen des Erzherzogs.

Zweimal fuhr Karl Ludwig nach Rußland, 1881 zum Begräbnis des ermordeten Zaren Alexander II., 1883 zur Feier der Krönung von dessen Nachfolger Alexander III.; auf diese Fahrt nahm er seine dritte Gemahlin, Maria Theresia von Braganza, und großes Gefolge mit, um den Kaiser würdig zu vertreten. Da er auch Schirmherr der österreichischen Industrie war (auch der ungarischen, obwohl die noch auf recht schwachen Beinen stand), reiste er 1888 als Protektor der österreichisch-ungarischen Abteilung der Weltausstellung nach Barcelona und sollte damit einen Besuch beim Königshof in Madrid verbinden.

Als er am 11. April im Pariser Ostbahnhof aus dem Orientexpreß stieg, begrüßten ihn der vertriebene König Franz II. von Neapel und der k. u. k. Botschafter Graf Hoyos. Drei Tage später wurde er in Madrid festlich empfangen. Königin Maria Christina, die nach dem Tod ihres Gemahls Alfons XII. für ihren kleinen Sohn die Regierung führte, war mit Karl Ludwig nicht gerade eng verwandt, doch eine Habsburgerin, Enkelin des Siegers von Aspern. Sie sorgte dafür, daß Karl Ludwig sich in Madrid wohl fühlte und alles besichtigen konnte, was ihm des Schauens wert war, Kirchen und Museen, Bibliotheken und Kasernen. Im Teatro Real sah er das Drama »Fedora« von Victorien Sardou, dem auch das Libretto zur »Tosca« zu verdanken ist. Die Hauptrolle spielte die berühmte Sarah Bernard. Sie hatte den Höhepunkt ihrer Karriere bereits überschritten, aber die Sterbeszene, in der sie vergiftet und dann noch erdrosselt wurde, brachte ihr wieder großartigen Erfolg.

Außerdem unternahm Karl Ludwig, zum Teil von der Regentin begleitet, Ausflüge nach berühmten Stätten, zum Kloster Escorial, nach Aranjuez und Toledo. Dort besuchte er nicht nur wie jeder Tourist den Alcazar und den Dom, sondern auch den Kardinal-Erzbischof, die Militärakademie und eine Paramentenweberei. In der Waffenfabrik bestellte er Degenklingen, die er als Mitbringsel von seiner Reise zu verschenken gedachte. Die 70 Kilometer nach Toledo legte er selbstverständlich mit der Eisenbahn zurück, nach Aranjuez saß er sogar mit der Regentin zusammen in einem Separatzug, für kürzere Strecken hatte er einen Hofwagen, der mit vier

Maultieren bespannt war, zur Verfügung. Zu einer Truppenparade bestieg er ein Pferd, wie es sich für ihn als General der Kavallerie geziemte.

Die weitere Reise führte Karl Ludwig über Cordoba und Sevilla nach Cádiz, in einem Boot setzte er nach Tanger über, besuchte dann Gibraltar, Málaga, Granada, Valencia und fuhr in seinem Salonwagen die Meeresküste entlang über Tortosa und Tarragona nach Barcelona. Dort traf er am 5. Mai um zehn Uhr abends ein; das Empfangskomitee geleitete ihn und sein Gefolge in das Hotel »de las cuatro Naciones«. Am nächsten Tag, einem Sonntag, ging er zu Fuß zur Kirche des heiligen Nikolaus, um die Messe zu hören, nach zehn Uhr fuhr er mit dem königlichen Gouverneur zum Ausstellungsgelände.

Karl Ludwig war als Repräsentant des Kaiserhauses bei der Wiener Weltausstellung 1873 gewesen und wußte daher, daß bei dermaßen großen Veranstaltungen nicht alles plangemäß ablaufen kann. Überall sah er halb- oder noch gar nicht ausgepackte Kisten und unvollendete Kioske; um so mehr freute er sich, die österreichisch-ungarische Abteilung schon fertiggestellt vorzufinden. Am Nachmittag wurde er zu einem Stierkampf geführt, aber der Anblick der Pferde, die noch angetrieben wurden, obwohl sie schon so verwundet waren, daß die Eingeweide aus dem Leib hingen, erfüllte ihn mit Mitleid und Widerwillen, er ging sehr bald weg. Nach einer Spazierfahrt in der Umgebung der Stadt besuchte Karl Ludwig das Teatro del Liceo, von dem behauptet wurde, es sei das größte in Europa, und hörte ein wenig befremdet den »Lohengrin« in italienischer Sprache.

Selbstverständlich besichtigte der Erzherzog die Kathedrale am Monte Tabor in der Altstadt und andere berühmte Gebäude, fuhr noch einmal zum Ausstellungsgelände, mußte Einladungen annehmen und seinerseits auch einladen. Zum Abschied versammelten sich alle Österreicher, die zur Zeit in Barcelona waren, auf dem Bahnhof. Karl Ludwig war von seinem Aufenthalt dort sehr befriedigt. Er reiste über Marseille, Genua und Mailand zurück. Als er am 12. Mai 1888 um zehn Uhr in Pontafel (Pontebba) den Salonwagen bestieg, der ihm aus Wien geschickt worden war, erklärte er: *Es ist bei uns doch am besten.«

Im Sommer 1890 gönnte Erzherzog Karl Ludwig sich eine Nordlandreise, fünfeinhalb Jahre später erfüllte er sich den alten Wunsch, Ägypten und das Heilige Land zu sehen. Ein besonderer Anlaß zu der Reise war, daß er seinen ältesten Sohn Franz Ferdinand besuchen wollte, der einer Lungenkrankheit wegen den Winter in Oberägypten verbrachte. Am 21. Januar 1896 fuhr Karl Ludwig zusammen mit seiner Gemahlin Maria Theresia, seinem jüngsten Sohn Ferdinand Karl und den Töchtern Maria Annunziata und Elisabeth in zwei Salonwagen der Südbahn nach Triest, am nächsten Tag bestiegen sie dort den prächtigen Lloyd-Dampfer »Habsburg«. Nach glatter Überfahrt landeten sie am 26. Januar um fünf Uhr früh in Alexandria und fuhren mit der Eisenbahn nach Kairo.

Erzherzogin Maria Theresia reiste eilig weiter Richtung Assuan, um den Stiefsohn, den sie sehr schätzte, möglichst bald zu sehen. Karl Ludwig blieb noch in Kairo, stattete dem Khediven Abbas Hilmi einen Besuch ab und sah am Abend im Theater des Khedivenpalastes die Oper »Samson und Dalilah« von Camille Saint-Saëns. Die nächsten Tage widmete er den üblichen Besichtigungen in Kairo und Umgebung, danach fuhr er mit dem Dampfer »Mehmed Ali« den Nil aufwärts. Als er am 6. Februar in der Gegend von Luxor mit seinen Kindern beim Frühstück saß, näherte sich von Süden eine Dahabiye, ein Segelschiff einheimischer Bauart, und legte sich neben den Dampfer. Zu seiner großen Freude sah Karl Ludwig die Gemahlin und den Sohn Franz Ferdinand herüberkommen. Sie verbrachten etliche Tage zusammen, besichtigten viel – so viel, daß Karl Ludwig nach der Rückkehr die Ruhe im Gesireh-Palace-Hotel zu Kairo als eine Wohltat empfand. Für einen Herrn von 63 Jahren war dieser Abschnitt der Reise doch eine große Anstrengung gewesen, sowohl durch die körperlichen Anforderungen wie durch den dauernden Kontakt mit temperamentvollen Orientalen.

Zwei Wochen blieb Karl Ludwig noch in Kairo, mußte sich allerlei zeigen und vorführen lassen, von einer militärischen Übung der englischen und ägyptischen Truppen bis zum Tanz der heulenden Derwische. Am 4. März endlich bestieg er den Dampfer, der ihn mit seiner Familie nach Syrien und Palästina bringen sollte. Was er dort alles sah, machte auf ihn als sehr religiösen Menschen immer wieder starken Eindruck, in frommer Ergriffenheit trank er Wasser aus dem Fluß Jordan. Das hätte er nicht tun sollen. Am Morgen des 23. März fühlte er sich gar nicht wohl, machte aber das restliche Programm noch mit, am folgenden Tag fuhr er mit der

Familie zu Schiff von Jaffa die Küste entlang nach Beirut. Sein Zustand besserte sich immer nur für kurze Zeit, häufig quälten ihn Koliken, der Schiffsarzt sprach von »Enteritis« (Darmentzündung).

Über Zypern und Rhodos ging die Fahrt nach Griechenland. Auf dem Schiff konnte Karl Ludwig sich Ruhe gönnen, in Athen aber mußte er den Geboten der Höflichkeit folgen. Er stieg im Hotel Grande Bretagne ab, König Georg I., Kronprinz Konstantin und dessen Gemahlin statteten ihm dort einen Besuch ab, dann mußte er mit Erzherzogin Maria Theresia ins Schloß fahren, um die Königin zu begrüßen. Ein junger Wiener Privatdozent, der später berühmte Philologe und Archäologe Adolf Wilhelm, übernahm die Führung auf die Akropolis und zu den anderen antiken Bauten von Athen. Seine Erklärungen begeisterten den Erzherzog und ließen ihn den schlechten Gesundheitszustand stundenweise vergessen.

Noch eine große Anstrengung stand bevor, am 10. April ein Familiendéjeuner bei der Königsfamilie. Auch deren fünf Söhne waren anwesend, der kleinste erst acht Jahre alt, die Tochter Alexandra mit ihrem Bräutigam Großfürst Paul Alexandrowitsch, die Schwiegertochter Sophie von Preußen und der junge König Alexander von Serbien. Wider Erwarten wurde es eine gemütliche Mahlzeit und Unterhaltung, das herzliche, natürliche Familienleben am Königshof entzückte die Gäste.

Der Erzherzog und seine Familie fuhren am 11. April mit der Eisenbahn nach Patras, dort bestiegen sie den Lloyd-Dampfer »Delfino«. Als sie an Korfu vorbeifuhren, brach ein Gewitter mit Hagel nieder, tagelang blieb das Wetter schlecht, das Meer sehr unruhig. Erst am 16. April drang die Sonne durch die Wolken. Erzherzog Karl Ludwig ging an Deck, um die Einfahrt in den Hafen von Pola zu sehen. Der Schiffsarzt begleitete ihn treu bis zur Ankunft in Wien am 18. April, hier übernahm der Hausarzt Dr. Rollett die Behandlung, aber die Kräfte des Patienten verfielen. Am 18. Mai empfing er die Sakramente, am Morgen des 19. Mai 1896 starb er. Die Ursache seines Todes konnte nicht genau festgestellt werden, denn er hatte verboten, seinen Leichnam zu sezieren. Karl Ludwig wurde im weißen Waffenrock eines Generals in den Sarg gelegt und in der Kapuzinergruft beigesetzt.

Von ihm stammt die jetzige Hauptlinie des Hauses Habsburg ab, sein Enkel Karl bestieg 1916 den Kaiserthron.

DIENSTLICH UND PRIVAT UNTERWEGS

Kaiser Franz Joseph I.

K aiser Franz Joseph lernte im letzten Abschnitt seines Lebens noch Automobil und Flugzeug kennen, hegte dafür aber weder Sympathie noch technisches Interesse. Die Eisenbahn hingegen war ihm von Jugend an vertraut, er hatte ihre Entwicklung miterlebt und ihre wirtschaftliche und militärische Bedeutung erkannt. Für seinen persönlichen Bedarf standen Sonderzüge zur Verfügung, der österreichische Hofzug (ab 1892 der Neue österreichische Hofzug), für Reisen in den Ländern der Stephanskrone der Alte und dann der Neue ungarische Hofzug der königlich ungarischen Staatsbahn und schließlich der Hofjagdzug der Südbahngesellschaft.

Für kürzere Reisen genügte ein Salonwagen, in dem der Erste Generaladjutant und der diensttuende Leibjäger ihre eigenen Abteile hatten; vor diesen war ein Waggon für die Zugsleitung und das Kammerpersonal gekoppelt, hinter den Salonwagen je nach Bedarf ein bis zwei Wagen für die Suite und die Dienerschaft. Auf größeren Reisen zählte der Hofzug bis zu neun Waggons. Zuerst kam der Dienst- und Gepäckwagen mit dem Bahnpersonal, dann folgte der Waggon für den Direktor der Hof- und Eisenbahnreisen und das Kammerpersonal, an dritter Stelle der des Kaisers mit einem schlichten Schlafzimmer, einem kleinen Salon, der zugleich als Arbeitszimmer diente, und dem Abteil für den Ersten Generaladjutanten. Außen trug dieser Wagen den österreichischen Adler oder (ab 1867) das ungarische Wappen, allerdings nicht bei Fahrten inkognito. Der

Die Küche und der Schlafsalon des Hofzuges

vierte Wagen enthielt einen größeren Salon und mehrere Abteile für den Obersthofmeister, den Zweiten Generaladjutanten und geladene Gäste. Im Speisewagen befanden sich auch die Küche und das dazugehörige Personal, Tafelinspektor, Koch, Zuckerbäcker, Kellermeister und Küchenträger samt den nötigen Vorräten.

Die mitfahrenden Herren versammelten sich gewöhnlich erst zum Frühstück im Salon, der Kaiser aber hatte Akten mitgenommen und begann seine Arbeit wie daheim zwischen vier und fünf Uhr früh, nahm um sechs Uhr ein kleines Frühstück und fand sich zum Diner um ein Uhr im Speisewagen ein. Wenn keiner dabei war, aß Franz Joseph mit der Suite in einer Bahnhofsrestauration.

Die Termine der Reisen konnte der Kaiser nicht immer selbst bestimmen. Im Jahre 1874 mußte er im tiefsten Winter nach Rußland fahren, das erforderte die gute Freundschaft; im Vorjahr hatten die Herrscher von Rußland, Deutschland und Österreich-Ungarn ein Dreikaiserbündnis geschlossen. Außer höfischen und militärischen Veranstaltungen war auch eine Bärenjagd vorgesehen. Am Abend des 17. Februar fuhr vom Moskauer Bahnhof in Sankt Petersburg ein Separatzug ab, nach zwei Stunden erreichte er sein Ziel Malo-Visegrad. Der Kaiser, Graf Andrássy und Graf Bellegarde übernachteten in ihren Schlafcoupés, die höchsten der anderen Herren in Zimmern des Stationsgebäudes, die übrigen behelfsmäßig in einer großen Halle. Am folgenden Morgen nach einem leichten Frühstück bestieg jeder der Herren einen einspännigen Schlitten, nach einem Pferdewechsel an einer Relaisstation erreichte man um halb zwölf Uhr den Bestimmungsort. Die Treiber scheuchten einen Bären auf, die Herren bildeten eine Schützenkette. Franz Joseph in der Mitte der Kette hatte als vornehmster Jagdgast den ersten Schuß, auf 80 Schritt Entfernung traf er den Bären tödlich.

So geduldig Franz Joseph die Fülle der Schreibtischarbeit bewältigte, so pflichtbewußt und gottergeben nahm er die Mühen der Reisen auf sich. Die größten Anstrengungen dürfte er im Frühjahr 1875 erlebt haben. Die Fahrt begann zunächst harmlos mit der Enthüllung eines Denkmals in Triest für seinen unglücklichen Bruder Ferdinand Maximilian, danach begegnete er in Venedig dem König von Italien, am 9. April inspizierte er den Marinehafen Pola, am 10. war er in Zara (Zadar), der alten, schönen

Kaiser Franz Joseph mit Suite im Speisesalon des Hofzuges.
Rechts vom Kaiser Erzherzog Otto

·Hauptstadt des österreichischen Königreichs Dalmatien. Bis hieher und dann nach Sebenico (Šibenik) hatte er mit dem Schiff fahren können, nun wurde die Reise beschwerlich, denn es gab keine Eisenbahn und nur wenige Straßen, die schlecht und recht mit Wagen befahrbar waren, meistens mußte der Kaiser reiten.

Von Sebenico führte der Weg landeinwärts ins Gebirge, mit einer Fähre über eine fjordähnliche Bucht nach Scardona (Skradin) und die Krka aufwärts zu ihren romantischen Wasserfällen in einer bezaubernden, noch unberührten Landschaft, zu dem Bergstädtchen Knin, dann in südöstlicher Richtung nach Sinj. Dort wurde das berühmte alte Reiterfest der »Alka«, das alljährlich am Tag Mariä Himmelfahrt gefeiert wird, dem Kaiser zu Ehren in die letzte Aprilwoche vorverlegt. Franz Joseph freute sich herzlich am Anblick der kräftigen Gestalten in alter Uniform oder Landestracht, der schönen Pferde und des ganzen Gepränges. Im Festzug wurden auch Rüstung und Pferdegeschirr eines türkischen Paschas mitgeführt, den die Männer von Sinj im Jahre 1715 besiegt hatten.

Nach etlichen Übernachtungen in primitiven Unterkünften bot die Küstenstadt Spalato (Split) einigermaßen bequemes Quartier für einen Ruhetag. Franz Joseph bewunderte die Reste des spätantiken Kaiserpalastes,

Sebenico: Ansicht von Norden
Stich von Emil Jacob Schindler

der nun eine ganze Stadt enthielt, dann wandte er sich wieder ins öde Gebirge – an der Küste gab es keine Straße – nach Imotski nahe der Grenze gegen die türkische Herzegowina, überquerte die Neretva und traf ziemlich erschöpft in der herrlichen Stadt Ragusa (Dubrovnik) ein.

Diese Stadt hätte Franz Joseph viel leichter mit einem Schiff erreichen können, aber er wollte nicht nur die Küste, sondern auch das Hinterland kennenlernen, viele Ortschaften, die weder vor noch nach ihm je ein Kaiser betreten hat. Für ihn dürften es oft recht eigenartige Eindrücke gewesen sein, für die Einheimischen aber war es jedesmal ein großes Ereignis, von dem sie sicher noch ihren Enkeln erzählten. Auf schmalen Pfaden zwischen strauchbewachsenem Berghang und Uferklippen ritt Franz Joseph bis Castelnuovo (Hercegnovi), einer Hafen- und Festungsstadt mit Palmen, blühenden Büschen und allem Reiz des Südens.

Die Stadt liegt am Eingang der Bocche di Cattaro (Boka Kotorska), einer großen, vielverzweigten Bucht zwischen schroffen Bergen. Am schmalen Uferstreifen begünstigt das milde Klima Weingärten und Ölbäume, die

Das Kampfspiel der Alka in Sinj, spätes 19. Jahrhundert

niedrigen Kuppen sind mit Rosmarin- und Ginsterbüschen überzogen, die Felswände kahl und abweisend. Von hier durch die fruchtbare Hochfläche der Župa erreichte Franz Joseph die Hafenstadt Budua, die südlichste des Königsreichs Dalmatien, mit mittelalterlichen Stadtmauern, Festung und Adelspalästen aus venezianischer Zeit.

Bei Sonnenschein waren die Temperaturen schon fast sommerlich, aber ein plötzlicher Gewitterregen überraschte die Reitergruppe. Bei Fort Spiridione mußten die Uniformen am offenen Feuer getrocknet werden. Der Kaiser erlebte die Strapazen seiner Offiziere und Soldaten am eigenen Leibe, nicht sehr vergnügt, aber ohne sich zu beklagen.

An der Grenze zu Montenegro hatte Fürst Nikolaus zur Begrüßung einige Bataillone der Landmiliz aufstellen lassen, bunt gekleidete Männer, die an Räuberbanden gemahnten, während ihre Offiziere auf eine Operettenbühne gepaßt hätten. Auf der Rückreise machte Franz Joseph sich noch die Mühe, Fort Dragalj zu besuchen, eine der Festungen, die auf dem

Das Schiff »Miramar« in der Bucht von Cattaro. Kaiser Franz Joseph nahm allerdings den schwierigen Weg zu Pferd durch das Bergland

Höhenkamm die Bucht von Cattaro schützen sollten. Als er nach 31 Tagen endlich ein Schiff bestieg, hatte er über 1 000 Meilen zurückgelegt, viele Erkenntnisse gesammelt und bei seinen Untertanen kostbare Erinnerungen hinterlassen.

Manche Reise bereitete dem Kaiser Freude, auch wenn er sie nicht eigens zu diesem Zwecke unternahm wie etwa jene im Jahre 1892 an den Tegernsee. Zwischen den Habsburgern und den Wittelsbachern waren im Laufe der Jahrhunderte unzählige verwandtschaftliche Beziehungen entstanden, und wenn man nicht heiratete, stand man doch einander als Taufpate zur Verfügung und wurde selbstverständlich zu Hochzeiten eingeladen. Diesmal heiratete Prinzessin Amalie, die älteste Tochter des Herzogs Dr. Karl Theodor in Bayern, den Herzog Wilhelm von Urach, Grafen von Württemberg.

Das Dorf Gmünd am Nordostufer des Tegernsees war bereits durch eine Zweigbahn nach Holzkirchen mit der Eisenbahnlinie München–Salzburg verbunden. Als Franz Joseph dort ausstieg, erwarteten ihn bayerische Gebirgsschützen, unter Triumphbogen aus Blumengewinden fuhr er im Wagen zum Schloß, einer ehemaligen Benediktiner-Abtei. Auch Prinzregent Luitpold von Bayern, die Könige Albert von Sachsen und Franz II. von Neapel und Sizilien gingen im Hochzeitszug mit, vom Gebirge her krachten Böllerschüsse. Aus der ganzen Umgebung waren Leute in festlichen Gewändern gekommen, denn der Brautvater war als der »Herzogdoktor« und als Wohltäter weithin bekannt und geschätzt. Tausende arme Kranke hatte er kostenlos operiert und behandelt, ließ sie pflegen, und oft beschenkte er sie noch bei der Entlassung. Die Hochzeit gestaltete sich zu einem frohen Familienfest, alle Teilnehmer, vom Kaiser bis zum Hüterbuben, freuten sich.

Für die letzte Winterwoche des Jahres 1893 hatte der Oberststallmeister (spätere Obersthofmeister) Prinz Liechtenstein das ganze erste Stockwerk des Hotels Territet am Genfer See bestellt, ohne anzugeben, wer dort einziehen werde. Ende Februar kam eine schlanke Dame in eleganter Kleidung von dunkler Farbe mit einiger Dienerschaft an und ließ sich als »Gräfin von Hohenembs« ins Gästebuch eintragen, am 28. Februar folgte ihr Gemahl nach. Sie nahmen das Frühstück täglich gemeinsam in ihren

Räumen ein, Lunch und Diner im Salon des Grandhotel. Die Gräfin bewohnte zwei Zimmer, der Graf drei, teils mit Ausblick zum See, teils in einen reservierten Garten.

Im Hotel fiel auf, daß in einem der Zimmer schon morgens um sechs Uhr das Licht brannte und täglich ein Herr vom Hotel zum Bahnhof ging, einer vom Bahnhof kam. Bald sprach sich herum, es seien Kabinettskuriere, die nach Wien fuhren, und man erriet, wer der Graf und die Gräfin von Hohenembs eigentlich waren. Die Kurkapelle brachte an den Sonntagen Ständchen dar, und für die reichen Engländerinnen, die einen Teil des Winters am Genfer See verlebten, war es eine Sensation, am selben Ort zu weilen wie das Kaiserpaar von Österreich. Am 15. März war alles vorbei.

Mehr Abgeschiedenheit und noch milderes Klima war an der französischen Riviera zu erhoffen. Kaiserin Elisabeth liebte Cap Martin, ein Vorgebirge, dessen Wälder einst zum Wildpark des Fürsten von Monaco gehört hatten, hoch über den Riffen und der Brandung. Hier führte Herr Ullrich, ein gebürtiger Österreicher, ein Hotel mit fürstlichem Komfort, die Terrasse bot Ausblick auf die Küste und das Meer. Elisabeth befand sich schon hier, als Franz Joseph am 27. Februar 1894 von Wien abreiste. Aus Sparsamkeit benützte er nicht den Hofreisezug, sondern ließ nur drei Waggons an den fahrplanmäßigen Zug ankoppeln und hatte nur ein ganz kleines Gefolge um sich. Zunächst fuhr er nach München, um seine Tochter Gisela zu besuchen; mit ihrem Gemahl Prinz Leopold verstand er sich sehr gut und wohnte gern in dessen Stadtpalais. Am Bahnhof in Mentone sah er zu seiner Freude außer dem Empfangskomitee auch Kaiserin Elisabeth und ihre Schwester Mathilde, Witwe des Grafen von Trani, des Bruders von König Franz II. von Neapel und Sizilien.

Viermal war Cap Martin das Ziel einer Vorfrühlingsreise des Kaisers, 1895 allerdings mußte er schon nach einer Woche nach Wien zurückkehren, um Feldmarschall Erzherzog Albrecht zu Grabe zu geleiten. Im folgenden Jahr waren ihm drei Wochen der Erholung vergönnt, doch auch am Cap Martin saß er täglich an seinem Arbeitstisch. Am 13. März 1896 machte er mit Elisabeth per Bahn einen Ausflug nach Nizza. Beim Roulettespiel im Casino von Monte Carlo hatte er wenig Glück, einmal mußte er sich von seinem Kammerdiener 200 Francs (= 200 Kronen) ausleihen.

Das Kaiserpaar 1893 am Genfer See

Des Klimas und der guten Gesellschaft wegen fanden sich auch andere höchste und allerhöchste Herrschaften zu dieser Jahreszeit an der Côte d'Azur ein, 1896 zum Beispiel Königin Viktoria von England mit ihren Töchtern und ihrem Sohn Eduard, dem Prinzen von Wales, der als fröhlicher Lebemann bekannt war, ferner Zarin Alexandra mit zwei Großfürsten, die Könige Oskar II. von Schweden und Leopold II. von Belgien, ein anderes Mal Franz Josephs Tochter Marie Valerie mit ihrem Gemahl Erzherzog Franz Salvator.

Man besuchte einander und führte höfliche Gespräche ohne politische Bedeutung. Die Dame, die nach Elisabeth von Österreich als schönste Monarchin Europas gegolten hatte, Eugénie, einst Kaiserin von Frankreich, lebte ganz in der Nähe in ihrer Villa Cyrnos, sehr zurückgezogen, wie es der Witwe eines entthronten Kaisers zukam. Franz Joseph stattete ihr ritterlich mehrmals Besuche ab und begleitete sie auf Spaziergängen. Er trug immer Zivil und bemühte sich, sein Inkognito zu wahren. Als er einmal im Spielcasino von Monte Carlo erkannt wurde und die ganze Gesellschaft sich ehrerbietig erhob, zog er sich nach wenigen Minuten zurück.

Die erste Fahrt des Kaisers nach Cap Martin 1894 war auch die erste seines Kammerdieners Eugen Ketterl. Franz Joseph war mit ihm so zufrieden, daß er ihn einige Monate später ins östliche Böhmen zu den Manövern mitnahm. Ende August konnten die Soldaten über die abgeernteten Felder reiten und marschieren, ohne allzu arge Flurschäden anzurichten, die Teilnahme an den Manövern war für Franz Joseph eine erfreuliche Pflicht. Anschließend reiste er am 6. September 1894 nach Galizien, um in Lemberg die Landesausstellung zu eröffnen. Sie interessierte ihn, gleichzeitig wußte er, welche Freude er dem Volk bereitete, wenn er sich zeigte. Aus allen Teilen des Landes kamen die Leute herbei, polnische Adelige und ruthenische Hirten, Huzulen und Goralen, alle in malerischer Tracht; sogar Bürger der Bukowina und aus Rumänien jenseits der Grenze waren zugegen. Ähnlich wie in Lemberg drängten sich auch in der Festungsstadt Przemyśl die Menschen heran, um dem Kaiser die Hände und den Rocksaum zu küssen, ebenso in Jaroslawl, sogar auf der kleinen Bahnstation von Lancut.

»In der Nähe des gräflich Lubienskischen Schlosses Gnojuvice spielte sich damals eine nette Episode ab. Man machte den Kaiser auf einen

*Kaiser Franz Joseph mit seinem Großneffen, dem späteren Kaiser Karl,
1894 in Mentone*

92jährigen Postillon aufmerksam, der noch weiland den Kaiser Franz I. gefahren hatte und aus seinem weit entlegenen Heimatorte Radymno gekommen war, um noch einmal den Kaiser und Herrn zu sehen. Franz Joseph unterhielt sich mit dem noch immer rüstigen Veteranen alter Postkutschenherrlichkeit, behielt ihn im Schlosse zu Gast und ließ ihm ein ansehnliches Geldgeschenk reichen.«

Das schrieb der Leibkammerdiener Ketterl in seinen Erinnerungen an den alten Kaiser. Darin sind Berichte über diese und andere Reisen nachzulesen, auch über jene im September 1896 zur Eröffnung der Fahrtrinne neben der Donau bei Orsowa, durch welche die Unterwasserklippen des Eisernen Tores umschifft wurden, und über jene Ende April 1897 nach Sankt Petersburg zu Zar Nikolaus II. Zwischen interessanten Eindrücken und erhebenden Erlebnissen zeigte jedoch mitunter eine Reise dem Kaiser, daß die Welt nicht mehr ganz so beschaffen war, wie er sie gern gehabt hätte.

Die Habsburgermonarchie als übernationaler Staat stand im Gegensatz zu den nationalen Bestrebungen des ganzen 19. Jahrhunderts und zum Panslawismus, der immer stärker wurde. Für die Reise des Kaisers nach

Lemberg im 19. Jahrhundert. Stahlstich von J. Sands nach einer Zeichnung von Teofil Czyszkowski

Böhmen 1907 hegten viele Herren seiner Umgebung Befürchtungen. In Prag lief noch alles gut ab, ab Aussig (Usti) an der Elbe aber erklang an keinem Bahnhof mehr das »Gott erhalte«. Die Sokoln, tschechische Turner, standen in Uniform und militärischer Ordnung da und sangen nationale Lieder. Als sich dieses Schauspiel in mehreren Stationen wiederholte, brach der Kaiser verärgert die Reise ab.

1909 wandelte die österreichische Regierung die Okkupation Bosniens und der Herzegowina in eine Annexion um, das heißt, die beiden Länder, die vor 31 Jahren mit Zustimmung der Großmächte besetzt worden waren, wurden nun in den Staatsverband eingegliedert. Die panslawistischen Kreise in Serbien, von Rußland unterstützt, sahen das als Herausforderung an, die Kriegsgefahr war groß. Trotzdem wagte es Kaiser Franz Joseph, im Juni 1910 nach Sarajevo zu reisen. Als Achtzigjähriger stieg er ungeachtet der Sommerhitze zu Pferd, nahm die Parade der Truppe ab und sprengte im gestreckten Galopp zum Ausgangspunkt zurück. Er be-

Kaiser Franz Joseph nimmt eine Bittschrift entgegen

suchte ein Kloster, die Husrev-Beg-Moschee und den Bazar. Selbstverständlich waren alle Vorkehrungen zu seiner Sicherheit getroffen, Soldaten waren aufgestellt, Polizisten in Uniform und Zivil taten ihren Dienst, aber das schien nicht nötig zu sein. Die Vertreter aller drei Teile der Stadtbevölkerung, Moslems, katholische Kroaten und orthodoxe Serben, betonten ihre Dankbarkeit und Ergebenheit, die Leute auf den Straßen jubelten dem Kaiser zu. Er fuhr danach zum Badeort Ilidže und mit der Eisenbahn das Tal der Neretva abwärts nach Mostar und Metković. Noch vier Jahre vergingen, bis ein anderer hoher Besuch in Sarajevo tödlich endete und damit eine Katastrophe auslöste.

DES LETZTEN KAISERS LETZTE FAHRT

Karl I. 1921

Karl hatte am 21. November 1916 eine unlösbare Aufgabe übernommen; der Weltkrieg war nicht mehr zu gewinnen, der Vielvölkerstaat der österreichisch-ungarischen Monarchie nicht mehr zusammenzuhalten. Nach dem November 1918 hätte er sich das Leben erleichtern können, wenn er auf seine Würde als Kaiser und König verzichtet hätte, aber sein Gewissen verbot ihm abzudanken. Nachdem er gezwungen worden war, Österreich zu verlassen, versuchte er zweimal, im Frühjahr und im Herbst 1921, zumindest nach Ungarn als König zurückzukehren. Das zweite Unternehmen war besser vorbereitet; als sein Flugzeug bei Steinamanger (Szombathely) landete, fand er treue Offiziere mit Truppen vor, aber vor Budapest traf er auf unerwartet starken Widerstand, ein Gefecht entspann sich. So hatte Karl sich den Einzug in seine Hauptstadt nicht vorgestellt, er wollte kein Blutvergießen, nicht über Leichen gehen, lieber gab er auf und erwartete seine Gefangennahme.

Im Esterházyschloß von Tata, etwa auf halbem Wege zwischen Budapest und Raab (Györ), hatte schon Kaiser Franz I. 1809 auf der Flucht vor Napoleon Schutz gefunden, nun bot Graf Franz Esterházy seinem König Gastfreundschaft an. Bei Karl befanden sich seine Gemahlin Zita von Bourbon-Parma, die treuen Generäle Lehár und Osztenburg, der weniger verläßliche General Hegedüs, Karls letzter Außenminister Graf Julius Andrássy und einige andere hohe Herren.

Am 24. Oktober 1921 genossen sie ein gutes Mittagessen und ein paar

Stunden Ruhe, am Abend aber kamen Soldaten aus Budapest und besetzten alle Zugänge zum Schloß. Den Befehl führte Oberst Siménfalvy, der im Gefecht bei Budaörs gefangen, aber auf Karls Befehl freigelassen worden war. Er behauptete, er wolle nur für die Sicherheit des Königs sorgen, die Soldaten wußten überhaupt nicht, worum es eigentlich ging. In der Nacht drangen Männer, die mit Pistolen und Handgranaten bewaffnet waren, in das Schloß ein und liefen eine Wendeltreppe hinauf, um nach Karl zu suchen. Graf Esterházy kam im Nachthemd aus seinem Schlafzimmer und warf den Anführer der Bande die Treppe hinunter, die anderen wollten fliehen, wurden aber gefangengenommen. Beim Verhör behauptete einer, sie hätten nur als Zeugen bei Karls Abdankung zugegen sein sollen, ein anderer gab zu, sie hätten den Auftrag gehabt, ihn zu töten, sagte aber nicht, wer das befohlen habe. Soweit war die Situation verständlich, Karl dachte an den Mord an der Zarenfamilie 1918. Erstaunt stellte er fest, daß Oberst Siménfalvy den Leuten ihre Waffen zurückgab und sie im Auto wegfahren ließ.

Aus dem Schloß in Tata wurden Karl und Zita mit einem Teil des Gefolges in das Benediktinerkloster Tihany am Westufer des Plattensees gebracht. Viel Volk strömte herbei, um das Königspaar voll Ehrfurcht zu begrüßen, ein Teil der Begleitmannschaft aber benahm sich wie Gefangenenwärter. Die Regierung in Budapest bemühte sich, Karl zur Abdankung zu veranlassen, er weigerte sich. Am 30. Oktober erfuhr er, daß er den alliierten Siegermächten übergeben würde. Die Mönche des Klosters segneten ihn und Zita, als Bewaffnete die beiden des Nachts hinausführten. Man setzte sie in ein Auto, ohne zu sagen, wohin die Fahrt gehen werde, und brachte sie zu einem Eisenbahnzug.

Morgens um sechs Uhr, noch bei tiefer Dunkelheit – es war der Allerheiligentag –, hielt der Zug bei einem Bahnwärterhaus, Karl, Zita und ihre Begleiter mußten aussteigen, sahen Soldaten und mußten noch einen kurzen Fußweg zum Donauufer zurücklegen. Sie befanden sich, wie sich später herausstellte, im südöstlichen Ungarn, ein Stück stromaufwärts von Mohács. Über einen gebrechlichen Laufsteg gingen sie an Bord des britischen Kanonenbootes »H. M. S. Glowworm«. Oberst Siménfalvy und drei alliierte Offiziere salutierten, als König Karl die Kajüte des Kapitäns betrat, der Franzose fragte, ob er ihm noch einen Wunsch erfüllen könne. Karl bat ihn nur, für seine Getreuen Sorge zu tragen, die sich in Gefangenschaft befanden.

Unerwartet erhielt der König Besuch: Der Nuntius Erzbischof Schioppa brachte ihm den päpstlichen Segen. Arthur Snagge, der Kapitän des Kanonenbootes, hatte sich bei einer Donau-Regulierungskommission in Rumänien befunden und war erst telegraphisch herbeibeordert worden. Als er ankam, bat er den König um sein schriftliches Ehrenwort, daß er keinen Fluchtversuch unternehmen werde: In diesem Falle könne er ihn als geehrten Gast betrachten, sonst müsse er ihn als Gefangenen behandeln und bewachen lassen, was ihm sehr unangenehm wäre. Karl überlegte eine Weile, besprach sich mit Graf Esterházy, schließlich gab er sein Ehrenwort.

Königin Zita stellte später die Frage, wie man Karl wohl als Gefangenen behandelt hätte, da sie beide schon als Gäste eine sehr bescheidene Wohnstätte hatten: In der Kabine war nur für ein Bett Platz, als zweite Schlafstätte diente eine Matratze auf dem Boden, die zurückgeschlagen werden mußte, wenn man die Tür öffnen wollte. Ein Kanonenboot war eben keine Luxusjacht! Immerhin war es die Kabine des Kapitäns, der sich nun noch unbequemer behelfen mußte.

Den Allerseelentag 1921 verbrachte das Kaiserpaar im einzigen warmen Raum des Schiffes zusammen mit dem Kapitän und den beiden treuen Begleitern Graf Esterházy und Frau von Boroviczeny, um fünf Uhr nachmittags wurde der Tee serviert, um acht Uhr das Abendessen. Die Nacht über blieb das Schiff noch am Ufer vertäut, bei Tagesanbruch legte es ab, fuhr an Belgrad vorbei, um drei Uhr nachmittags mußte es bei Alt-Moldova (Moldova Vecche) anhalten, denn die Wassertiefe betrug nur mehr 75 Zentimeter. Die rumänischen Behörden boten die Weiterfahrt mit der Eisenbahn an, Kapitän Snagge lehnte das aus Abneigung gegen die Rumänen ab; außerdem gibt es auch heute noch keine direkte Bahnlinie die Donau entlang, es wäre also ein weiter Umweg nach Norden nötig gewesen.

Den Rest des 3. und den ganzen 4. November blieb das Kanonenboot bei Alt-Moldova liegen. Der Kapitän erzählte, das Schiff habe große Mühe gehabt, durch das Eiserne Tor zu fahren, weil keine Lotsen vorhanden waren, denn die serbischen seien von serbischen Schiffen in Anspruch genommen worden, die Kroaten hätten sich geweigert mitzuhelfen, daß ihr König außer Landes gebracht werde. Endlich habe sich einer gefunden, der für 1 000 Kronen pro Tag den Dienst übernahm. Am Morgen des 5. November wurde das Kaiserpaar um fünf Uhr geweckt, um acht Uhr ging es bei Alt-Moldova an Land. Mehrere Autos standen bereit. Im ersten nahmen Karl, Zita und Kapitän Snagge Platz, neben dem Chauffeur saß ein britischer Marinesoldat. Insgesamt fuhren 20 Soldaten mit, ein französischer, ein italienischer und drei rumänische Offiziere. Die Fahrt nach Orsowa, etwa 120 Kilometer auf schlechter Straße, dauerte drei Stunden. Überall winkten Bauern, grüßten, knieten nieder; das machte auf Kapitän Snagge einen starken Eindruck. Woher die Leute wußten, daß ihr König vorbeifahren werde, konnte niemand erklären. In Orsowa waren alle Straßen voll, die Bürger riefen »Eljen!« und baten ihren König, sie von der rumänischen Fremdherrschaft zu befreien. Die rumänische Regierung hatte das vorausgesehen und den Zug, auf dem Karl und Zita weiterfahren sollten, nicht im Hauptbahnhof von Orsowa, sondern auf einem Nebenbahnhof bereitgestellt; so sollten Demonstrationen vermieden werden. Trotzdem liefen Männer und Greise, Frauen mit ihren Kindern herbei. Die rumänischen Soldaten trieben sie mit den Gewehrkolben zurück und bedrohten sie mit den Bajonetten.

Der Zug, in dem Karl mit seinen Begleitern weiterfuhr, war der einstige ungarische Hofzug und bot endlich Komfort. Als er die frühere ungarische Grenze passierte und Karl sich somit im Ausland befand, zog er seine Uniform aus und legte Zivilkleider an. Bei jedem Aufenthalt sprangen die englischen Soldaten ab und umringten den Salonwagen; Kapitän Snagge hatte eine rumänische Begleitmannschaft abgelehnt. Bald nach neun Uhr früh kam der Zug in Galatz an. Hier wurde das Kaiserpaar in Eile zum rumänischen Luxusdampfer »Principessa Maria« gebracht und hatte wenig Zeit, sich von Graf Esterházy und Frau von Boroviczeny zu verabschieden und für ihren selbstlosen Beistand zu danken. An ihre Stelle traten nun der letzte Obersthofmeister Graf Josef Hunyady und seine Frau, die mit der Eisenbahn hergereist waren. Die königstreuen ungarischen Adeligen hatten vereinbart, gemeinsam die Kosten dafür aufzubringen, daß jeweils ein Herr und eine Dame als Begleiter zur Verfügung stehen sollten.

Die »Principessa Maria« fuhr die Donau weiter abwärts und durch den mittleren der drei Mündungsarme nach Sulina. Dort legte sie am 7. November um halb sechs Uhr früh neben H. M. S. »Cardiff« an, einem britischen Kreuzer von 5000 Tonnen, Flaggschiff des Admirals. Dieser übersiedelte auf ein anderes Schiff und überließ seine Kabine der Kaiserin, Karl bezog die Kabine des Kapitäns. Um neun Uhr lichtete der Kreuzer die Anker. Zita freute sich über den Anblick der Möwen, die unter dem blauen Himmel kreuzten, der Kapitän sorgte sich wegen abgetriebener Mienen aus dem türkisch-griechischen Krieg. Die Einfahrt in den Bosporus war trüb, nicht nur, was das Wetter anlangte, sondern auch die Erinnerungen: Im Mai 1918 waren die Majestäten als hochgeehrte Gäste in Konstantinopel gewesen.

Kriegs- und Handelsschiffe vieler Nationen waren zu sehen und dann, als die Sonne herauskam, eine Unmenge von Wasservögeln, Kormorane und Regenpfeifer, Möwen, Ibisse, See-Eulen und Taucher. Das Schiff hielt nahe der Serailspitze, Graf und Gräfin Hunyady durften an Land gehen, um die nötigsten Besorgungen zu machen. Am Vormittag des 9. Novem-

Das Meer vor Konstantinopel

ber brachte ein Boot die Weisung des Admirals, in Richtung Gibraltar abzufahren, und zwar rasch, bevor die alliierten Politiker ihre Meinung ändern würden. Nun war es wahrscheinlich, daß die Fahrt nach Madeira gehen werde. »I hope it for you«, sagte der Kapitän.

Die französische Regierung, in der die Habsburger Freunde hatten, war für Madeira als Verbannungsort eingetreten, die englische aber für Ascension, eine kleine vulkanische Insel im Atlantischen Ozean südlich der Westspitze von Afrika, einsamer und unwirtlicher als Sankt Helena. Im einzigen Haus lebte ein britischer Gouverneur, der es aber nie lang dort aushielt, in einem Fort hauste eine kleine Garnison, einige hundert Eingeborene in Erdhütten. Im Vergleich dazu erschien Madeira als das wesentlich geringere Übel.

Zita warf noch einen wehmütigen Blick zurück auf Konstantinopel, während die »Cardiff« ins Marmarameer einfuhr. Ein schöner Abend brach an, der Mond und viele Sterne zeigten sich, um halb zehn Uhr waren die Dardanellen erreicht. Kapitän Lionel Maitland-Kirwan erwies sich als vollendeter Gentleman, taktvoll und höflich, die Schiffsoffiziere entgegenkommend. Am nächsten Tag luden sie den Kaiser und Graf Hunyady zum Tontaubenschießen ein. Den Sorgen ihrer unfreiwilligen Gäste konnten sie freilich nicht abhelfen.

Neben den großen gab es viele kleine, aber lästige Probleme, die Majestäten hatten die Reise ja fast ohne Gepäck antreten müssen. Sie wollten sich das Nötigste aus ihrem letzten Zufluchtsort in der Schweiz in eine Hafenstadt von Süditalien schicken lassen, aber das war unmöglich, die »Cardiff« hatte Order, nirgends anzulegen. Zweimal hatte der Kapitän um Erlaubnis ersucht, wegen Sturm und Minengefahr den Hafen einer griechischen Insel anlaufen zu dürfen, das Foreign Office erlaubte es nicht.

Am 14. November war die algerische Küste zu sehen, die Berggipfel leicht mit Schnee bedeckt, am 15. zeigten sich mittags die hohen, schroffen Berge der spanischen Küste, in der Morgendämmerung des 16. lief die »Cardiff« in den Hafen von Gibraltar ein und wurde neben einem schwedischen Schulschiff vertäut. Der Gouverneur und seine Frau wollten dem Kaiserpaar ihre Aufwartung machen, es wurde ihnen aber aus London verboten, sie konnten nur einen Adjutanten mit einem Korb voll

Rosen und Obst schicken. Diesmal durften die Hunyadys nicht an Land gehen, Kaiser Karl nicht einmal Post abschicken, doch die Schiffsoffiziere gaben für ihn Postkarten an die Kinder auf.

Mehrmals hatte das Kaiserpaar darum gebeten, eine Messe hören zu dürfen, es war nicht möglich gewesen. Endlich, am Morgen des 17. November, kam ein britischer Militärgeistlicher an Bord und las eine Messe, für die Majestäten die erste seit 17 Tagen. Sie waren so froh darüber, daß sie für kurze Zeit ihren Kummer vergaßen und sich am Blick auf Gibraltar und die Küste von Marokko erfreuten, auch an einer Herde von Delphinen. Die bessere Stimmung hielt allerdings nicht lange an. Sobald Europa aus der Sicht verschwand, gingen die Wellen höher, alle Passagiere wurden seekrank.

Am Vormittag des 19. November 1921 legte die »Cardiff« im Hafen von Funchal auf Madeira an. Der Kapitän ging an Land, um die Formalitäten zu besprechen. Der britische Konsul und der Bürgermeister, gleichzeitig Polizeipräsident von Funchal, kamen an Bord und stellten sich vor, aber als der Kapitän erklärte, er wolle die Majestäten an Land begleiten, um zu sehen, ob sie anständig untergebracht würden, lehnte es der Bürgermeister ab: Sobald er die Verbannten übernommen habe, gehe die Engländer die Sache nichts mehr an.

Wegen des hohen Wellenganges wurde die Ausschiffung auf den Nachmittag verschoben. Inzwischen führte Karl ein Gespräch mit Hunyady. Dieser treue Edelmann wollte nicht gleich auf der »Cardiff« nach Europa zurückkehren, sondern noch ein paar Wochen bleiben, um zusammen mit seiner Frau und dem verläßlichen Diener Leopold helfen, die ersten Schwierigkeiten zu überwinden. Er wußte, daß sein König ohne Geldmittel unterwegs war, und bot Kredit an, doch Karl weigerte sich, Geld zu nehmen, da er nicht wußte, wann – und ob überhaupt – er es zurückerstatten könne.

»Wir hatten uns schon vormittags«, schrieb Zita in ihr Tagebuch, »von den Offizieren in der Messe unten verabschiedet, wobei sie uns Champagner servierten und den Wunsch ausdrückten, uns bald abholen zu dürfen, um uns wieder nach Hause bringen zu können. Beim Verlassen des Schiffes waren sie auch alle da aufgestellt und der gute Kapitän sehr ergriffen. Die Reise war zu Ende.«

LITERATURVERZEICHNIS

Aichelburg, Wladimir: Maximilian, Erzherzog von Österreich, Kaiser von Mexiko. Wien 1987

Anonym: Das illustrierte Geschichtenbuch vom Kaiser Josef. Wien o. J.

Anonym: Joseph der Zweyte auf Seiner Reise nach Paris. Naumburg 1777

Arneth, Alfred Ritter von: Maria Theresia und Joseph II., ihre Korrespondenz 1761–1772. Wien 1867

derselbe: Joseph II. und Leopold von Toscana. Ihr Briefwechsel von 1781–1790. Wien 1872

Bayer von Bayersburg, Heinrich: Die k. u. k. Kriegsmarine auf weiter Fahrt. Wien 1958

Brandi, Karl: Kaiser Karl V. München 1937

Brenner, Peter (Hrsg.): Der Reisebericht. Frankfurt a. M. 1989

Breycha-Vauthier, Arthur: Österreich in der Levante. Wien 1972

Brook-Shepherd, Gordon: Karl I., des Reiches letzter Kaiser. Wien 1968

Busch, Moritz: Die Türkei. Triest 1870

Dehio-Handbuch: Die Kunstdenkmäler Österreichs; Steiermark. Wien 1956

dasselbe: Kärnten. Wien 1981

Deuchler, Florens: Kunstführer Schweiz und Liechtenstein. Stuttgart 1966

Ebendorfer, Thomas: siehe Monumenta Germaniae historica

Feigl, Erich (Hrsg.): Kaiser Karl I. Persönliche Aufzeichnungen, Zeugnisse und Dokumente. Wien, 2. Aufl. 1987

Franz I. Reisetagebücher 1819, Heft 15 und 18. Handschriftlich im Haus-, Hof- und Staatsarchiv, Familienarchiv/Hofreisen

Franz Ferdinand, Erzherzog-Thronfolger: Tagebuch meiner Reise um die Erde. Wien 1895

Franzl, Johann: Rudolf I. Graz 1986

Geschichte des k. u. k. Dragoner-Regiments Kaiser Ferdinand Nr. 4. Wiener Neustadt 1902

Gregorovius, Ferdinand: Geschichte der Stadt Rom im Mittelalter. Darmstadt 1978

Guglia, Eugen: Kaiserin Maria Ludovica von Österreich. Wien 1894

derselbe: Die Geburts-, Sterbe- und Grabstätten der römisch-deutschen Kaiser und Könige. Wien 1914

Hamann, Brigitte: Die Habsburger. Ein biographisches Lexikon. Wien 1988

Holler, Gerd: Gerechtigkeit für Ferdinand. Wien 1986

Joseph II. Reisejournal 1780. Handschriftlich im Haus-, Hof- und Staatsarchiv Wien, Familienarchiv/Hofreisen

Katalog der Ausstellung »Maria Theresia und ihre Zeit«, Wien 1980

Ketterl, Eugen: Der alte Kaiser. Wien 1980 (Reprint von 1929)

Khevenhüller-Metsch, Graf Rudolf/Schlitter, Hans: Aus der Zeit Maria Theresias. Tagebuch des Fürsten Johann Josef Khevenhüller-Metsch 1742–1776. Wien 1908

Koschatzky Walter/Krasa Selma: Herzog Albert von Sachsen-Teschen. Wien 1982

Kübeck, Carl: Tagebücher des Carl Friedrich Freiherrn Kübeck von Kübau. Wien 1909

Lahnstein, Peter: Auf den Spuren von Karl V. München 1979

Lhotsky, Alphons: Kaiser Friedrich III. Sein Leben und seine Persönlichkeit. In: Katalog der Ausstellung Friedrich III. Kaiserresidenz Wiener Neustadt. Wien 1966

Lichnowsky, Fürst Emil Maria: Geschichte des Hauses Habsburg. Wien 1841

Lindheim, Alfred von: Erzherzog Karl Ludwig 1833–1896. Wien 1897

Luzzati, Ivo: Katharina Medici. München 1943

Magenschab Hans: Joseph II. Revolutionär von Gottes Gnaden. Graz 1979

Menčik Ferdinand: Die Reise Kaiser Maximilians nach Spanien im Jahre 1548. In: Archiv für Österreichische Geschichte, Band 86. Wien 1899

Mikoletzky, Hans Leo: Hofreisen unter Kaiser Karl VI. In: Mitteilungen des Instituts für Österreichische Geschichtsforschung, Band 60. Graz 1952

Mitis, Oskar Freiherr von: Jagd und Schützen am Hofe Karls VI. Wien 1912

Monumenta Germaniae historica. Deutsche Chroniken, Band V, Ottokars österreichische Reimchronik. Hannover 1890. Band XIII, Thomas Ebendorfers Chronica Austriae. Berlin 1967

Münzer, Edith: Alt-Grazer Spaziergänge. Graz 1974

Neidenbach, Sieglinde: Die Reisen Kaiser Josephs II. im Banat. Phil. Diss. Wien 1967

Padover, Saul K.: Joseph II. Düsseldorf 1969

Piccolomini Aeneae Silvii Episcopi Senensis, postea Pii Papae II. Historia Friderici III. Imperatoris. Helmstädt 1700

derselbe: Die Geschichte Kaiser Friedrichs III., übersetzt von Theodor Ilgen. Leipzig 1889

Rill, Bernd: Friedrich III. Graz 1987

Rokyta, Hugo: Die böhmischen Länder. Salzburg 1970

Rudolf (Kronprinz): Fünfzehn Tage auf der Donau. Wien 1878

derselbe: Eine Orientreise vom Jahre 1881. Wien 1885

Schmidl, Adolf: Die Donau von Wien bis zur Mündung. Leipzig 1859

Schreiber, Georg: Franz I. Stephan. Graz 1986

Schreiber, Hermann: Marie Antoinette. München 1988

derselbe: Das Loire-Tal. München 1984

derselbe: Land um Paris. München 1985

Schuselka, Franz: Briefe Josephs des Zweiten. Leipzig 1846

Vaioli, Claudio: I Granduchi di Toscana Francesco Terzo di Lorena e Maria Theresia

d'Austria in viaggio verso il Granducato 1739. Bologna 1952
derselbe (Hrsg.): Memorie delle cose accadute sotto il Governo del Rev. mo Padre
    Abate Don Paolo Salani da 1735 al 1739. Bologna um 1950
Vivian, Herbert: Kreuzweg eines Kaisers. Leipzig 1935
Vrbka, Anton: Gedenkbuch der Stadt Znaim. Nikolsburg 1927
Wagner, Hans: Die Reise Josephs II. nach Frankreich 1777 und die Reformen in
    Österreich. In: ÖSTERREICH und Europa, Festgabe für Hugo Hantsch zum
    70. Geburtstag. Graz 1965
Wallisch, Friedrich: Die Flagge Rot-Weiß-Rot. Leipzig 1942
Wienerisches Diarium 1723, 1728, 1732
Wiener Zeitung 1819, 1869
Wolfarth, Karl Ritter von: Aufenthalt in Rustschuk. Unveröffentlichte Tagebücher
    1869–1871

Ich danke Frau Eleonore Seifert, Wien, dafür, daß sie mir die Tagebücher
ihres Ururgroßvaters Ritter von Wolfarth zur Verfügung stellte, und meinem Bruder Hermann in München für guten Rat und viele Auskünfte.

PERSONENREGISTER

Abbas Hilmi, Khedive   244

Abd el-Kader, arabischer Emir, marokkanischer Politiker und Heerführer; *1808–1883* 224

Abd ul-Aziz, Sultan; *1830–1876* 213 ff.

Agnes von Burgund, zweite Gemahlin von König Rudolf I.; *1270–1323* 10 ff.

Agnes von Böhmen, Tochter König Ottokars II.; *1269–1297* 11

Aiguillon, Herzog Emmanuel-Armand 129

Alagna, Lucretia d', Geliebte Alfonsos von Aragon   36

Albert, König von Sachsen; *1828–1902* 253

Albrecht I., Herzog von Österreich und Steiermark, römischer König 1298; *1255–1308* 9, 11

Albrecht III.,»mit dem Zopfe«, Herzog von Österreich; *1349–1395* 16

Albrecht IV.,»der Geduldige«, Herzog von Österreich; *1377–1404* 14 ff., 18 f.

Albrecht VI., Herzog von Österreich; *1418–1463* 20 f., 26, 30, 32 ff.

Alembert, Jean le Rond d', französischer Philosoph und Mathematiker; *1717–1783* 125

Alexander I., Zar von Rußland; *1777–1825* 174

Alexander, König von Serbien; *1876–1903* 245

Alexandra, Zarin von Rußland, Gemahlin Nikolaus' II.; *1872–1918* 256

Alexandra, Tochter König Georgs I. von Griechenland   245

Alfonso von Aragon, König von Neapel; *1396–1458* 35 ff.

Amalia von Oldenburg, Gemahlin König Ottos I. von Griechenland   201 ff.

Amalie, Prinzessin von Sachsen   189

Andrássy, Graf Julius, ungarischer Ministerpräsident; *1823–1890* 248

Andrássy, Graf Julius, Außenminister Karls I.; *1860–1929* 261

Angelpeck, Thomas   25 f.

Anspach-Bayreuth, Markgraf Christian Friedrich   103

Anton Klemens Theodor, Prinz (ab 1827 König) von Sachsen; *1755–1836* 190

Attems, Graf Ignaz Maria   63

Attems, Graf, Fürstbischof von Lavant 74

Auersperg, Fürst Heinrich Joseph Johann, k. Oberststallmeister unter Maria Theresia   102

Bartolommei, Marchese Ferdinando, Staatsrat der Toskana   93

Belgiojoso, Graf, k. Diplomat   135

Bellegarde, Graf August, Generaladjutant Kaiser Franz Josephs   248

Bernhardt, Sarah, eigentlich Henriette-Rosine Bernard, französische Schauspielerin; *1844–1923* 242

Bessarion, Johannes, byzantinischer Theologe und Humanist, seit 1439 Kardinal; *1403(?)–1472* 23

Betti, Bernardo, genannt Pinturicchio, italienischer Maler; *1454(?)–1513* 28

271

275

Medici, Cosimo der Alte, Stadtherr von Florenz; *1389–1464* 38
Mehmed Ali, Khedive, Statthalter von Ägypten; *1769–1849* 227
Mehmed, Emin Ali, Großwesir 212
Mercy d'Argenteau, Graf Florimund, k. Gesandter in Paris; *1727–1794* 118, 120, 122, 126, 128
Metternich, Fürst Clemens Lothar, k. Staatskanzler; *1773–1859* 181 f., 187, 195
Metternich, Fürstin Mélanie, Gemahlin des vorigen 193
Minuzzi, Graf Karl Albert, bayerischer General 100
Mollart, Peter von, Oberstkämmerer Maximilians II. 52
Montfort, Hugo von, mittelhochdeutscher Dichter; *1357–1423* 16
Montmorency, Herzog Anne de, französischer Staatsmann, Marschall, Connétable; *1493–1567* 43, 46, 49 ff.

Narischkin, Fürst, Oberststallmeister der Zarin Katharina II. 146, 155
Necker, Jacques, französischer Staatsmann; *1732–1804* 129
Negrelli, Alois Ritter von Moldelbe, Ingenieur; *1799–1858* 223
Neipperg, Albrecht von 19
Neipperg, Johann von 40
Nikolaus V., Papst, vorher Tommaso Parentucelli; *1397–1455* 24, 30 ff.
Nikolaus II., Alexandrowitsch, russischer Zar; *1868–1918* 258
Nostitz-Rieneck, Graf Friedrich Moriz, k. k. General und Kämmerer 114
Nostitz-Rieneck, Graf, königlicher böhmischer Obersthofmeister 88

Nubar Pascha, ägyptischer Außenminister 227

Oettingen-Wallerstein, Graf Philipp 102, 106
Olga, Königin von Griechenland, Gemahlin König Georgs I.; *1851– 1926* 217 f.
Omer Pascha, türkischer Feldherr 212
Orsini, Francesco, Präfekt von Rom 31
Orsini-Rosenberg, siehe Ursin
Oskar II., König von Schweden; *1829– 1907* 256
Ostgothland, Herzog Friedrich Adolf 132
Osztenburg, königlicher ungarischer General 261
Otto I., König von Griechenland; *1815– 1867* 201, 217
Ottokar II. Přemysl, König von Böhmen; *1233–1278* 9

Panin, Graf Nikita Iwanowitsch, russischer Außenminister; *1718–1783* 152, 156
Parhamer, Pater Ignaz S. J., Beichtvater 108
Pauer von Budahegy, Johann, k. u. k. Linienschiffskapitän 231
Paul III., Papst, vorher Alessandro Farnese; *1468–1549* 182
Paul Petrowitsch, Großfürst, ab 1792 Zar Paul I.; *1754–1801* 150 f., 154, 156
Pepoli, Graf Cornelio, Senator von Bologna 94
Petafi, Graf Anselmo Antonio, k. Geheimer Rat 81 f.
Peter I., der Große, Zar; *1672–1725* 147, 152, 155, 158

Ortsregister

282

283

BILDNACHWEIS

Archiv für Kunst und Geschichte, Berlin, S. 12

Chambre de Commerce et d'Industrie, Marseille, S. 132

Direktion der Schlösser Artstetten und Luberegg, Artstetten, S. 179, 230, 240

Germanisches Nationalmuseum, Nürnberg, S. 33

Historisches Museum der Stadt Wien, Wien, S. 168

Historisches Museum Schloß Miramar, Miramar, S. 204

Franz Hubmann, Wien, S. 257

Kunsthistorisches Museum, Wien, S. 54, 104

Österreichische Nationalbibliothek, Wien, S. 15, 78, 123, 127, 151, 153, 169, 194, 252, 258

Steiermärkisches Landesarchiv, Graz, S. 67

Steiermärkisches Landesmuseum Joanneum, Graz, S. 18

The British Museum, London, S. 225

Gerhard Trumler, Wien, S. 119

Privatbesitz des Autors S. 31, 57, 138, 140, 171, 175, 183, 186, 191, 211, 215, 218, 220, 221, 233, 235, 250, 251, 266

Verlagsarchiv S. 27, 48, 208, 247, 249, 255, 259

Umschlag: Erzherzog Maximilian vor Smyrna, Gemälde von J. N. Geiger, Historisches Museum Schloß Miramar